西南大学中央高校基本科研重点项目《多元文化背景下社会主义核心价值体系大众化面临的挑战及应对策略》（编号：SWU1309382）、西南大学中央高校基本科研创新团队项目《"大数据 + 高校思想政治理论课"的创新与实践》（编号：SWU1709120）研究成果。

西南大学马克思主义
理论学科优秀博士论文文荟

李栋宣 / 著

# 高校青年教师思想政治教育研究

RESEARCH ON IDEOLOGICAL AND
POLITICAL EDUCATION OF
YOUNG COLLEGE TEACHERS

人民出版社

责任编辑：孔　欢
封面设计：周方亚
版式设计：东昌文化

**图书在版编目（CIP）数据**

高校青年教师思想政治教育研究／李栋宣　著 .—北京：人民出版社，2019.6
ISBN 978－7－01－020708－7

I.①高…　II.①李…　III.①高等学校－青年教师－思想政治教育－研究－中国
　　IV.① G645.16

中国版本图书馆 CIP 数据核字（2019）第 076645 号

# 高校青年教师思想政治教育研究

GAOXIAO QINGNIAN JIAOSHI SIXIANG ZHENGZHI JIAOYU YANJIU

李栋宣　著

**人民出版社** 出版发行

（100706　北京市东城区隆福寺街 99 号）

北京盛通印刷股份有限公司印刷　新华书店经销

2019 年 6 月第 1 版　2019 年 6 月北京第 1 次印刷
开本：710 毫米 ×1000 毫米 1/16　印张：14
字数：215 千字

ISBN 978－7－01－020708－7　定价：39.00 元

邮购地址 100706　北京市东城区隆福寺街 99 号
人民东方图书销售中心　电话（010）65250042　65289539

# 目　录

# 序　言

本书的作者李栋宣于 2011 年 9 月考入西南大学攻读"马克思主义理论"一级学科之二级学科"思想政治教育"博士学位，2014 年 12 月答辩顺利毕业。现呈现在读者面前的是作者基于博士学位论文"高校青年教师思想政治教育研究"修改完善而成的一部著作。

2018 年 9 月召开的全国教育大会，是在习近平新时代中国特色社会主义思想指引下召开的第一次教育大会，谋划了我国教育改革发展的宏伟蓝图，开启了教育现代化建设的新征程，是我国教育发展史上新的里程碑。长期的实践充分证明：教育乃国之大计、党之大计，是民族振兴、社会进步的重要基石，是功在当代、利在千秋的德政工程，对提高人民综合素质、促进人的全面发展、增强中华民族创新创造活力、实现中华民族伟大复兴具有决定性意义。百年大计，教育为本；教育大计，教师为本。习近平总书记在全国教育大会上强调：教师是人类灵魂的工程师，是人类文明的传承者，承载着传播知识、传播思想、传播真理，塑造灵魂、塑造生命、塑造新人的时代重任。"实现中华民族伟大复兴，教育的地位和作用不可忽视。我们对高等教育的需要比以往任何时候都更加迫切，对科学知识和卓越人才的渴求比以往任何时候都更加强烈。"人民教师无上光荣，每个教师都要珍惜这份光荣，爱惜这份职业，严格要求自己，不断完善自己。不容置疑，高等教育发展水平标志国家发展水平、决定国家发展潜力，是国家软实力的重要体现。高校教师是推动高等教育事业发展的根本性、决定性力量，而青年教师则是高等学校教师队伍的重要组成部分，是推动高等教育事业科学发展、办好人民满意高等教育的重要力量。

青年教师与学生年龄接近、接触较多，对学生的思想行为影响更直接，其思想政治素质和业务能力对学生的健康成长具有重要的示范引导作用。研究新时代条件下如何引导青年教师健康成长、加强青年教师思想政治教育成为马克思主义理论学科的一个重要课题。李栋宣入学后不久，经过认真思考、反复斟酌，确定了"高校青年教师思想政治教育研究"为博士论文选题。尽管这一选题的时代性、战略性鲜明，但其理论和学术难度突出。作为导师，我很赞赏和支持这一选题，鼓励李栋宣大胆探索，最终形成了这一开拓性的研究成果。通揽全书，凸显以下亮点。

第一，紧贴时代发展现实和教师队伍现状。本书认为，当今世界正处在大发展大变革大调整时期，新一轮科学技术和工业革命正在孕育，新的增长动能不断积聚；中国特色社会主义进入新时代，社会主义现代化建设开启新局面、迈出新征程。无论是世界各国之间综合实力的竞争与较量，还是国内社会主要矛盾转变后人民群众对高质量教育的向往与需求，都对高校教师尤其是青年教师的思想政治素质和业务能力提出更新、更高要求。客观而言，面对新方位、新征程、新使命，高校青年教师思想政治教育还不能完全适应；少数青年教师政治信仰迷茫、理想信念模糊、职业情感与职业道德淡化、服务意识不强，个别教师言行失范、不能为人师表；一些地方和高校对青年教师思想政治工作重视不够、工作方法不多、工作针对性和实效性不强，对教师队伍存在的问题未及时给予坚决有效的解决。

第二，明确青年教师队伍建设的战略方向和发展路径。本书指出，党的十八大以来以习近平同志为核心的党中央将高校教师思想政治工作摆在突出位置，阐发了一系列重要思想、观点和方法，作出若干重大规划、决策和部署，尤其是习近平总书记的一系列重要论述，是习近平新时代中国特色社会主义思想的重要组成部分，实现了马克思主义基本理论与中国教育实践的有机结合，标志着中国共产党对教育事业的规律性认识达到了新的高度，这无疑为办好新时代高等教育提供了科学思想指引和强大精神动力，为高校青年教师思想政治教育的蓬勃发展指明了方向、规制了道路。在新时代历史方位下，应贯彻落实习近平总书记的重要论述，进一步加强和改进高校青年教师思想政治教育，努力打造一支"师德高尚、业务精湛、结构合理、充满活力"的高素质专业化教师队伍。

第三，回应青年教师思想政治教育实践中若干理论问题。本书聚焦理论研究前沿，立足高校青年教师思想动态实际，集中探索高校青年教师思想政治教育实然与应然。整个研究坚持以马克思主义为指导，坚持理论联系实际、历史关照现实，在广泛收集和研究文献资料的基础上，建构高校青年教师思想政治教育的基础理论，回顾改革开放以来高校青年教师思想政治教育的发展历程，分析高校青年教师思想政治教育的现实问题及其产生原因，探究加强和改进高校青年教师思想政治教育的原则任务、内容方法、路径和机制等有效策略，做到理论和实践、宏观和微观、科学性和学术性的有机结合，实现了历时态、共时态、现实态的辩证统一，对加强和改进新时代高校青年教师思想政治教育助益匪浅。

值得肯定的是，李栋宣对思想政治教育情有独钟，本科毕业入职以来一直在思想政治教育领域"摸爬滚打"，硕士阶段浸润在思想政治教育学科里。怀揣着提升自己素质和能力以更好地服务于党的思想政治教育事业的梦想，考入思想政治教育方向攻读博士学位。读博期间，勤于思考，善于钻研，勇于探索，乐于交流，克服诸多学习困难，圆满完成各项学习任务，发表了多篇论文。博士论文送国内同行专家评阅时，获得一致好评和充分肯定，答辩后，获评西南大学优秀博士论文，2016 年被评为全国思想政治教育学科优秀博士论文。时下，李栋宣将基于博士学位论文修改完善而成的力作予以出版面世，我倍感欣慰和喜悦，欣然应允为之作序。有理由相信，这是一本特色显现、观点新颖、可读性强、可资借鉴，利于进一步加强和改进高校青年教师思想政治教育的参考著作。也借此机会，衷心希望作者不忘初心、执着追求、牢记使命、辛勤耕耘，有热爱教育的定力、淡泊名利的坚守，增强使命感和责任感，为党的思想政治教育理论和实践创新发展作出新的更大的贡献。

是为序。

黄蓉生

2018 年 12 月于学府小区

# 导　论

　　教育乃国之大计，党之大计。教育兴则国家兴，教育强则国家强。教育是民族振兴、社会进步的重要基石，是功在当代、利在千秋的德政工程，对提高人民综合素质、促进人的全面发展、增强中华民族创新创造活力、实现中华民族伟大复兴具有决定性意义。教师承担着传播知识、传播思想、传播真理的历史使命，肩负着塑造灵魂、塑造生命、塑造人的时代重任，是教育发展的第一资源，是国家富强、民族振兴、人民幸福的重要基石。高等教育发展水平衡量与决定国家发展水平和发展潜力，从根本上取决于高校教师队伍的素质和水平。高校青年教师是高等学校教师队伍的重要组成部分，他们与学生年龄相近、接触较多，其思想政治素质和道德情操对学生的健康成长具有重要的示范引导作用。"高校教师要坚持教育者先受教育，努力成为先进思想文化的传播者、党执政的坚定支持者，更好担起学生健康成长指导者和引路人的责任。要加强师德师风建设，坚持教书和育人相统一，坚持言传和身教相统一，坚持潜心问道和关注社会相统一，坚持学术自由和学术规范相统一，引导广大教师以德立身、以德立学、以德施教。"① 加强和改进高校青年教师思想政治教育，努力打造一支"师德高尚、业务精湛、结构合理、充满活力"的高素质专业化教师队伍，对于全面贯彻党的教育方针、确保高校坚持社会主义办学方向、培养德智体美劳全面发展的社会主义建设者和接班人，具有重大而深远的意义。

---

① 《习近平谈治国理政》第二卷，外文出版社 2017 年版，第 379 页。

# 一、选题缘由

新时代条件下，世情国情深刻变化，高等教育发展如火如荼。立足国际国内形势的新发展、新情况，着眼高等教育、高校青年教师的新实际，加强和改进青年教师思想政治教育，努力打造一支"师德高尚、业务精湛、结构合理、充满活力"的高素质专业化教师队伍，既是高校青年教师肩负历史使命的时代呼唤，也是促进高校青年教师自由全面发展的现实诉求，更是深化高校青年教师思想政治教育研究的迫切需要。

## （一）高校青年教师历史使命的时代呼唤

高校教师是高等教育的关键，担负着培养社会主义事业建设者和接班人的重大使命。改革开放以来，青年教师在高校教师队伍中的人数和比例逐年增加，已成为高校教师队伍的重要组成部分、推动高等教育事业科学发展的重要力量和引导大学生健康成长的生力军。"青年教师与学生年龄接近，与学生接触较多，对学生的思想行为影响更直接，他们的思想政治素质和道德情操对学生的健康成长具有重要的示范引导作用。"[1]加强高校青年教师思想政治教育的理论研究和实践探索，提升高校青年教师思想政治教育实效，切实培养和塑造青年教师的政治觉悟、职业素养和道德品行，是保证青年教师担负起历史所赋予的神圣使命的时代呼唤。

2018 年 9 月 10 日，习近平总书记在全国教育大会上指出："培养什么人，是教育的首要问题。我国是中国共产党领导的社会主义国家，这就决定了我们的教育必须把培养社会主义建设者和接班人作为根本任务，培养一代又一代拥护中国共产党领导和我国社会主义制度、立志为中国特色社会主义

---

① 李向前、王国洪主编：《高校青年教师思想政治工作读本》，研究出版社 2013 年版，第 1 页。

奋斗终身的有用人才。这是教育工作的根本任务，也是教育现代化的方向目标。"①培养德智体美劳全面发展的中国特色社会主义事业合格建设者和可靠接班人，是高校坚持社会主义办学方向的根本要求，是党的教育方针在高等教育领域的具体体现，是包括青年教师在内的广大高校教师的神圣而光荣的使命。中华人民共和国成立以来，特别是改革开放以来，广大高校教师在党的正确领导下，始终坚持立德树人、育人为本、德育为先的教育理念，始终以促进大学生全面发展为培养目标，全面推进素质教育，努力提高高等教育质量，培养了数以百万计的中国特色社会主义事业的建设者和接班人。他们奔赴各个行业、领域，成为我国经济社会发展的生力军和中坚力量。但同时，"必须清醒地看到，当前我国人才发展的总体水平同世界先进国家相比仍存在较大差距，与我国经济社会发展需要相比还有许多不适应的地方，主要是：高层次创新型人才匮乏，人才创新创业能力不强，人才结构和布局不尽合理，人才发展体制机制障碍尚未消除，人才资源开发投入不足，等等。"②在世界大发展大变革大调整时期，积极应对日趋激烈的国际人才竞争，主动适应我国经济社会发展现实需要，必须坚定不移地走人才强国之路，必须加大人才培养力度，提高人才培养质量。

高校青年教师是大学生的指导者和引路人，他们的思想政治素质和道德情操对大学生的健康成长具有重要的示范引导作用，是推动高等教育事业科学发展、提高人才培养质量的重要力量。高校青年教师唯有始终坚持正确的政治方向，拥护党和国家的路线方针政策，牢固树立科学的世界观、人生观和价值观，始终把培养中国特色社会主义事业合格建设者和可靠接班人作为神圣使命和庄严职责，才能以良好的思想道德品质影响和引领学生，才能培养和造就出一批又一批社会主义合格人才，助力于"两个一百年"奋斗目标和中华民族伟大复兴"中国梦"的实现。研究高校青年教师思想政治教育，

---

① 习近平出席全国教育大会并发表重要讲话，http://www.gov.cn/xinwen/2018-09/10/content_5320835.htm。

② 国务院法制办公室：《中华人民共和国劳动和社会保障法典》，中国法制出版社 2011 年版，第 688 页。

明晰开展思想政治教育工作的原则遵循、内容架构、途径依托，以科学的理论指导青年教师思想政治教育实践，能够切实提升青年教师思想政治教育工作实效，有益于青年教师思想政治水平、职业道德修养、学识业务能力的提高，为建设一支"师德高尚、业务精湛、结构合理、充满活力"的高素质专业化教师队伍作出应有贡献，继而确保青年教师切实担当历史使命，对于培养造就更多中国特色社会主义合格建设者和可靠接班人，保障人才强国战略的实现，中国特色社会主义事业薪火相传、后继有人便具有了显见的意义和价值。

## （二）高校青年教师全面发展的现实诉求

江泽民在庆祝中国共产党成立八十周年大会上的讲自豪感指出："推进人的全面发展，同推进经济、文化的发展和改善人民物质生活，是互为前提和基础的。人越全面发展，社会的物质文化财富就会创造得越多，人民的生活就越能得到改善，而物质文化条件越充分，又越能推进人的全面发展"。① 胡锦涛在全国宣传思想工作会议上也强调：宣传思想工作必须坚持以人为本。既要坚持教育人、引导人、鼓舞人、鞭策人，又要做到尊重人、理解人、关心人、帮助人，着眼于人的全面发展。② 习近平在全国教育大会上提出，要"坚持改革创新，以凝聚人心、完善人格、开发人力、培育人才、造福人民为工作目标，培养德智体美劳全面发展的社会主义建设者和接班人。"③ 深刻揭示了人的全面发展与物质文化及思想政治工作的辩证联系。服务于教育对象的全面发展是思想政治教育的核心理念和最终旨归。青年教师在高校教师队伍中占很大比重，他们正处于思维活跃、精力充沛、创造力旺盛时期，未来几十年正是他们在实现中国梦的历史进程中施展才华、大有作

---

① 《江泽民文选》第三卷，人民出版社 2006 年版，第 295 页。
② 参见胡锦涛：《在全国宣传思想工作会议上的讲话》，《人民日报》2003 年 12 月 8 日。
③ 《习近平出席全国教育大会并发表重要讲话》，http://www.gov.cn/xinwen/2018-09/10/content_5320835.htm。

为的时期。对高校而言，树立正确导向，引领这支队伍健康成长，至关重要。研究高校青年教师思想政治教育是确保高校青年教师健康成长、全面发展的现实需要。

调研显示，目前高校青年教师队伍主流积极健康向上，绝大多数都热爱党、热爱社会主义祖国，拥护四项基本原则，拥护改革开放，认同党和国家的路线、方针、政策，并能切实承担起促进高等教育改革与发展、提升高等教育质量、培养社会主义合格建设者和可靠接班人的历史重任。正如习近平在全国教育大会上的讲话指出："长期以来，广大教师贯彻党的教育方针，教书育人，呕心沥血，默默奉献，为国家发展和民族振兴作出了重大贡献。教师是人类灵魂的工程师，是人类文明的传承者，承载着传播知识、传播思想、传播真理，塑造灵魂、塑造生命、塑造新人的时代重任。全党全社会要弘扬尊师重教的社会风尚，努力提高教师政治地位、社会地位、职业地位，让广大教师享有应有的社会声望，在教书育人岗位上为党和人民事业作出新的更大的贡献。"[1] 这充分证明，长期以来高校青年教师思想政治教育是富有成效的。然而，伴随高等教育体制条件和外部环境的深刻变化，高等教育发展进入重要的战略机遇期和矛盾凸显期。深层次的利益调整、深层次的矛盾冲突，使高校青年教师的工作环境、职业发展、获取信息的渠道都发生了深刻变革，部分青年教师思想价值观念出现多样多元多变等特点，存在的问题：责任心不强，教书育人意识淡薄，缺乏爱心；学风浮躁，治学不够严谨，急功近利；要求不严，言行不够规范，不能为人师表等。个别教师甚至师德失范、学术不端，严重损害人民教师的职业声誉。

这些问题的存在表明，迫切需要加强高校青年教师的思想政治教育理论研究与实践探索，帮助青年教师树立和保持坚定、正确的政治方向，为自我发展提供坚实的政治基础；为青年教师全面发展提供科学的价值导向，使其在社会主义核心价值观统领下自觉将个人价值与社会价值相统一，在助推中

---

[1]《习近平出席全国教育大会并发表重要讲话》，http://www.gov.cn/xinwen/2018-09/10/content_5320835.htm。

华民族伟大复兴"中国梦"实现过程中展示自我价值；帮助青年教师形成科学思维方式，最大程度地开发智力潜能，不断提升专业水平和业务能力，为全面发展夯实物质根基；激发青年教师发展的精神动力，激励青年教师在教学科研领域奋发图强、不懈进取，最大限度地实现自我发展。与此同时，高校青年教师思想政治教育本身在新形势、新情况、新挑战、新任务面前也暴露出诸多不完善之处和薄弱环节。所有这些都需要加强高校青年教师思想政治教育研究，使其在继承中发展、在改革中完善，真正为高校青年教师的健康成长、高等教育事业的改革与发展保驾护航。

## （三）深化青年教师思想政治教育研究的迫切需要

思想政治工作是一门科学，各级领导干部和政工干部都要努力认识和掌握它的基本知识和规律。① 高校青年教师思想政治教育作为思想政治工作的重要领域，同样是一门科学，不仅需要在实践中探索和总结，更需要在理论层面进行提炼和升华。加强高校青年教师思想政治教育研究是深化高校青年教师思想政治教育研究题中之义和迫切需要。

研究高校青年教师思想政治教育，有利于拓展思想政治教育研究视野。思想政治教育是人类社会实践的重要方面，自阶级产生和国家形成以来就一直客观存在着。伴随历史的推演、阶级的更迭，思想政治教育实践在不断推进，思想政治教育理论研究也伴随社会发展、知识更新不断深入，理论体系持续拓展与完善。然而，不可否认的是，虽然党和国家已经充分认识到高校教师在高等教育发展过程中的重要地位，颁布了一系列关于教师思想政治教育的相关文件，但目前关于高校教师思想政治教育，尤其是高校青年教师的思想政治教育的研究并不多见。在中国知网中以"高校""教师"和"思想政治教育"为关键词进行检索，在1995年到2018年时间跨度内，仅能查阅到164篇学术论文，且其中不少是以高校思想政治理论课教师为研究对象

---

① 《江泽民文选》第三卷，人民出版社2006年版，第456页。

的。以"高校青年教师"和"思想政治教育"为关键词，在 1995 年到 2018 年这个时间跨度内仅能搜索到 87 篇学术论文，且论题相仿，质量不一。关于高校教师思想政治教育、高校青年教师思想政治教育的学术专著更是凤毛麟角。这从侧面反映出，当前的思想政治教育研究领域，对高校教师群体尤其是青年教师群体关注度有待提升。中共中央组织部、中共中央宣传部、中共教育部党组《关于加强和改进高校青年教师思想政治工作的若干意见》中明确提出："加强和改进高校青年教师思想政治工作，对于全面贯彻党的教育方针、确保高校坚持社会主义办学方向、培养德智体美全面发展的社会主义建设者和接班人，具有重大而深远的意义。"① 正是基于此初衷，笔者选取"高校青年教师"这个非常重要但却容易被忽视群体的思想政治教育作研究。希望本书，能够对拓展思想政治教育的研究视野，促进高校青年教师健康成长作出贡献。

研究高校青年教师思想政治教育，有利于丰富高校青年教师思想政治教育理论。本书在总结和梳理学术界既有的关于高校青年教师思想政治教育研究成果基础上，采取科学的研究方法，界定高校青年教师的内涵、特点和地位，明晰高校青年教师思想政治教育的含义、特征和使命，回顾改革开放以来高校青年教师思想政治教育的发展历程、发展成就和发展经验，剖析当前高校青年教师思想行为及思想政治教育存在的主要问题与深层原因，并据此探求加强高校青年教师思想政治教育的现实策略，不仅在实践层面对当前高校青年教师思想政治教育进行总结和导向，更在理论层面升华高校青年教师思想政治教育的实践经验，尝试建构科学完备的高校青年教师思想政治教育理论体系，这对丰富高校思想政治教育理论有所裨益。

研究高校青年教师思想政治教育，有利于推动高校青年教师思想政治教育实践。理论来源于实践，并只有返归于实践才能发挥其应有价值。高校青年教师思想政治教育理论研究的最终落脚点是推动高校青年教师思想政治教育实践的发展。当前，高校青年教师思想政治教育工作仍然存在不少薄弱环

---

① 李向前、王国洪:《高校青年教师思想政治工作读本》，研究出版社 2013 年版，第 1 页。

节。具体体现在：思想认识层面，不少学校领导并没有充分认识到青年教师的特殊性从而没有将青年教师思想政治教育作为一项专项任务认真对待，只是简单草率地将青年教师思想政治教育混同于高校教师思想政治教育之中，一概而论，"一视同仁"。在方法运用上，存在一定的滞后性，教育方法局限于传统的思想政治教育方法，漠视青年教师思想变化实际，既不能适应历史和时代要求，又不能满足于高校青年教师思想状况和行为方式变化的需要。在载体运用上，对传统教育载体如党团组织、文化载体、活动载体等运用乏力，没有建立稳定、有序的运作机制；对新型载体如网络、微博、微信等已经被大众广泛应用的新兴媒介运用不足；各载体之间结合不够，各行其道、相互隔离，教育效果相互抵消。在机制建设上，缺乏规范化、制度化的领导机制和运行机制，在青年教师思想政治教育实践中，存在各部门、各单位相互推诿、各行其是的情况，缺乏必要的沟通、监督、考核和考评，等等。应该说，这些都是当前高校青年教师思想政治教育实践亟待提升和改进之处。本书在进行必要的理论分析基础上，探索提升高校青年教师思想政治教育实效的现实策略，力图明确高校青年教师思想政治教育在实践推进中应遵循的基本原则、建构新时期新阶段新形势高校青年教师思想政治教育的内容体系，在继承既有经验基础上拓展高校青年教师思想政治教育的有效途径，探讨强化高校青年教师思想政治教育组织管理的现实举措。相信必然会为推动高校青年教师思想政治教育实践作出应有贡献。

## 二、研究现状和评述

截至目前，面对高校思想政治教育发展中呈现出的新情况、新问题，学术界诸多学者以高度的学科责任意识展开深入而持续的研究，视野宽广而全面、研究脉络系统而深入，取得了关于高校思想政治教育的丰硕成果，促进了高校思想政治教育理论体系日趋成熟。然而，不无遗憾的是，这些研究大多集中在大学生思想政治教育领域，高校教师思想政治教育研究，尤其是高校青年教师思想政治教育研究颇为鲜见。

## （一）研究现状

纵观国内外相关研究成果，学术界关于高校青年教师思想政治教育的研究成果主要集中在国内，国外学者有关研究成果相对较少。

### 1.国内研究现状

高校青年教师思想政治教育研究在思想政治教育研究领域是一个薄弱环节。从著作来看，现有关于这方面研究的著作有 8 部，直接研究高校青年教师思想政治教育的著作更为匮乏。现有的著作如，《高等院校青年教师思想政治教育的思考》（王峥，中国矿业大学出版社 2008 年版）、《青年知识分子》（高军等，中央编译出版社 2009 年版）、《工蜂——大学青年教师生存实录》（廉思，中信出版社 2012 年版）、《教育魅力——青年教师成长钥匙》（于漪，华东师范大学出版社 2013 年版）、《高校青年教师思想政治工作读本》（李向前等，研究出版社 2013 年版）、《高校思想政治理论课青年教师队伍建设研究》（陈雪斌，广西师范大学出版社 2014 年版）、《地方高校青年教师专业发展研究》（李华，西南交通大学出版社 2014 年版）、《高校青年教师思想政治工作研究》（宁秋娅，光明日报出版社 2018 年版）等。从论文来看，通过中国期刊全文数据库检索，以"高校青年教师""高校教师""青年知识分子"为对象，以"思想政治教育""职业道德""师德""党建""培养"等主题作为查询条件，在 CSSCI 期刊、核心期刊上发表相关学术论文仅有百余篇。遍览上述文献资料，尽管关于高校青年教师思想政治教育的研究不尽全面、系统、完善，但通过对现有研究文献进行梳理，对于本研究仍具有较高的参考价值。国内研究主要体现在以下几个方面。

（1）关于高校青年教师思想政治教育内涵的研究

任何一门学科的研究，首先都是从对其内涵的研究开始的。高校青年教师思想政治教育的内涵是先驱探索者最先研究的问题，通过梳理文献发现，这一内涵研究主要涉及高校青年教师的年龄上限、高校青年教师的特点及其思想特征、高校青年教师思想政治教育的概念以及高校青年教师思想政治教育的意义和历史使命等方面。

关于高校青年教师的年龄上限，学术界主要有三种观点：第一种观点把高校青年教师的年龄界定在35岁以下。如张玉新在《加强高校青年教师师德建设的思考》一文中把青年教师的年龄界定为35岁以下；[1] 教育部"高等学校优秀青年教师教学科研奖励计划"（教育部高校青年教师奖）中规定，前两届把青年教师获奖者年龄条件定为35岁以下。第二种观点把高校青年教师的年龄界定在40岁以下。比如廉思在《我国高校青年教师思想状况调查报告》一文中把高校青年教师年龄界定在40岁以下。[2] 第三种观点把高校青年教师的年龄界定在45岁以下。例如，教育部"高等学校优秀青年教师教学科研奖励计划"（教育部高校青年教师奖）在实施到第三届后，把社会科学类青年教师年龄界定在45岁以下。此外，许振华在《新时期加强高校青年教师职业道德建设的思考》一文中列出45岁和35岁两种高校青年教师的年龄上限划分[3]，可见，在这一问题上没有统一标准。黄蓉生在《青年学研究》一书中指出，青年的年龄界限是随着社会变化而变化的，各时代、各民族、各国家，因历史环境、地理位置、社会经济、文化背景等社会因素不同，人的身心发育和社会成熟的起讫期各有差异。青年期上限年龄的划分普遍趋向社会成熟，即个体已经摆脱依赖性、独立从事社会实践活动的智能和个性品质，主要有职业成熟、道德成熟、政治成熟、思想成熟、人生观成熟等等。[4] 这个观点为在高校教师这个特定职业领域中的青年期年龄界定提供了具有可操作性的理论依据。

关于高校青年教师的特点及其思想特征，学术界从思想、行为、心理和

---

[1]　张玉新：《加强高校青年教师师德建设的思考》，《学校党建与思想教育》2011年第10期。
[2]　廉思：《我国高校青年教师思想状况调查报告》，《学习时报》2011年第10期。
[3]　许振华：《新时期加强高校青年教师职业道德建设的思考》，《当代教育论坛》2010年第1期。
[4]　黄蓉生：《青年学研究》，四川人民出版社2009年版，第66—68页。

精神状态等不同角度给予了提炼概括。廉思根据近年来我国高等院校青年教师数量和比例不断增加，认为高校青年教师是青年中知识层次最高的群体之一，具有较高的科学文化水平，眼界开阔，思想活跃，勇于探索；他们是知识分子群体与青年群体的交叉集合体。[①] 谭德政在《高校青年教师社会实践锻炼之我见》一文中指出，青年教师是高校中一支最有生气的力量。他们有理想、有抱负，善于思索，敢于追求，朝气蓬勃；自尊心、自信心强，勇于竞争；渴求知识更新，期望深造和成功。这是由新时期政治、经济、文化的特点所决定的，也是当代青年思想面貌的主流。另一方面，由于前些年思想政治工作削弱和受资产阶级自由化思潮的影响，一部分青年教师存在重业务、轻政治，重理论、轻实践的现象；一些青年教师缺乏社会经验，识别能力不强，易于在观察分析复杂事物时犯主观片面的错误；有时则出现过分的自信和固执己见等等。[②] 沈履平在《加强高校青年教师思想政治工作的思考》一文中指出，青年教师是在改革开放给人们带来实惠的年代成长起来的，很少经历艰苦磨难和社会生活的风风雨雨，相当一部分青年教师缺少吃苦耐劳的品格，意志力薄弱。在实际生活中，青年教师的收入有限，而经济负担相对沉重，同时自身心理发展不成熟，缺乏比较稳定的观点。[③] 此外，也有学者认为青年教师具有思想活跃、接受新观念新事物较快、主体意识较强等特点。[④] 还有学者认为青年教师知识结构新，对新生事物的接受能力强，与大学生心理距离近。[⑤]

对于高校青年教师思想政治教育概念的界定，学术界目前仍无统一界说，只有几位学者给出了自己的理解。饶定柯在《教师思想政治工作概论》中认为，高校青年教师作为教师思想政治工作的特定群体，具有显著的特殊性。它以青年教师这个特殊职业群体为对象，探索和研究青年教师思想和行

①　廉思：《我国高校青年教师思想状况调查报告》，《学习时报》2011 年第 10 期。
②　谭德政：《高校青年教师社会实践锻炼之我见》，《西南师范大学学报》1991 年第 4 期。
③　沈履平：《加强高校青年教师思想政治工作的思考》，《学校党建与思想教育》2007 年第 5 期。
④　胡琦：《高校青年教师思想政治状况调查及思考》，《国家行政学院学报》2009 年第 8 期。
⑤　吴明永、曾咏辉：《关于新时期加强高校青年教师思想政治教育的探讨》，《教育与职业》2008 年第 5 期。

为的活动规律，以及对教师进行思想政治工作的规律。具体讲，就是从建设一支德才兼备的教师队伍这一战略任务着眼，明确高校教师思想政治教育工作的目标任务和指导思想，把握青年教师的职业特点和思想特征，深入研究和掌握教师思想行为的特点和活动规律，在此基础上，探索用正确的世界观、人生观、价值观引导高校青年教师的思想道德品质。[①] 王峥在《高等院校青年教师思想政治教育的思考》一书中指出：高校青年教师思想政治教育是着眼于建立一支忠诚于党的教育事业、素质高、乐于奉献的青年教师队伍，在科学分析高校青年教师素质及其培养，存在问题及主要原因基础上，坚持特定的原则，有针对性地开展世界观、政治观、人生观、法制观、道德观、公民意识教育的实践活动。[②] 由于学术界对高校青年教师思想政治教育关注较少，关于高校青年教师思想政治教育概念的界定也并不多见。

关于高校青年教师思想政治教育的意义和历史使命，王宗光在《认真做好高校青年教师入党工作》一文中认为，加紧在青年骨干教师中发展党员，帮助他们提高马克思主义理论水平和思想修养，成长为具有坚定正确的理想信念、能在新世纪经受住各种风浪考验、具有抗腐能力和抗风险能力的青年马克思主义者，使党永葆生机和活力，对于党的事业和国家的长治久安具有重要意义；把这项工作提到加紧后备人才培养、为党和国家储备和输送各类高素质人才的高度去认识。[③] 中共华中师范大学委员会宣传部研究者在《关于高等院校青年教师思想政治工作的若干思考》一文中指出，在大学校园里，青年教师是一支生气勃勃的队伍，加强这支队伍的建设，尤其是思想建设，不仅决定着他们能否健康成长，而且在很大程度上影响着高等学校学生培养目标的实现，关系到高校事业发展的前途，牵动着祖国的未来。我们必须从这个战略高度出发，来认识加强高校青年教师思想政治工

---

① 饶定柯：《教师思想政治工作概论》，国家教育出版社 1992 年版，第 6 页。
② 王铮：《高等院校青年教师思想政治教育的思考》，中国矿业大学出版社 2008 年版，第 12 页。
③ 王宗光：《认真做好高校青年教师入党工作》，《求是》2002 年第 9 期。

作的使命。①

（2）关于高校青年教师思想政治教育历史发展的研究

社会环境或文化背景对人的世界观的形成、价值观的定向、思维方式的选择等都有重要意义。高校青年教师是他们所处的社会环境或文化背景下的产物，因此，要对他们做出准确的定义、正确的评价，分析他们的思想状况，对存在的问题采取正确的对策，加强和改进高校青年教师思想政治教育工作，就不能不分析他们成长的社会环境以及高校青年教师思想政治教育工作的历史进程。

当前，学术界针对高校青年教师思想政治教育历史发展的专门性研究并不多见，较多的是关于高校教师思想政治教育和高校党建历史发展的相关研究。高校青年教师思想政治教育是高校教师思想政治教育的重要内容和组成部分，而高校党建与高校教师思想政治教育存在着密不可分的关系，对高校教师思想政治教育和高校党建工作历史的回顾，分析总结历史进程与基本经验，对本研究具有重要借鉴意义和参考价值。

关于高校党建和教师思想政治教育的历史阶段。在高校教师思想政治工作历史分期上，王体正等在《高校教师思想政治工作 50 年回顾》一文中把我国高校教师思想政治工作分为 4 个不同阶段：第一，"文革"前 17 年，即从新中国建立到 1965 年；第二，"文革" 10 年，即 1966—1976 年，是高校教师思想政治工作遭受严重破坏的时期；第三，徘徊的 2 年，即从 1976 年 10 月粉碎"四人帮"到 1978 年 12 月十一届三中全会召开之前；第四，改革开放 20 年，即从 1979 年至今。② 吴潜涛等在《我国高校党建与思想政治教育 30 年》一文中认为，我国高校党建与思想政治教育工作主要经历了三个发展阶段：一是恢复与初步建设阶段（大致从党的十一届三中全会到十二届三中全会召开之前）；二是曲折发展阶段（大致从党的十二届三中全会召开

---

① 　中共华中师范大学委员会宣传部：《关于高等院校青年教师思想政治工作的若干思考》，《学校党建与思想教育》1990 年第 6 期。

② 　王体正、李莉、何顺进、王义芳：《高校教师思想政治工作 50 年回顾》，《学校党建与思想教育》1999 年第 9 期。

到党的十三届四中全会召开之前）；三是深入反思和全面发展阶段（大致从党的十三届四中全会至今）。① 在高校党建工作历史分期上，王建国等在《新中国 60 年高校党建历程和经验研究》一文中指出，新中国 60 年高校党建的发展历程，大致可分为以下 7 个阶段：初步建立阶段（1949—1956 年），曲折前进阶段（1956—1966 年），停滞瘫痪阶段（1966—1976 年），恢复重建和面临挑战阶段（1976—1989 年），重新确立阶段（1989—1992 年），巩固加强阶段（1992—2002 年），改革创新阶段（2002 年至今）。② 林克显等在《改革开放以来高校党建工作的发展历程和成功经验》一文中认为，高校党建工作经历了拨乱反正时期（1978—1985 年），削弱淡化时期（1985—1989 年），重树核心时期（1989—2002 年），继承创新时期（2003 年以后）。③ 韩强在《改革开放以来我国高等学校党的建设的历史进程与基本经验》一文中认为，改革开放以来中国高校党建的发展经历了一个逐步加强、巩固、提高和完善的过程，这一进程大致可分为三个主要阶段：第一，恢复发展阶段，从党的十一届三中全会到十三届四中全会，这一阶段高校党的领导体制改革逐步展开，高校思想政治工作受到重视；第二，改革发展阶段，党的十三届四中全会到十六大，这一阶段确立了党委领导下的校长负责制这一基本体制，加强了高校领导班子建设，高校思想政治工作有了新的加强，高校党组织的制度建设等方面有了新的成绩和进展；第三，创新发展阶段，从党的十六大至今，这一阶段创新推进高校党建成为主流，制度建设有了新的突破。④

关于高校党建和教师思想政治教育的成绩和经验，有学者认为，高校教

① 吴潜涛、赵爱玲、范笑仙:《我国高校党建与思想政治教育 30 年》,《中国高教研究》2008 年第 7 期。
② 王建国、蓝晓霞、王虹英、王德瑜:《新中国 60 年高校党建历程和经验研究》,《中国高教研究》2009 年第 11 期。
③ 林克显、黄腾华、李小稳:《改革开放以来高校党建工作的发展历程和成功经验》,《福建论坛·人文社会科学版》2008 年第 11 期。
④ 韩强:《改革开放以来我国高等学校党的建设的历史进程与基本经验》,《理论学刊》2008 年第 2 期。

师思想政治工作取得了很大的成绩，其主要经验可概括为：教师思想政治工作只有结合业务工作才有生命力；教师思想政治工作只有坚持以人为本才有感染力；教师思想政治工作只有坚持实事求是才有说服力；教师思想政治工作只有坚持不断创新才有吸引力。① 也有学者认为，新中国 60 年高校党建一以贯之的指导方针：一是必须始终坚持党对高校的领导，保证高校社会主义办学方向这一前提；二是必须始终坚持围绕中心工作抓党建，牢牢把握推动高校科学发展这一主题；三是必须始终坚持马克思主义在意识形态领域的指导地位，努力完成用中国特色社会主义理论体系武装师生头脑这一首要任务；四是必须始终坚持和完善党委领导下的校长负责制，切实抓好高校领导班子建设这一关键；五是必须始终坚持加强和改进大学生思想政治教育，落实好培养人这一根本任务；六是必须始终坚持以改革创新精神加强高校党的建设，为增强高校党建生命力提供不竭动力。② 还有学者认为，中国高校党建的基本经验主要体现在：必须坚持党在指导思想上的与时俱进，必须坚定不移地坚持和改善党对高校工作的领导，必须把思想政治建设放在首位，必须健全高校党委的工作机制，必须坚持以改革创新的精神加强高校党的建设。③ 高校的党建工作与高校思想政治教育工作密不可分、相互联系、相互促进。对于高校党的建设和思想政治工作的主要经验，有学者认为主要是围绕党和国家的中心任务以及学校的中心工作开展工作；把思想政治建设放在高校党的建设和思想政治工作的首位，贯彻执行党的基本理论和基本路线，坚持正确的政治方向；切实抓好各级党组织建设，充分发挥党组织的政治核心作用和党员的先锋模范作用；努力建设一支高素质的党务和政工干部队伍；不断探索在新的形势下做好党建和思想政治工作的新思路、新经验、新

① 王体正、李莉、何顺进、王义芳：《高校教师思想政治工作 50 年回顾》，《学校党建与思想教育》1999 年第 9 期。
② 王建国、蓝晓霞、王虹英、王德瑜：《新中国 60 年高校党建历程和经验研究》，《中国高教研究》2009 年第 11 期。
③ 韩强：《改革开放以来我国高等学校党的建设的历史进程与基本经验》，《理论学刊》2008 年第 2 期。

规律。① 还有学者认为，我国高校党建与思想政治教育理论创新的基本经验是：坚持从培养社会主义建设者和接班人的高度正确认识高校思想政治教育的战略地位，以育人成才为着力点，牢固树立"德育为首"的教育理念；坚持继承优良传统与积极开拓创新的统一，以创新为先导，切实增强大学生思想政治教育的吸引力、感染力；坚持党的领导，坚持管理与教育相结合，不断增强高校党建与思想政治教育的实效性；坚持以学生为本，注重提高教育的针对性、实效性，集中力量解决思想政治领域的突出问题。②

（3）关于高校青年教师思想政治教育现状及原因的研究

关于高校青年教师思想行为状况及其原因分析。通览既有研究成果，高校青年教师思想状况总体是好的，但受现实环境和自身因素的影响，也存在一些值得关注的问题。首先，多数学者肯定了高校青年教师的主流和本质是好的，他们具有远大的理想和坚定的信念，全面贯彻党的教育方针，热爱教育事业，思想解放，开拓进取。其次，一些学者重点分析了高校青年教师思想行为存在的问题。黄蓉生、邓卓明在《青年思想政治教育专论》一书中认为，有部分青年教师仍缺乏爱岗敬业的精神，师德修养差，业务水平有待提高。③ 谈毅在《高校青年教师思想政治工作模式的探索与思考》一文中指出高校青年教师思想政治状况存在的问题有：一是青年教师对于教师职业认知不足，导致"教书育人"的使命感不强，责任意识淡薄；二是青年教师面临的工作、生活和精神压力普遍较大；三是教师评价制度异化影响了青年教师专业化成长路径；四是青年教师政治参与意愿较为明显，但行为能力不足。④ 有的研究者强调：青年教师的知识结构和治学态度有严重缺陷，表现为理论根基不牢，实践知识缺乏，治学不够严谨。⑤ 最后，有学者对于存在的问题，

① 朱新均：《二十年高校党建和思想政治工作回顾》，《学校党建与思想教育》1998 年第 6 期。
② 吴潜涛、赵爱玲、范笑仙：《我国高校党建与思想政治教育 30 年》，《中国高教研究》2008 年第 7 期。
③ 黄蓉生、邓卓明：《青年思想政治教育专论》，中央文献出版社 2005 年版，第 109 页。
④ 谈毅：《高校青年教师思想政治工作模式的探索与思考》，《思想理论教育》2013 年第 9 期。
⑤ 中共华中师范大学委员会宣传部：《关于高等院校青年教师思想政治工作的若干思考》，《学校党建与思想教育》1990 年第 6 期。

究其原因，认为主要有社会大环境、校内环境、青年教师自身境遇、青年教师物质待遇的影响等因素。① 也有学者认为是受功利主义、自由主义和主观主义等主观因素的影响，以及当前党内腐败现象、经济利益最大化原则的负面影响。② 既有主观原因，也有客观原因。

关于高校青年教师思想政治教育状况及其原因分析。高地、杨晓慧在《高校青年教师思想政治工作科学化的瓶颈问题及应对策略》一文中认为，高校青年教师思想政治教育存在工作环境条件的深刻变化与理论研究不同步，政策倾斜力度的不断增大与支持系统不完备，实际需要和问题的快速增长与思想政治理论学习不协调等瓶颈问题。③ 沈履平在《加强高校青年教师思想政治工作的思考》一文中认为存在的问题有：第一，高校对青年教师思想政治工作领导乏力，没有把青年教师的思想政治教育放到应有的位置；第二，高校职务晋升、教师奖励政策对青年教师的价值导向存在偏差，"重业务轻政治"现象严重；第三，缺乏行之有效的师德评价、考核、激励机制。④ 刘建在《论新形势下高校青年教师思想政治教育探索》一文中认为，高校青年教师思想政治教育存在的问题主要表现在：一是工作精力投入不足；二是对青年教师的思想行为特点研究不够深入，工作缺乏针对性和系统性，教育形式单一，不能很好地与青年教师的特点结合起来，教育效果较差；三是工作机制不够健全，制度不够完善，缺乏保障体系。⑤ 吴明永、曾咏辉在《关于新时期加强高校青年教师思想政治教育的探讨》一文中探讨了高校青年教师思想政治教育存在问题的主要原因：一是各级领导对高校青年教师思想政治教育的重视不够，忽视青年教师思想政治教育，重教师业务素质，轻思想政治素质；二是对高

---

① 王崢：《高等院校青年教师思想政治教育的思考》，中国矿业出版社 2008 年版。
② 余展洪：《高校青年教师入党思想存在的问题及对策》，《学校党建与思想教育》2010 年第 4 期。
③ 高地、杨晓慧：《高校青年教师思想政治工作科学化的瓶颈问题及应对策略》，《思想理论教育》2013 年第 9 期。
④ 沈履平：《加强高校青年教师思想政治工作的思考》，《学校党建与思想教育》2007 年第 5 期。
⑤ 刘建：《论新形势下高校青年教师思想政治教育探索》，《中国青年研究》2008 年第 4 期。

校青年教师思想政治教育的方法不当，思想政治教育不考虑青年教师的实际情况如年龄特点、心理特点、经济收入、个人生活等因素，缺乏针对性，使青年教师产生逆反心理；三是一些思想政治教育工作者的水平达不到要求。[①]

（4）关于高校青年教师思想政治教育实施策略的研究

高校青年教师思想政治教育的实施策略包含原则、内容、方法、途径、机制等内容，学者们对此提出了诸多观点。

关于高校青年教师思想政治教育的原则。有学者认为，加强高校青年教师思想道德教育，应坚持方向原则、以人为本原则、主体原则、民主原则、激励原则、解决思想问题与解决实际问题相结合的原则、教育与物质利益相结合的原则。[②] 也有学者认为，高校青年教师的生活需要、学习需要、自尊需要、政治需要、成就需要五个方面呈现为一定层次的动态序列，我们据此可以进行有针对性的激励和教育。[③]

关于高校青年教师思想政治教育的内容，有学者认为主要内容是：第一，认真组织青年教师学习马列主义、毛泽东思想，走与工农相结合的道路，把坚定正确的政治方向放在第一位；第二，加强青年教师的职业道德教育，使之养成良好的教风；第三，进行爱国主义、社会主义、独立自主、艰苦奋斗的教育，增强民族自尊心，坚定走社会主义道路的信心；第四，为青年教师创造良好的成才环境。[④] 也有学者认为，高校青年教师思想道德教育的内容包括：世界观教育、政治观教育、人生观教育、法制观教育、道德观教育、公民意识教育。[⑤] 还有学者提出，加强高校青年教师思想政治工作，一要强化青年教师的政治理论水平，抓好青年教师的理想信念教育；二要加强青年教师人生价值观教育，引导他们树立爱岗、敬业、育人、奉献的人生价值观；三要通过社会实践，增强青年教师的社会责任感，树立良好的

---

① 吴明永、曾咏辉：《关于新时期加强高校青年教师思想政治教育的探讨》，《教育与职业》2008 年第 5 期。
② 王峥：《高等院校青年教师思想政治教育的思考》，中国矿业出版社 2008 年版，第 55 页。
③ 胡琦：《高校青年教师思想政治状况调查及思考》，《国家行政学院学报》2009 年第 8 期。
④ 朱宝善：《论高校青年教师队伍的思想建设》，《江苏高教》1990 年第 3 期。
⑤ 王峥：《高等院校青年教师思想政治教育的思考》，中国矿业出版社 2008 年版，第 80 页。

师德风范。① 也还有学者认为，青年教师思想政治工作的内容，应以马列主义、毛泽东思想为指导，以四项基本原则为根本，以党的基本路线为主线，经常进行马列主义理论教育，党的基本路线和基本知识教育，社会主义、共产主义、爱国主义和集体主义教育，以及形势政策等方面内容的教育。② 此外，还有学者认为，要坚持正确的政治方向，加强青年教师理想信念教育。一方面要坚持正确的政治导向；另一方面，加强青年教师队伍的职业理想教育，树立正确的职业观，使高校青年教师在岗位上真正做到传道、授业、解惑。③

对于高校青年教师思想政治教育的方法与途径，有学者认为，需要以社会主义核心价值体系为引领，不断加强理想信念教育；以师德建设为重点，提高青年教师道德修养；以社会实践为载体，让青年教师在实践中成长成才；以助力成长发展为重点，提升青年教师业务能力；以解决实际问题为切入点，构建有利于青年教师成长发展的环境。④ 也有学者认为，加强青年教师思想政治工作，可采用以下途径和方法：开办党校或业余党校，组织青年教师学习马列经典著作和毛泽东同志的著作；组织青年教师参加社会实践；开展丰富多彩、生动活泼的教育活动；加强青年教师思想政治工作还应处理好思想政治工作同业务工作、管理工作以及后勤工作之间的关系。⑤ 还有学者认为，加强高校青年教师思想政治工作的方法途径有：加强政治理论教育，提高青年教师的思想政治素质；加强师德建设，提高青年教师的师德修养水平；坚持实践锻炼，增强青年教师的社会责任感；建立和完善激励机

① 沈履平：《加强高校青年教师思想政治工作的思考》，《学校党建与思想教育》2007 年第 5 期。
② 孙凡德：《关于加强高校青年教师思想政治工作的思考》，《辽宁高等教育研究》1992 年第 1 期。
③ 张红：《新时期加强普通高校思想政治理论课青年教师队伍建设的思考》，《教育与职业》2009 年第 4 期。
④ 邱燕茹：《高校推进青年教师思想政治工作的策略思考》，《思想理论教育导刊》2013 年第 12 期。
⑤ 孙凡德：《关于加强高校青年教师思想政治工作的思考》，《辽宁高等教育研究》1992 年第 1 期。

制，逐步创造人才脱颖而出的环境；充分发挥中老年教师的"传、帮、带"作用；加强青年教师的党建工作，不断提高青年教师的政治热情；把解决实际问题与思想政治工作结合起来。① 还有学者认为，政府和社会既要引导青年教师正确认识和处理国家、集体、个人三者之间的利益关系，又要面对现实，把青年教师的奉献精神与解决其实际困难结合起来，制定公平、公正的制度和政策，大力提高教师的经济待遇和社会地位。高校自身也应以人为本，加强制度建设，进一步完善青年教师的培养机制、激励机制、管理机制和评价机制等，进一步强化各项制度的执行力度，为青年教师的健康成长创造制度保障，积极创造有利于青年教师健康成长的教育环境。② 此外，加强高校青年教师思想政治教育，要全面实施分层次分阶段培养战略，在深化教育改革和创新实践中解决思想认识难题。对于青年教师的思想政治教育，我们要遵循循序渐进、逐步发展的策略。③ 要把思想政治工作渗透到青年教师的教学工作及生活之中，达到"润物细无声"的效果，帮助青年教师创造良好的科研环境、和谐的校园人文环境和健康的成长环境。④

对于高校青年教师思想政治教育运行管理，有学者认为，青年思想政治教育机制与青年思想政治教育过程、青年思想政治教育方法既有区别又有联系，具有明确的目的性、客观必然性、整合统一性、和谐自调性、追求实效性等特征。人的一般属性和人的特性是青年思想政治教育机制的客观遵循。也有学者认为，实现青年知识分子思想政治教育的规范化、科学化、制度化，必须建立责权明确的领导机制，完善潜移默化的渗透机制，建立民主开放的参与机制，优化科学高效的管理机制，建立务实高效的动力机制，完善切实可行的运行机制，建立严明合理的评估机制。⑤ 还有学者认为，推进高校青年教师师德建设工作，需要完善考核监督机制。针对青年教师实际，制

---

① 刘建：《论新形势下高校青年教师思想政治教育探索》，《中国青年研究》2008 年第 4 期。
② 张红：《新时期加强普通高校思想政治理论课青年教师队伍建设的思考》，《教育与职业》2009 年第 4 期。
③ 胡琦：《高校青年教师思想政治状况调查及思考》，《国家行政学院学报》2009 年第 8 期。
④ 王正荣：《关于加强高校青年教师思想政治工作的几点思考》，《教育探索》2005 年第 7 期。
⑤ 高军：《青年知识分子》，中央编译出版社 2009 年版，第 293 页。

定师德评价指标体系，把师德建设情况作为主要内容，纳入学校目标管理考核体系，评价结果作为单位和个人考核的主要内容；不仅发挥相关职能部门的作用，还要发挥学生及同行和社会舆论的监督作用。[①] 还有学者认为，探索青年教师思想政治工作模式，依托组织和平台促进青年教师成长与发展，要充分发挥各级党组织作用，在建立党政领导联系青年教师制度，加强教师党支部对青年教师的关爱，增强党组织的凝聚力和号召力；发挥基层教学科研组织作用，建立"传、帮、带"机制，实行导师制，营造"家"文化氛围。[②]

**2. 国外研究现状**

通过对外文文献的检索与阅读，发现国外学者对于高校青年教师研究论述较多的是关于教师职业道德、大学教师职业生涯发展等方面，直接关涉高校青年教师思想政治教育的研究成果并不多。

（1）关于教师职业道德的研究

美国高等教育联合会（AAHE）在 1993 年发起讨论教师职业角色的问题，重新界定教师的职责，认为现代大学教师要肩负教学、咨询、课程设计、社区服务、参与大学管理等重任。履行这些责任需要具备高尚、完备的职业道德和个性品质，这些构成教师发展的核心，远远超出了一个单纯研究者的知识和能力。这些道德、品质的养成起始于研究生教育阶段，在成为大学教师后继续得到强化，大学与专业学会负有义不容辞的责任。1998 年，卡内基教学促进基金会发起成立卡内基教学知识学会（CASTL），旨在促进提高关于大学教师有关教和学的知识，并重新对学者的教师角色加以认识，主张从业务能力、道德品行、责任意识等维度培养新时代的教师。[③]

（2）关于教师职业生涯发展的研究

教师职业生涯是包括职业发展、职业道德、职业能力等多方面内容的

---

① 张泳、张焱：《试论高校青年教师的师德建设》，《教育探索》2012 年第 6 期。

② 谈毅：《高校青年教师思想政治工作模式的探索与思考》，《思想理论教育》2013 年第 9 期。

③ 林杰：《美国大学教师发展运动的历程、理论与组织》，《比较教育研究》2006 年第 12 期。

研究。对于教师职业生涯发展的研究，国外尤其是美国起步较早，在学术界也较有影响。当前，美国学者提出的几种教师发展阶段理论，在国际上较有影响。一是弗朗斯·富勒（Fuller，1969）的教师关注阶段论。他认为教师们所关注的事物是依据一定的次序更替的，并呈现如下四个发展阶段：任教前关注（pre-teaching concerns）、早期生存关注（early concerns about survival）、教学情境关注（teaching situations concerns）、关注学生（concerns about students）。二是卡茨（Katz，1972）的教师发展时期论。他根据自己与学前教师一起工作的经验，运用访问与调查问卷法，且特别针对学前教师的训练需求与专业发展目标，把教师的发展分为求生存时期（survival）、巩固时期（consolidation）、更新时期（renewal）和成熟时期（maturity）四个阶段。三是伯顿（Burden，1979）的教师发展阶段论。他将教师的发展分为求生存阶段（survival phase）、调整阶段（adjustment phase）和成熟阶段（mature phase）。四是费斯勒（Fessler，1985）的教师生涯循环论。他把教师职业周期分为职前教育阶段（pre-service）、引导阶段（induction）、能力建立阶段（competency building）、热心和成长阶段（enthusiastic and growing）、职业挫折阶段（career frustration）、稳定和停滞阶段（stable and stagnant）、职业消退阶段（career wind down）、职业退出阶段（career exit）。五是司德非（Steffy，1989）的教师生涯发展模式。将教师的发展分为五个阶段：预备生涯阶段（anticipatory career stage）、专家生涯阶段（expert master career stage）、退缩生涯阶段（withdrawal career stage）、更新生涯阶段（renewal career stage）和退出生涯阶段（exit career stage）。六是休伯曼（Huberman，1993）的教师职业周期主题模式。他将教师专业发展分为七个时期：入职期（career entry）、稳定期（stabilization phase）、实验和岐变期（experimentation and diversification）、重新评估期（reassessment）、平静和关系疏远期（serenity and relational）、保守和抱怨期（conservation and complaints）、退休期（disengagement）。[①] 在不同的发

---

① 　肖丽萍：《国内外教师专业发展研究评述》，《中国教育学刊》2002 年第 5 期。

展阶段，学者们提出了关于教师职业能力、职业道德形成与发展的规律。

以上学者关于职业生涯周期的研究，虽然研究对象主要是中小学教师，且大多围绕"教学成熟"的主题进行，但大学教师在入职阶段也有很多与其相似之处，而且由于扮演的角色、面临的工作任务更复杂，所以遭遇的问题也更复杂。[①] 这些研究说明，对大学青年教师提供有针对性的个性化的个人职业发展规划和支持体系，具有特别重要的意义。

## （二）研究评述

截至目前，学术界对高校青年教师的内涵特点及思想状况，高校青年教师思想政治教育的含义、特征、发展历程、现实状况，高校青年教师思想政治教育的原则、内容、方法、途径、机制等进行了广泛的研究，形成了一些颇具现实性和针对性的观点和成果。为高校青年教师思想政治教育的理论发展与实践探索作出重要贡献。但由于研究时间短、研究视野过于宽泛、关注度不高等问题，当前的高校青年教师思想政治教育研究中仍存在不足之处，为后续的理论研究提供了空间。

### 1. 已有的研究成果与贡献

第一，研究领域较为宽广。学术界已有的研究成果既有关于高校青年教师思想政治教育地位、特点、价值的研究，也有关于青年教师思想政治教育具体实施策略的研究；既有关于高校青年教师思想政治教育实际运行的现状研究，也有关于其发展阶段、发展成绩、发展经验的历史研究；既有关于高校青年教师思想政治教育内容体系的研究，也有关于其方法途径的研究，涉及高校青年教师思想政治教育的方方面面，初步架构起一个较为完整的研究体系，为后期研究及实践打下基础。

---

① 　张俊超：《大学场域的游离部落——研究型大学青年教师发展现状及应对策略研究》，华中科技大学博士论文，2008 年。

第二，研究内容较为丰富。目前，在关涉高校青年教师思想政治教育的理论研究中，部分研究领域较为深入。比如，关于高校青年教师思想政治教育的原则，大部分学者均认为应该坚持方向性原则、以人为本原则、主体性原则、激励性原则、解决思想问题与实际问题相结合的原则、坚持精神激励与物质激励相结合的原则，等等。应该说这些原则既观照了高校青年教师思想变化实际，遵循了思想政治教育的基本规律，又建基于高校青年教师思想政治素质及思想政治教育存在的现实问题，体现出较强的科学性和针对性。关于高校青年教师思想政治教育内容，学者们也一致认为世界观教育、政治观教育、人生观教育、道德观教育等是必不可少的教育内容。如此，在关涉高校青年教师思想政治教育原则及内容方面，学术界达成一定共识。为高校青年教师思想政治教育实践的开展指明了方向，规制了内容。

第三，研究结论具备较强的现实针对性。到目前为止，涉及高校青年教师思想政治教育研究的绝大多数成果，都能紧密结合所处社会发展阶段的历史背景和现实境况，以此为立足点和突破点来分析、研判、考察高校青年教师思想行为中存在的问题及归因，并结合社会实际、高校实际及青年教师思想变化实际提出相应的解决策略，体现出很强的现实性和针对性。有学者认为，加强和改进高校青年教师思想政治教育，应遵循青年教师思想变化规律，提高教育策略的现实性和针对性。具体而言，可组织师德学习班、开设职业道德修养课、举办青年教师培训班，在广大青年教师中形成一种自觉追求真善美、抵制假恶丑、弘扬正气的道德风尚；通过社会实践、榜样示范、挂职锻炼等方式，使青年教师在实践锻炼中、榜样熏陶下不断提高自身思想道德水平；发挥一些治学严谨、品性优秀的老教师的"传帮带"作用，在提高青年教师业务水平的同时，认识和理解教师的职责和使命；加快人事制度改革，在教师管理上引入竞争机制，通过公平竞争、公开选拔、科学评聘的方式把那些学历层次高、政治素质好、业务能力强的优秀青年教师吸收到高校教师队伍中来，安排到合适的岗位上；借鉴社会上"下岗"给人们带来的忧患意识，通过教师"挂牌上课"、学生自主选择教师等办法，使青年教师产生职业危机感，以促进青年教师积极进取、完善自我；等等。所有这些举措，兼具现实性和可操作性，对于加强和改进高校青年教师思想政治教育具有重要意义。

### 2. 需进一步努力的方向

综观而言，学术界已有的关于高校青年教师思想政治教育的研究，虽涉及不同维度、不同层面，但仍略显宽泛和分散，学理上总结、论证不够；实践上挖掘、分析不充分，存在一定的不足之处，为后续的研究明晰了方向。

第一，青年教师年龄界限需进一步厘清。在已有的高校青年教师思想政治教育研究中，学者们对青年教师年龄上限的界定有 35、40、45 岁的不同意见，大多数学者对于研究对象年龄界定没有给出明确的观点。高校青年教师年龄范围界定的不明朗，必然导致对研究对象的划分、真实状况的把握以及有针对性的教育对策的提出带来障碍。为此，推动高校青年教师思想政治教育理论研究与实践探索，首要的前提是准确界定研究对象的年龄范围，既要着眼青年学、社会学对青年的理论划分，又要考虑高校教师群体职业生涯的特殊性，还要观照当前高校青年教师的实际情况，尤其是统合分析高校青年教师群体在职业成熟、道德成熟、政治成熟、思想成熟、人生观成熟方面的年龄上限，以此来确定教育对象的年龄范围。

第二，研究的视野需进一步拓展。在既有研究中，部分学术成果的研究视角囿于高校内部发展与管理层面，以此为研究背景来考量青年教师思想政治教育问题，缺乏社会视野和政治高度。由此，导致研究结论难免失之偏颇。还有部分研究仅把高校青年教师思想政治教育定位于服务大学生思想政治教育的工具层面，没有充分考虑到高校青年教师在服务社会、引领文化中的巨大社会作用，也缺乏站在党和国家事业高度切实关心关爱青年教师，促进青年教师自由全面发展的人文关怀。高校青年教师思想政治教育是一个系统工程，其中既涉及学校内部因素，还需观照社会因素；既需要明晰其服务于高校德育的价值定位，还应考虑其在促进青年教师健康发展的个人价值。

第三，研究的理论性需进一步提升。在多数研究中，学者们更多地基于研究高校青年教师的现实境遇和青年思想政治教育的实然状况入手来发现问题、分析问题、解决问题，具有很强的现实性。但无论是对高校青年教师境遇和思想政治状况的认识分析，还是关于青年教师思想政治教育的原则、内容、方法的研究，都缺乏深入系统的学理依据，没有很好地依托马克思主义基本原理、思想政治教育学、教育学和社会学等学科知识，并以此为指导和支撑去发现问题、分析问题、构建相应的实施框架，致使整个研究学理基础较为薄弱、学术性不强，阻碍了研究的进一步深化与拓展。高校青年教师思想政治教育既是一个现实性很强的实践命题，又是一个理论性很强的学术课题；不仅需要在实践层面予以推进，更需要理论持续观照实践，在理论层面进行指导与总结。后续的高校青年教师思想政治教育研究应以相关学科理论知识为基础和指导，如此才更具科学性和真理性。

第四，研究的针对性需进一步加强。高校青年教师的思想政治教育是一项现实性、针对性很强的活动，既要结合时代背景和社会环境、学校发展环境，又要充分考虑青年教师的实际情况如年龄特点、心理特点、学科背景、学缘结构、政治派别、经济收入、个人生活等因素。已有的研究虽然在某种程度上也体现了这种针对性，但从实际效果来看，还不够明显，需要更加深入地分析青年教师的实际需要，结合所处时代环境，提出切实有效的实施策略，真正提高思想政治教育的说服力和感召力，增强思想政治教育的主动性和实效性。同时，由于研究视角的局限、教育对象的模糊和学理支撑的欠缺，致使在论证过程中存在泛泛而谈、"空对空"等问题，无法科学有效地构建富有针对性和可操作性的思想政治教育实施策略，严重削弱了研究成果对于高校青年教师思想政治教育具体实践的指导性。比如，很多学者提出应该提高青年教师物质生活待遇，完善保障机制，减轻青年教师生活压力和心理负担。但鲜有学者提出切实可行的解决办法，致使高校青年教师至今生活压力、工作压力仍然颇大，在网络上被称为"蚁族""工蜂族""青椒一族"，在社会上被界定为"中下层"，这从侧面映射出青年教师的生存压力和现实境遇，也反映了高校青年教师思想政治教育理论研究与现实脱节的弊端。

## 三、研究思路与方法

研究思路是指开展研究的方向和脉络，是理论研究的核心和灵魂，能够指引研究的方向、规制研究的内容、确保研究的清晰性和合理性。黑格尔曾言，只有（正确的）方法才能规范思想，指导思想去把握实质，并保持于实质中。方法是人们认识世界、适应世界、改造世界的方式和手段。毛泽东指出："我们不但要提出任务，而且要解决完成任务的方法问题。我们的任务是过河，但是没有桥或没有船就不能过。不解决桥和船的问题，过河就是一句空话。不解决方法问题，任务也只是瞎说一顿。"[①] 开展高校青年教师思想政治教育研究必须遵循特定的研究思路和研究方法。

### （一）研究思路

本书立足于学术界关于高校青年教师思想政治教育研究的既有基础，在明晰高校青年教师思想政治教育一般理论基础之上，梳理与总结改革开放以来高校青年教师思想政治教育的发展历程、发展成就和发展经验，开展关于高校青年教师思想政治素质、高校青年教师思想政治教育实践发展的现状调研及原因分析，据此提出加强和改进高校青年教师思想政治教育的现实策略。

第一步，全面解析高校青年教师、高校青年教师思想政治教育的理论内涵、相关特征以及开展高校青年教师思想政治教育的理论与实践意义，为高校青年教师思想政治教育研究做好理论铺垫。

第二步，系统梳理与回顾改革开放以来，在党和国家的高度重视下，高校青年教师思想政治教育经历艰难曲折但成就非凡的发展历程。总结概括改革开放以来高校青年教师思想政治教育所取得的显著成绩，提炼归纳改革开

---

① 《毛泽东选集》第一卷，人民出版社1991年版，第139页。

放以来高校青年教师思想政治教育所取得的宝贵经验，对高校青年教师思想政治教育的历史发展给予较为全面的描述。

第三步，通过问卷调查、座谈、访谈等形式，对全国多个地区不同类型、不同级别的高校青年教师及青年教师思想政治教育工作者进行现状调研。在掌握第一手资料的基础上，深入剖析当前高校青年教师及其思想政治教育存在的现实问题，着力分析引发这些问题的主要原因。

第四步，基于对国际国内环境的双重考量，着眼于高校青年教师思想政治教育的历史使命，借鉴改革开放以来高校青年教师思想政治教育的历史经验，直面新形势下高校青年教师及其思想政治教育存在的客观问题与产生问题的现实原因，遵循思想政治教育的规律，提出加强和改进高校青年教师思想政治教育的应对策略。

## （二）研究方法

本书坚持以马克思主义唯物辩证法为指导。马克思主义唯物辩证法是关于自然界、人类社会和思维发展的最一般规律的科学，是无产阶级的世界观和方法论。普遍联系、对立统一、永恒发展是马克思主义唯物辩证法的核心。高校青年教师思想政治教育是青年教师思想道德观念与外部环境因素相互作用的矛盾运动过程，其中既有青年教师思想道德水平与社会对青年教师思想道德要求之间的矛盾，又有青年教师思想政治教育的客观要求与社会环境之间的矛盾；既有教育者与受教育者之间的矛盾，又有教育者与思想政治教育要求之间的矛盾。整个高校青年教师思想政治教育活动就是在这些矛盾相互影响、相互制约的过程中展开的，这一矛盾运动过程揭示了高校青年教师思想政治教育的本质和规律。为此，高校青年教师思想政治教育研究必须坚持以马克思主义唯物辩证法为指导，着眼于从事物普遍联系、对立统一和运动发展的过程中去考察、分析、谋划高校青年教师思想政治教育的实然与应然，科学揭示高校青年教师思想政治教育的基本规律，提炼和萃取加强和改进高校青年教师思想政治教育的现实策略。同时运用以下具体方法。

### 1.理论研究与实践研究相结合的方法

理论来源于实践，反过来又指导实践的发展。实践发展是理论研究走向深入的源动力，理论研究的深入又指引实践发展的方向。理论与实践的辩证关系要求任何科学研究必须采取理论研究与实践研究相结合的研究方法。本书在梳理既有理论成果、解析高校青年教师思想政治教育一般理论的基础上，对改革开放以来高校青年教师思想政治教育的实践发展进行回顾，对当前高校青年教师思想政治教育的实际状况进行现状调查，并据此提出切实可行的改进策略，真正实现理论研究与实践研究的辩证统一。

### 2.研究与叙述相统一的方法

研究方法是开展科学研究所采取的方式和手段，叙述方法是表达研究意图、呈现研究成果的文本依托。本书首先以大量占有资料为基础，逐步由具体上升到抽象，总结、归纳、分析改革开放以来高校青年教师思想政治教育发展轨迹，构建逻辑分析框架；研究结论的表达则依照相反的逻辑路线展开，由感性的抽象还原到抽象的具体，从对高校青年教师思想政治教育原则、内容、途径、管理等的演变中，逐步展开对其框架结构的逻辑分析。实现了研究方法与叙述方法的有机统一。

### 3.历时性研究与共时性研究相契合的方法

以史为镜，以史为鉴。历时性研究着眼于事物发展变化的历史过程，通过对发展历程的回顾、分析与总结来考量、评测、预估事物当前发展状态及未来的发展方向。历时性研究是开展理论研究不能回避的研究方法。以现实为参考，以实践为准绳。共时性研究聚焦事物发展的横切面分析，关注事物发展的当前分析和比较分析，是科学研究必须充分考虑的研究视野。本书既回顾与总结改革开放以来高校青年教师思想政治教育的历史实践，梳理改革开放以来取得的主要成绩与宝贵经验，又扎根于高校青年教师思想政治教育的现实发展，剖析其存在的主要问题及原因，同时借鉴其他国家青年教师思想政治教育研究的理论成果，真正实现历时性研究与共时性研究的契合。

# 四、研究的重点难点及创新点

任何理论研究都应有其特定的旨趣、重心和创新之处。正确厘清和把握选题研究的重点、难点及创新点，是开展理论研究必须解决的前提问题。

## （一）研究的重点难点

高校青年教师思想政治教育研究虽然集理论研讨与实践探索为一体，但究其根本，则体现出鲜明的应用导向和浓郁的实践色彩，以解决现实问题、推动实践发展为最终旨归。系统提出较为完整的加强和改进高校青年教师思想政治教育的对策是本研究的重点，开展高校青年教师思想政治教育存在主要问题的现状调查是本研究的难点。

### 1. 系统提出较为完整的加强和改进高校青年教师思想政治教育的对策是本研究的重点

一方面，虽然高校青年教师思想政治教育是一个存在已久的时代课题，历经了较长时间的探索与发展，但不无遗憾的是，无论是涉及高校青年教师思想政治教育的理论研究，还是开展高校青年教师思想政治教育工作的实践探索，均起步较晚。对于高校青年教师思想政治教育的理论研究，大多停留于方法、内容、手段等某个方面的研究，视野相对狭窄、封闭，缺乏系统、全面的概括与描述。高校青年教师思想政治教育的实践探索一直处于不成熟、不完善的尴尬境地。由此导致系统地建构加强和改进高校青年教师思想政治教育的现实策略成为一项既艰巨又紧迫的现实任务。另一方面，理论研究的最终归宿是指导实践，接受实践的检验。开展高校青年教师思想政治教育研究，其根本出发点和落脚点是为加强和改进高校青年教师思想政治教育作出理论和实践上的回应。由此，本书第四章"加强高校青年教师思想政治教育的对策思考"理所当然地成为整个研究的重心。

**2. 开展高校青年教师思想政治教育存在主要问题的现状调查是本研究的难点**

任何研究必须建基于现实性基础之上，唯其如此才能兼具针对性、科学性和合理性，才能具有说服力和信服力，并转化为实践。开展高校青年教师思想行为及思想政治教育存在主要问题的调查研究是立论基础，是加强和改进高校青年教师思想政治教育对策提出的前提依据。只有全面了解和把握高校青年教师及青年教师思想政治教育本身所存在的现实问题，并据此结合时代背景、现实条件挖掘存在这些问题的主要原因，才能科学系统地提出提升高校青年教师思想政治教育实效的有效对策。为此，笔者开展大量的实证调研和座谈访谈，在调研过程中，相关高校和各方面资源的支持和配合程度，问卷设计的科学性，访谈内容的针对性等将决定调研是否具备实效。除此，如何保证调研结果的真实性和客观性也是必须充分考虑并认真解决的一个重要问题。这些方面都决定了开展高校青年教师思想行为及思想政治教育存在主要问题的现状调查是本研究的难点。

## （二）研究的创新点

本研究坚持以马克思主义唯物辩证法为指导，坚持理论联系实际、历史观照现实，在回望与总结改革开放以来高校青年教师思想政治教育发展历程的基础上，考量与谋划当前高校青年教师思想政治教育的实然与应然，其创新之处在于以下两点。

### 1. 提出了新形势下高校青年教师思想政治教育的历史使命

近年来，我国高等院校青年教师的数量不断增加，青年教师在高等教育人才培养、高等教育事业发展中的作用日益凸显，青年教师的地位在不断提升。党的十八大以后，教育部围绕学习贯彻党的十八大、十九大及历次中央全会精神、习近平总书记系列重要讲话精神，开展了大规模的高校青年教师思想政治工作专项调研，发布了《关于加强和改进高校青年教师思想政治工

作的若干意见》等一系列重要文件。本书结合党和国家的文件精神，立足于
高校青年教师思想行为及高校青年教师思想政治教育实际，着眼于新的时代
条件下高校青年教师的使命要求，总结与提炼高校青年教师思想政治教育的
历史使命：引航高校青年教师健康成长、引领高校青年教师履行职责、引导
高校青年教师队伍建设等，这无论对于高校青年教师自身的专业发展还是高
校青年教师思想政治教育实践的推进，均具有重要价值。

**2. 架构了较为完整系统地加强和改进高校青年教师思想政治教育的
对策**

着眼于高校青年教师的特殊地位和历史使命、青年教师及思想政治教育
工作的现实状况及发展趋势，加强和改进高校青年教师思想政治教育具有重
大而深远的意义。加强和改进高校青年教师思想政治教育，其根本落脚点在
于建构有效的教育策略，提升青年教师思想政治教育实效。本研究系统建构
了包括教育原则、教育内容、教育途径、组织领导等几大要素在内的完整的
教育体系。各要素之间紧密联系、层次分明、相互配合、互有统摄，共同作
用于青年教师思想政治教育实效性的提高。比如，青年教师思想政治教育的
基本原则反映青年教师思想政治教育的根本规律，规制了教育内容、教育途
径及组织领导的设定与运行；教育内容是教育途径与组织领导所承载的内在
灵魂，是教育途径和组织领导的根本导向；教育途径的有效实施需要组织领
导的切实保障；等等。这一较为完备的对策体系，将会对推动高校青年教师
思想政治教育实践作出贡献。

# 第一章　高校青年教师思想政治教育的理论阐释

高校青年教师思想政治教育既是一个实践问题，也是一个理论问题。从学科视野、理论视角解析高校青年教师独具的内涵、特点和地位，明晰高校青年教师思想政治教育之于普遍意义上思想政治教育的异同、概念及意义，总结与建构高校青年教师思想政治教育引航高校青年教师健康成长、引领高校青年教师履行职责、引导高校青年教师队伍建设的历史使命，是开展本研究的逻辑起点。

## 一、高校青年教师的界定、特点与地位

高校青年教师是一个特殊的群体，具有明确的年龄界限、鲜明的职业属性、较高的学历层次，肩负着崇高的历史使命。开展高校青年教师思想政治教育研究，首要的是准确界定高校青年教师的内涵、特点与地位。

### （一）高校青年教师的界定

高校青年教师并不是简单意义上的高校教师队伍中较为年轻的人员。它有特定的内涵与外延。

从理论上厘清高校青年教师的特定内涵，需要明确高校教师的具体所指。根据《中华人民共和国教育法》和《中华人民共和国教师法》中的定义：教师是履行教育教学职责的专业人员，承担教书育人，培养社会主义事

业建设者和接班人，提高民族素质的使命。高校教师，从字面上理解，是在高等学校从事教育工作、履行教育职责的专业人员。《中华人民共和国高等教育法》第四十六条规定：高等学校实行教师资格制度。中国公民凡遵守宪法和法律，热爱教育事业，具有良好的思想品德，具备研究生或者大学本科毕业学历，有相应的教育教学能力，经认定合格，可以取得高等学校教师资格。《教师资格条例》实施办法对申请认定教师资格者的教育教学能力提出如下要求："（1）具备承担教育教学工作所必须的基本素质和能力。具体测试办法和标准由省级教育行政部门制定。（2）普通话水平应达到国家语言文字工作委员会颁布的《普通话水平测试等级标准》二级乙等以上标准。少数方言复杂地区的普通话水平应达到三级甲等以上标准。（3）具有良好的身体素质和心理素质，无传染病史，无精神病史，适应教学工作的需要，在教师资格认定机构制定的县级以上医院体检合格。"①通过上述法律规定，不难发现，高校教师资格制度明确规定了作为一名高校教师必须满足的基本素质和条件：思想道德条件、学历条件、教育教学能力条件。同时，由于高等教育的特殊性，高等学校不仅关注教学，同样关注科学研究。这从高等学校教师的任职条件及招聘条件可以看出。如《中华人民共和国高等教育法》第四十七条规定："高等学校实行教师职务制度。高等学校教师职务根据学校所承担的教学、科学研究等任务的需要设置，教师职务设助教、讲师、副教授、教授。高等学校的教师取得教师职务应当具备下列条件：（1）取得高等学校教师资格；（2）系统地掌握本学科的基础理论；（3）具备相应职务的教育教学能力和科学研究能力；（4）承担相应职务的课程和规定课时的教学任务。教授、副教授除应当具备上述基本任职条件外，还应当对本学科具有系统而坚实的基础理论和比较丰富的教学、科学研究经验，教学成绩显著，论文或者著作达到较高水平或者有突出的教学、科学研究成果。"②相较于普通意义上的教师，《中国人民共和国高等教育法》中所规定的高等学校教师应

① 《教师资格条例》，http://baike.baidu.com/view/438067.htm?fr=aladdin。
② 《中华人民共和国高等教育法》，http://baike.baidu.com/view/129895.htm?fr=aladdin。

具备较高的学历，满足基本的思想道德、教育教学能力和科学研究能力条件，具备一定的职业资格。综上所述，可将"高校教师"定义为：具有高等学校教师资格证书，在高等教育机构专门从事教学与科学研究工作的专任人员（包括兼任部分行政管理事务的教师，即"双肩挑"教师）。

关于高校青年教师概念的厘定，虽然近年来学术界的探讨渐进深入，但至今仍无统一的界定。如有的学者将青年教师指称为高等学校内符合一定年龄特征的所有工作人员，包括不具有高校教师资格证，没有参与高校教学管理的人员；有的学者则将青年教师的范围局限于专任教师，忽视了从事科学研究和思想政治教育的人员；在年龄界限上，有的学者将青年教师的年龄上限界定为 30 周岁，有的界定为 35 周岁，有的定义为 40 周岁，众口不一。结合普遍意义上高校教师的科学内涵与高校青年教师独特的职业身份，笔者认为，高校青年教师是具有高等学校教师从业资格，在高等学校内专门从事教育教学与科学研究工作，年龄在 40 周岁以下的专业人员。之所以如此界定，原因如下：第一，就词义角度分析，高校教师与高校青年教师最为显著的区别就在于是否从属于"青年"这一个关键节点。由此，本研究在观照高校教师普遍属性的基础上，着眼于对"青年"范畴的研究来界定高校青年教师的概念。虽然如此，并不意味着可以完全照搬一般意义上对青年年龄、本质、特征的内在规定。主要缘由是高校青年教师是一个特殊群体，其身份的获得具有较长的职业准备期，高校青年教师的界定在某种意义上必须体现职业属性。相对于一般意义上的"青年"年龄界限，高校青年教师由于职业的特殊性，其年龄下限界定相对容易。高校教师身份的获得至少需要大学本科毕业，这样其年龄通常都会在 20 周岁以上。而且伴随高等教育的不断发展，目前能够在高校担任教师职务的原则上至少要具有硕士学位，这样其年龄一般都会在 25 周岁左右。相对而言，较为不容易把握的是高校青年教师的年龄上限。综合实践领域内对青年年龄上限的界定及高校教师的职业属性和特殊身份，本研究将高校青年教师的年龄上限界定为 40 周岁以下。主要基于以下考虑：就目前大部分高等院校在补充教学科研人员与教辅、行政管理人员的规定来看，能够从事教育辅助、教育管理等工作的初始学位一般为硕

士，能够担当专任教师职务的初始学位一般为博士。硕士毕业的年龄一般在
25 周岁左右，博士毕业年龄一般为 28 周岁左右。如此，高校青年教师的入
职年龄一般都集中在 40 周岁之下。此外，近几年与高校教师学术科研、职
称评聘密切相关的若干重要科研基金项目，对青年项目申报者的年龄都做了
相应的限制，基本控制在 40 周岁以下。第二，在高校从事科学研究、思想
政治教育和教学管理的 40 岁以下的人员，具有教师资格证，同样承担着人
才培养、社会服务、科学研究的任务，理应纳入高校青年教师范畴。比如，
高校大学生思想政治教育工作者、辅导员、班主任、团总支书记等，由于职
业需要，其年龄大多在 40 周岁以下，与学生接触最多，对学生思想行为影
响最为直接，其思想道德素质和道德情操对大学生的健康成长具有直接的示
范作用。同时，部分高校的辅导员、班主任、团总支书记还承担着思想政治
理论课教学工作和科学研究工作，肩负着培养人才、服务社会、科学研究的
任务。基于此，他们也是高校青年教师队伍的重要组成部分。

## （二）高校青年教师的特点

毛泽东曾经指出："当在人们已经认识了这种共同的本质以后，就以这
种共同的认识为指导，继续地向着尚未研究过的或者尚未深入地研究过的各
种具体的事物进行研究，找出其特殊本质。"[①]青年教师是高校教师队伍的重
要组成部分，它不仅具有高校教师的一般属性，还因其年龄、入职时间、社
会地位的特殊性而表现出某种独特的属性。

### 1.思想的活跃性

青年学认为，青年正处于由未成熟走向成熟的过渡时期，思想的不稳定
性是其重要特征。高校青年教师属于青年范畴，其思想较之中老年教师呈现
出复杂多样、躁动不宁、变动不居的活跃状态。

---

① 《毛泽东选集》第一卷，人民出版社 1991 年版，第 310 页。

就积极意义而言，"青年是整个社会力量中的一部分最积极最有生气的力量。他们最肯学习，最少保守思想，在社会主义时代尤其是这样。"[1]高校青年教师思想的活跃，使其思路开阔、思维敏捷，精力充沛、知识面广、信息量大、接受新事物快，具有较强的观察力、理解力和领悟力，对各种新生事物和前沿知识充满着探究与把握的强烈渴望。突出表现为：思想上积极探索、求新求异、见解独特、观点新颖。这种思想活跃性反映到政治领域表现为：青年教师思想政治状况主流积极、健康、向上，他们关心国际国内大事，关心祖国前途命运，关心国家改革发展，高度认同中国特色社会主义主义道路、中国特色社会主义理论体系和中国特色社会主义制度，对中国特色社会主义事业保持着强烈的信心；拥护党的领导，政治立场坚定，政治使命感强烈，能够运用所学知识科学研判一些政治现象，运用马列主义的立场、观点、方法分析和解决问题，具有较强的政治敏锐性和鉴别力；爱岗敬业、为人师表，能够充分认识自身肩负的育人使命，具有强烈的事业心和责任感；朝气蓬勃、勇于探索、勤于实践、敢于创新，表现出较强的进取心、成就感和奉献精神。

就负面意义而言，由于受自身、社会环境、学校教育因素影响，青年教师思想活跃性也表现出一些消极的现象。一是立场不坚定。伴随改革开放的不断深入，西方利己主义、个人主义、拜金主义、自由主义等一些腐朽没落的文化思潮、价值观念不断涌向国内，对我国主流意识形态造成极大冲击。社会转型期，一些贪污腐败、权钱交易、社会分配不公、贫富差距拉大等社会失范现象也对处于特殊发展阶段的青年教师产生负面影响。在国际国内双重因素的作用下，部分青年教师既有的马克思主义科学信仰、走中国特色社会主义道路的坚定信念发生动摇，主流价值观发生游离，集中表现为个人主义、拜金主义、消费主义等腐朽思想和价值观有所抬头。二是容易受错误思潮影响。青年教师思想上的活跃性，使他们总是不断接触和探求新的思想、知识，求新求异，对各种新生事物和前沿知识充满着探究与把握的强烈渴

---

[1] 《毛泽东文集》第六卷，人民出版社 1999 年版，第 466 页。

望。然而，伴随国门的打开以及社会经济基础的剧烈变革，西方各种社会思潮频繁传入国内，与本土的各种思想、价值观念激烈碰撞，青年教师开阔了视野，了解了世界，形成许多新观念、新思想。但其中一些消极的社会思潮一度在青年教师群体中传播，如存在主义、尼采哲学、实用主义、极端个人主义等，对少数青年教师价值观产生负面影响，在人生目标、人生态度、道德理想等方面发生偏差。

### 2. 学位的高端性

高校教师作为知识创新、理论创新、技术创新和人类文明传承的重要承担者，必须具备一定的知识储备和学历层次。20 世纪 90 年代以来，伴随高等教育的迅猛发展，教育覆盖面、教育规模的不断扩大，高等学校对教师的学历要求不断提升。1986 年，专任教师中具有研究生学历的只占 8.1%，这个比例从 1995 年的 19.6%增长到 2000 年的 28.2%，到 2002 年达到 31.2%，15 年翻了近两番。进入 21 世纪，高等学校对教师学历的要求进一步高端化。

2009 年，据教育部统计，在全国普通高校 1237451 名专任教师和外聘教师中，有博士学位者 151907 人，所占比例为 12.28%。2009 年以来，重点大学对引进教师的学历要求几乎都在博士学位以上。2013 年，教育部召开新闻发布会指出，中青年教师正成为高校教师的主体。高校教师中年龄在 45 岁以下的占教师总数的 74.71%，其中专任教师学历合格率为 98.58%，具有研究生学历的比例为 53.34%。[①] 笔者的调研访谈也发现，高校青年教师普遍接受过系统教育，即从本科到硕士再到博士的教育过程。在受访的青年教师中，41.2%的为博士学位获得者，46.1%的为硕士学位获得者。由此可见高校教师，尤其是重点高校青年教师学位的高端化。

学历的高端化同样是一把"双刃剑"。高校青年教师经历了长期而系统的学习，大多具有独到的研究领域，中西融合的知识储备、比较稳定的价值

---

① 教育部：《教师学历结构总体改善 高学历教师比例增加》，http://www.chinanews.com/edu/2013/09-03。

观念体系。其普遍特征是视野开阔、思路活跃、基础扎实、学识渊博。这些特质对于青年教师进行科学研究、学术创作、技术创新、思维创新具有显见的积极意义。但也会由于观念或思想上的偏差偏误存在弱点和不足。例如，部分高校青年教师重科学研究、学术创作、轻政治理论学习和思想改造，出现科研能力出众、政治素养贫乏的畸形发展；部分高校青年教师专注于科学研究和专业发展，教书育人意识淡薄，在教学上消极应付、敷衍了事，严重影响人才培养质量。还有一些青年教师固守读书期间形成的价值观念体系，拒绝和排斥外在的理论灌输和思想导引，在课堂上出现言论不当、是非不分的情况。

### 3. 来源的广泛性

高校青年教师来源的广泛性，是指青年教师的职前教育有多种类别，如有硕博期间在本校求学的、有来自国内其他大学的、有从国外学成回国的、有具有较长时间留学或访学经历的。这里值得一提的是，具有国外学习经历的青年教师的独特性。

随着经济一体化、文化全球化、人才流动全球化进程的不断加快，高等教育国际化已经成为现代高等教育国际化发展的必然趋势和当前我国高等教育发展的重要特征。高等教育国际化的一个表征是本国学生大量赴海外留学、深造。高校教师出国学习交流机会也不断增多、在海外学成归来的人员不断增长。近年来，我国高等学校青年教师队伍来源进一步广泛，出现一大批具有海外留学经历或者海外教育交流经验的教师力量。以西南大学为例，西南大学现拥有专业教师2700余人，其中20%的教师都拥有海外求学背景。在上海的一些高校中，从校长到教授、副教授甚至普通讲师几乎有一半左右都具有"海归"背景，尤其是近几年引进的青年教师，70%均具有海外学习经历。一项在全国范围内针对中国高校青年教师的调查报告显示：在5000多名被调查的青年教师中，15.7%的受访者具有海外留学或工作经历，在具有海外留学或工作经历的青年教师中，30.7%为公费留学，22.3%是通过公派访学、交流或培训等途径获得海外经历，27%为自费留学，且有20%为自费访学、交流或培训。① 就发展趋势而言，越来越多的青年教师倾向于通过各种途径增加海外留学或工作经历来提高科研能力与业务水平。高校青年教师的来源构成进一步广泛化。具有海外学习背景的青年教师能够带回国际前沿的科学技术及专业知识、科研课题和科研信息，掌握先进的教学及管理理念，他们投身我国高等教育事业，对教育事业的改革和发展起到极大的促进作用。

但同时，由于西方国家的许多价值观念建基于资本主义生产方式及政治制度之上，很多内容与社会主义制度、社会主义核心价值观相背离、相冲突、相矛盾。尤其是一些消极的生活方式及思想观念与我国所倡导的主流价值观、主导意识形态严重相悖。青年教师在海外学习期间，不可避免地会受到西方文化的熏陶和影响，其思想观念、价值取向、道德原则或多或少会带有西方价值观的印记。如果青年教师政治信仰不坚定、思想道德素质不高，又拒绝或排斥社会主义核心价值观的引导，势必会影响其自身发展，甚至在学生群体、社会中带来不良影响。

### 4. 学术的前沿性

学术，是指系统、专门的学问，是对存在物及其规律的学科化论证，泛指高等教育和研究。学术前沿性，是指理解和掌握学术最新成果，站在学术发展的最前端。占领学术前沿是科学发展的关键，研究和解决学术前沿领域的问题，既可带动其他相关问题的解决，又可将科学推向前进，取得更大发展。高校青年教师大多具有博士或硕士学位，历经了长时间、系统性的知识学习和专业训练，基础理论扎实，基本技能全面，专业功底精深，信息占有量大，精通并掌握一定量的现代科技知识，始终立足专业知识前沿，了解和把握学科最新动态，富于开拓创新精神，表现出较强的进取心和成就感。如在科学研究领域，高校青年教师善于接受新知识，主动发现新问题，敢于瞄准国际学科前沿，探索未知的学术领域，建构新的科研成果、理论体系和知

---

① 廉思：《工蜂——大学青年教师生存实录》，中信出版社 2012 年版，第 243—244 页。

识体系。当前，不少青年教师已经成为学科带头人和学术骨干，在国内外学术界具有一定影响力。这是高校青年教师学术前沿性的重要体现。

但同时，高校青年教师学术前沿性这一特点，存有一些亟待解决的问题。一是青年教师学科知识精深，基础知识缺乏。比如，在从事学术研究所需的知识构成方面，部分高校青年教师仍然存在学科知识过专，基础知识相对缺乏，科学人文素养不高的弱点，缺乏对学科相关知识、基础知识系统的、多角度、多层次的了解与把握。由此，导致他们在科学研究中视野相对狭窄、思路相对封闭，不能触类旁通，开展宽领域的研究；在教学实践中局限于专业知识的讲授，缺乏其他学科领域的引介和思想道德层面的引导。除此之外，高校青年教师大多毕业于非师范院校或非教师教育专业，虽然在攻读硕士、博士期间经历了系统的、全面的、科学的专业学习和技能训练，但却缺乏教育学、心理学、教学法、学生管理等与高校教学活动密切相关的教育理论知识，更缺乏亲自登台讲授的教学经验，导致大部分高校青年教师对教育教学的认识仍然停留于感性层面，还不能掌握一些具体的教育技能、教学方法，实施有效的课堂教学，还不具备处理课堂上出现的突发事件和学生问题的能力。由于教育理论缺乏、教学经验不足，高校青年教师往往不能有效地把专业知识与教育理论、教育实践有机结合起来，使"教"与"学"形成脱节的"两张皮"现象。二是青年教师重科研，轻教育和思想修养。高校的职能和性质决定了很多教师在从事教学的同时，还要承担一定的科研任务。大学最基本的功能就是教书、育人。高校科研应该反哺教学。青年教师在求学期间，长时期专注于科学研究、学术创作，对此抱持浓厚的兴趣，工作后加上部分高校的错误导向，对科学研究表现出强烈的积极性、主动性，相应地忽视或弱化了教书育人工作和自我思想修养；甚至有部分青年教师把党的思想政治教育工作视为形式的、无用的东西，拒绝或排斥接受思想政治教育。

### （三）高校青年教师的地位

高校青年教师思想的活跃性、学历的高端性、来源的广泛性和学术的前沿性等特质，决定了其在高校教师队伍中具有举足轻重的地位，发挥着生力军的作用，是高等教育未来发展的希望。

## 1. 高等学校教师队伍的重要组成部分

"大学者，乃有大师之谓也，非大楼之谓也。"教师队伍建设，是高等学校发展的永恒主题。自改革开放以来，尤其是自 1999 年高校扩招以来，我国本科生招生规模持续扩大，各高校的办学规模也水涨船高，实现了高等教育的跨越式发展。截至 2002 年，高等教育毛入学率达到 15%，表明高等教育用了五年左右时间告别精英教育，步入国际上公认的"高等教育大众化"阶段。2013 年全国各类高等教育总规模达到 3460 万人，高等教育毛入学率达到 34.5%。[①] 适应高等教育规模快速扩大的需要，高校教师数量呈现逐渐增长趋势，教师队伍整体出现年轻化、高学历化、非师范化等特点，青年教师逐渐成为高校教师队伍的重要组成部分。据统计，2002 年高校教师数为 61.84 万人，到 2005 年增加到 96.58 人，三年之间，增加了 34.74 万人，增量高达 36%，增加的人员大多为青年教师。这三年间新教师合计 45.87 万人，占 47.5%。1998 年到 2003 年 5 月，我国高校中 30 岁及以下的教师增长了 83.7%，30—40 岁的教师增长了 183.2%。2003 年新增教师中 40 岁以下教师达到 66488 人，占 2003 年新增教师总数的 62.6%。2006 年，全国高校 30 岁及其以下的教师比例为 28.4%，40 岁以下教师所占比例达 68%，超过所有高校教师总数的三分之二。[②] 根据教育部统计数据，2010 年我国普通高校专任教师 134.31 万人，30 岁以下的占 33.64 万人，占 24.3%；31 岁至 40 岁的 50.69 万人，占 37.74%。近年来，青年教师数量进一步增长。截至 2015 年，全国 51 万所各级各类学校共有专任教师 1539 万人，中青年教师已成为中小学和高校教师的主体。其中，中小学教师中 40 岁以下者占 56%、高校教师中 45 岁以下者占 71%。高学历教师比例增加，中小学、中

---

① 教育部：《2013 年全国教育事业发展统计公报》，http://www.chinanews.com/edu/2014/07-04/6353565-2.shtml。

② 潘懋元、罗丹：《高校教师发展简论》，《中国大学教学》2007 年第 1 期。

职及高校专任教师的学历合格率分别达 98%、90%、99% 以上。① 教育部
2017 年 7 月 21 日公布的统计数据显示，2016 年我国高校专任教师数量已达
160.20 万人，青年教师人数进一步扩大。② 不难看出，随着高等教育的快速
发展，青年教师在高校教师中的数量和比例大幅提升，已经成为高校教师队
伍的重要组成部分。

### 2. 高等教育事业科学发展的重要推动力量

胡锦涛在庆祝清华大学建校 100 周年大会上的重要讲话中指出高等教育
肩负着人才培养、科学研究、社会服务、文化传承与创新四大职能。我国高
等教育的跨越式发展使高等教育由精英阶段向大众化阶段迅猛推进，高校招
生规模大幅提升。高校青年教师由于精力旺盛、工作热情高涨、知识结构新
颖、理论素养较高，责无旁贷地承担起大量基础的教学任务，在科学研究上
逐渐成为主力军，不少教师还担任了教学科研的领导职务，正在为服务经济
社会发展、推动文化传承与创新作出突出贡献。2006 年，中央组织部、人
事部、中国科学技术协会联合召开第九届中国青年科技奖的评选工作，决定
授予 100 名青年工作者第九届中国青年科技奖，其中，有 32 位是高校青年
教师。③2012 年度国家评选的自然科学奖、技术发明奖和科技进步奖三项中，
项目完成人平均年龄为 47 岁，45 岁以下中青年科研人员比例达 44.2%，35
岁以下的约占 10.8%，这其中有多名高校青年教师。"在清华大学，涌现出
一大批中青年领军人才：薛其坤、张希、孟安明、王光谦、程京等，均在 40
多岁就当选院士。国家科技重大专项高温气冷堆总设计师张作义，获国际互
联网最高奖'乔纳森·波斯塔尔奖'的吴建平，两获国家科学技术一等奖的
康克军，获国家教学名师奖的袁驷、吴庆余、李艳梅、孙宏斌等，也都是清

---

① 教育部：《截至 2015 年中青年教师已成为中小学和高校教师的主体》，http://www.sohu.
com/a/113171765_119737。

② 《2016 年全国教育事业发展统计公报》，http://www.moe.edu.cn/publicfiles/business/html-
files/moe/s7567/list.html。

③ 《教育部直属高校 32 位教师获得青年科技奖》，http://www.edu.cn/gao_jiao_
news_367/20060819/t20060819_192706.shtml。

华大学中青年教师的优秀代表。"①他们是高校青年教师的杰出代表，表现出较强的自我创新能力和科研能力，集中体现了新时期青年教师崇高的思想境界和良好的精神风貌。高校青年教师的地位和作用不仅在于他们是一支现实的力量，更重要的在于他们是学校未来的驾驭者。高等学校教育事业发展的重任历史地落在他们肩上，学校各项事业的发展将与他们息息相关，他们是推动高等教育事业科学发展、办好人民满意高等教育的重要力量。

### 3.大学生健康成长教育引导的生力军

"善之本在教，教之本在师。"每一个人的成长都离不开老师。"目前，40岁以下青年教师占高校专任教师六成以上，他们与学生年龄相近、沟通互动较多，对学生思想行为影响很大。"②青年教师与学生年龄接近，与学生接触较多，对学生的思想行为影响更直接，他们的思想政治素质和道德情操对学生的世界观、人生观、价值观的养成具有重要的示范引导作用，决定着人才培养的质量。具体体现在：一方面，在课堂讲授上，高校青年教师是知识分子群体与青年群体的交叉集合体，思维敏捷、思想开放，较容易接受新事物，走在时代发展、科技进步的前沿，又具有较高的学历，掌握现代化的科学知识，其讲授内容和讲授风格对大学生具有很强的吸引力和感染力，他们的世界观、人生观、价值观对大学生具有极大的影响力。充分发挥青年教师的这种影响作用，能够有效提高大学生思想政治教育实效。另一方面，很大一部分青年教师肩负着辅导员和班主任工作，由于年龄性格、阅历志趣、心理特点、人文素养、言行举止与青年大学生较为接近，有着共同的语言，容易理解大学生的心理活动，了解大学生的思想状况，他们在履行辅导员、班主任职责，开展大学生思想政治教育方面发挥了重要的作用。

---

① 《万紫千红总是春——高校青年教师队伍建设综述》，《人民日报》2012年1月16日。
② 《教育部就加强和改进高校青年教师思想政治工作答问》，《中国教育报》2013年5月28日。

# 二、高校青年教师思想政治教育的概念、特征与意义

研究高校青年教师思想政治教育，其理论积淀是阐释清楚高校青年教师思想政治教育的概念、特征及意义。

## （一）高校青年教师思想政治教育的概念

高校青年教师思想政治教育是一个内涵丰富、不断发展的范畴，必须在思想政治教育这一视角厘清。

关于思想政治教育范畴的界定，学术界有多种提法。张耀灿认为："思想政治教育是一定的阶级、政党、社会群体用一定的思想观念、政治观点、道德规范，对其成员施加有目的、有计划、有组织的影响，使他们形成符合一定社会、一定阶级所需要的思想品德的社会实践活动。"[1] 郑永廷指出："思想政治教育是一种有目的性、具有超越性的实践活动。这种实践活动随着社会的发展和人们的主体性的增强，其作用越来越重要。思想政治教育在社会生活中，是一种多属性、多因素的特殊活动。"[2] 这里重点强调思想政治教育的本质属性。陈秉公认为："思想政治教育是一定阶级或政治集团，为了实现其政治目标和任务而进行的，以政治思想教育为核心和重点的思想、道德和心理综合教育实践。"[3] 邱伟光认为："思想政治教育是培养、塑造一定社会新人思想道德素质的教育实践活动，受社会经济政治文化的制约和影响，包括思想教育、政治教育、道德教育。"[4] 这两个概念更加强调思想政治教育的内容。2007 年《思想政治教育学原理（第二版）》中将思想政治教育明确定义为：社会或社会群体用一定的思想观念、政治观点、道德规范，对其成员

---

① 张耀灿：《思想政治教育及其相关重要范畴的概念辨析》，《思想理论教育》2003 年第 7 期。

② 郑永廷：《思想政治教育的本质及其发展》，《教学与研究》2001 年第 3 期。

③ 陈秉公：《思想政治教育学》，吉林大学出版社 1992 年版，第 2 页。

④ 邱伟光：《思想政治教育学概论》，天津人民出版社 1988 年版，第 1 页。

施加有目的、有计划、有组织的影响，使他们形成符合一定社会所要求的思想品德的社会实践活动。[①] 从教育目的、教育内容、教育形式等多方面对思想政治教育范畴进行了较为详细的界定。本书更加认同这一界定，是关于思想政治教育科学内涵的较为丰富、准确的概括。

毛泽东在《矛盾论》中指出："固然，如果不认识矛盾的普遍性，就无从发现事物运动发展的普遍的原因或普遍的根据；但是，如果不研究矛盾的特殊性，就无从确定一事物不同于他事物的特殊的本质，就无从发现事物运动发展的特殊的原因，或特殊的根据，也就无从辨别事物，无从区分科学研究的领域。"[②] 高校青年教师思想政治教育隶属于思想政治教育领域，是思想政治教育的重要组成部分。基于此，笔者认为：高校青年教师思想政治教育是一般思想政治教育原理在青年教师群体中的实践，是高等学校根据教育改革发展需要和教师职业的根本要求，用一定的思想观念、政治观点、道德规范对高校青年教师施加有目的、有计划、有组织的影响，引航青年教师健康成长、引领青年教师履行职责、引导青年教师队伍建设的全部实践活动的总和。

之所以如此进行范畴界定，取决于高校青年教师思想政治教育的特殊性。

第一，高校青年教师思想政治教育使命的特殊性。教师作为专门承担和行使教育职能的社会角色，针对学生传道授业解惑，是人类灵魂的工程师，其职业具有传承性、复杂性、创造性、示范性和相对独立性等特点。具体体现在，高校青年教师不仅是思想政治教育活动的接受者，同样是大学生思想政治教育活动的施教者，不仅在教师思想政治教育活动中接受思想引导、政治导引、道德建构，还肩负着传承文明、为人师表、立德树人的重要使命。由此，决定了高校青年教师思想政治教育肩负着极其重要的历史使命，即用一定的思想观念、政治观点、道德规范，引航青年教师健康成长、引领青年

---

① 陈万柏、张耀灿：《思想政治教育学原理》，高等教育出版社 2007 年版，第 4 页。
② 《毛泽东选集》第一卷，人民出版社 1991 年版，第 309 页。

教师履行职责、引导青年教师队伍建设。

　　第二，高校青年教师思想政治教育对象的特殊性。一是青年教师思想的特殊性。高校青年教师一般均经过长时间的理论学习和专业训练，具有较高的文化层次、精深的专业素养和较高的思想道德水平，在思想层面上呈现出自主性、深刻性、超前性等特征。例如，高校青年教师对于某一事物或某一种观点，都会运用自己所掌握的知识、理论和方法加以分析判断，形成自己的见解，既不局限于前人经验，也不为假象所惑，具有较强的自主意识和认识问题的深刻性。这一方面有利于青年教师独立思考、大胆探索、勇于创新，减少盲目性，提高自觉性，但过强的自主性、深刻性也容易导致青年教师封闭保守，拒绝接受不同意见和观点，给青年教师思想政治教育活动带来阻抗。更有甚者，一旦青年教师形成了某种错误观点，向学生和社会传播，就会导致理论上的混乱、思想上的困惑、行动上的迷惘，给人才培养和社会发展造成不利影响。从这个意义上讲，加强高校青年教师思想政治教育的确意义重大。二是青年教师文化素养的特殊性。主要体现在不同专业、不同学科背景的青年教师在接受思想政治教育过程中具有显著差异。青年教师经过硕士、博士阶段的学习、训练，其思维方式、思想特征、文化素养带有明显专业特色。一般而言，从事自然科学的青年教师和从事社会科学的青年教师，观察分析问题的角度和深度都有差别。从知识结构来看，社会科学类的青年教师具有较为丰富的政治、经济、文学、历史、哲学、法律等方面的知识，热衷于关心时事和社会问题，在观察分析问题时容易运用所学的知识进行推理判断，对现实问题的看法一般比较深刻。但同时，也容易受所接触到的社会理论知识影响，如西方社会思潮、哲学思想等均可能成为影响青年教师价值观的重要因素。自然科学类的青年教师具有较为丰富的数学、物理、化学、生物等方面的知识，习惯于用理性思维去观察分析问题，但往往不大重视社会科学理论知识，也不太热衷于对一些社会热点问题的分析，其认识社会问题的思想深度常常受到制约。而且，很多自然科学类的青年教师存在"政治无用论"的思想，抵触思想政治教育活动。不难看出，不同的文化素养导致思想、思维的重大区别。高校青年教师思想政治教育在施教过程中必须充分考虑青年教师的专业背景和思想特点，有的放矢地做好工作。高校青年教师思想和人文素养上的特殊性，决定了高校青年教师思想政治教育必须是一项有目的、有计划、有组织的教育实践活动，着眼于青年教师思想上和行为上的差异，掌握和理解青年教师的思想动态和工作生活实际，开展有针对性、有计划性、有层次性的教育实践，唯此才能取得教育实效。

## （二）高校青年教师思想政治教育的特征

特征是一事物区别于其他事物的质的规定。高校青年教师思想政治教育的特征是高校青年教师思想政治教育区别于其他事物的根本特性。高校青年教师思想政治教育具有以下本质特征。

### 1. 鲜明的党性

具有鲜明的党性，是高校青年教师思想政治工作的主要特征。这是由高校青年教师思想政治教育的根本性质和其所面临的形势和任务决定的。第一，高校青年教师思想政治教育是党的工作的重要组成部分，本身具有鲜明的党性。每个阶级都有自己的政党，每个政党都要为本阶级的利益服务。无产阶级政党是工人阶级和广大劳动人民包括教师根本利益的忠实体现者。为了维护和实现无产阶级和广大劳动人民的整体利益，就要运用政治、经济、文化等各种手段和方式包括思想政治教育方式为本阶级利益服务。由此产生了党的思想政治工作。其根本任务就是团结和教育广大人民为实现党各个历史时期的总任务而奋斗。党的性质决定了高校青年教师思想政治教育工作的根本性质。因而，高校青年教师思想政治教育理所当然要体现鲜明的党性，时刻按照马克思主义的立场、观点、方法和党的路线、方针、政策开展工作。第二，高校青年教师思想政治教育肩负着重要使命，面临着严峻挑战，客观上要求青年教师思想政治教育体现和坚持严格的党性。列宁曾指出："严格的党性是高度发展的阶级斗争的随行者和结果。反过来说，为了公开地和广泛地进行斗争，必须发展严格的党性。"①当前形势下，不同意识形态之间的斗争与较量更加尖锐复杂，阶级斗争在一定范围内广泛存在。高等学校历来是意识形态碰撞和争夺最为激烈的地方。高等学校自诞生以来便是思想的生产、传播、分配的集散地。各种思想观念、意识形态、社会思潮在高校产生、传播、扩散，直接或间接地对政府、社会阶层和群体产生重要而深刻的影响。为此，毛泽东坚定地指出：教育必须为无产阶级政治服务。在毛泽东看来，教育从来不是中立的，无产阶级的意识形态不去占领，非无产阶级的意识形态就会去占领。意识形态争夺的结果，教育不是为无产阶级服务，就是为资产阶级服务。高校青年教师承担着传承文明、教书育人的历史使命，但也会由于年龄及社会阅历的局限，不能很好地甄别和抵制西方各种错误思潮、腐朽价值观念的侵蚀，陷入西方意识形态的窠臼，进而影响人才培养的质量。基于此，高校青年教师思想政治教育必须体现鲜明的党性和阶级性。

高校青年教师思想政治教育鲜明的党性具体体现在指导思想、教育目标、教育内容上。

第一，在指导思想上，体现着高校青年教师思想政治教育鲜明的党性。马克思恩格斯曾经指出："统治阶级的思想在每一个时代都是占统治地位的思想。"②"一个阶级是社会上占统治地位的物质力量，同时也是社会上占统治地位的精神力量。支配着物质生产资料的阶级，同时也支配者精神生产资料。由此，那些没有精神生产资料的人的思想，一般是隶属于这个阶级的。"③在任何时代，占统治地位的阶级都会想尽办法宣扬和灌输他的思想，以达到维护统治的目的。思想政治教育是为统治阶级服务的，是宣扬统治阶级思想的重要武器。马克思主义思想政治教育公开声明它是为工人阶级和广大人民群众服务的，旗帜鲜明地坚持马克思主义真理，致力于培养有理想、有道德、有文化、有纪律的社会主义新人。高校青年教师思想政治教育坚持

---

① 《列宁选集》第 1 卷，人民出版社 1995 年版，第 856 页。
② 《马克思恩格斯选集》第 1 卷，人民出版社 1995 年版，第 98 页。
③ 《马克思恩格斯选集》第 1 卷，人民出版社 1995 年版，第 98 页。

以马克思主义理论为指导，服务于广大青年教师，体现出鲜明的党性特征。如《教育部关于进一步加强和改进师德建设的意见》明确规定，加强和改进师德建设的总体要求是：以马克思列宁主义、毛泽东思想、邓小平理论和"三个代表"重要思想为指导，……造就忠诚于人民教育事业、为人民服务、让人民满意的教师队伍，为培养德智体美全面发展的社会主义建设者和接班人作出新贡献。[①]

第二，在教育目标上，思想政治教育目标规定思想政治教育任务、内容和形式，是高校青年教师思想政治教育性质的重要体现。高校青年教师思想政治教育目标体现了高校青年教师思想政治教育的党性特征。从历史来看，早在新中国成立初期，党根据当时特定的历史环境发起了大规模的知识分子思想改造运动。知识分子思想改造的重点是包括青年教师在内的高校教师队伍。改造的目标是肃清封建的、买办的、法西斯主义的思想流毒，把高校教师的思想统一到忠诚于党的教育事业和社会主义革命上来。1961年中共中央批准颁布的《教育部直属高等学校暂行工作条例》明确规定："高校教师思想政治教育的培养目标是具有共产主义道德品质，拥护中国共产党的领导，拥护社会主义，愿意为人民服务、为国家社会服务的无产阶级教师。"1987年5月，中共中央颁布的《关于改进和加强高等学校思想政治工作的决定》要求高校青年教师思想政治教育要培养政治方向正确、忠诚于人民教育事业、全面关心学生成长、为人师表的高校教师。[②] 新形势下，中共中央组织部、中共中央宣传部、中共教育部党组《关于加强和改进高校青年教师思想政治工作的若干意见》更是明确规定了高校青年教师思想政治教育的目标："促进广大青年教师坚定理想信念、练就过硬本领、勇于创新创造、矢志艰苦奋斗、锤炼高尚品格，全面提高思想政治素质和业务能力。"[③] 由此

---

① 教育部思想政治工作司组编：《加强和改进大学生思想政治教育重要文献选编（1978—2008）》，中国人民大学出版社2008年版，第409页。

② 《中共中央发出关于改进和加强高等学校思想政治工作的决定》，http://roll.sohu.com/20120224/n335797889.shtml。

③ 李向前、王国洪主编：《高校青年教师思想政治工作读本》，研究出版社2013年版，第2页。

可见，坚定正确的政治方向始终是青年教师思想政治教育的首要目标，而这正是青年教师思想政治教育党性的深刻体现。

第三，在教育内容上，高校青年教师思想政治教育内容承载着思想政治教育目标，同样体现着党性。新中国成立初期，高校青年教师思想政治教育的内容是社会发展史、历史唯物论、马列主义、毛泽东思想。社会主义建设时期，高校青年教师思想政治教育的内容是马列主义、唯物辩证法、共产主义道德品质和时事政治。"不论是知识分子，还是青年学生，都应该努力学习。除了学习专业之外，在思想上要有所进步，政治上也要有所进步，这就需要学习马克思主义，学习时事政治。没有正确的政治观点，就等于没有灵魂。"[①]改革开放以来，高校青年教师思想政治教育主要开展了邓小平理论、"三个代表"重要思想的学习。进入21世纪，着眼于深刻变化的国际国内环境，高校青年教师思想政治教育深入开展了马列主义、毛泽东思想、中国特色社会主义理论体系和科学发展观的学习教育。党的十八大以后，"加强中国梦的宣传教育，组织青年教师深入学习领会中国梦的精神实质，凝聚起实现中国梦的强大精神力量"[②]，成为高校青年教师思想政治教育的重要内容。不难发现，每个时期的内容都体现出青年教师思想政治教育的鲜明党性。

### 2. 突出的复杂性

相较于以其他群体为教育对象的思想政治教育，高校青年教师思想政治教育更为复杂，复杂性是其重要特征。高校青年教师思想政治教育的复杂性主要体现在：

第一，教育环境的复杂性。21世纪以来，国际国内形势深刻变化，使高校青年教师思想政治教育既面临有利条件，也面临严峻挑战。就国际环境而言，随着经济全球化的不断深入、政治民主化进程曲折发展，世界多极化趋势越发明显。特别是2008年金融危机爆发以后，以美国、欧盟、日本等

① 《毛泽东文集》第七卷，人民出版社1999年版，第226页。
② 李向前、王国洪：《高校青年教师思想政治工作读本》，研究出版社2013年版，第2页。

为代表的传统西方大国综合国力出现衰颓趋势，中国等新兴大国在全球经济、政治中的比重迅速攀升。但国际力量的此消彼长并没有从根本上改变西方大国在经济、政治、文化等领域的主导权和话语权；相反，在西方政治经济文化力量出现衰退的情况下，以价值观、意识形态、文化软实力为手段展开的国际政治力量竞争更加激烈。近年来，西方发达国家利用网络信息、电子邮件、微博短信、论文书籍、娱乐游戏、电影电视等各种渠道大肆渲染和传播西方自由主义、个人主义和拜金主义思想观念，以"普世价值""民主人权"等名义进行"道德审判"，混乱国人思想，与我国争夺青年一代。高校是各种思想文化的集散地，广大青年教师面临大量西方文化思潮和价值观念的冲击，其正确的价值取向、价值选择受到挑战。

就国内环境而言，当前我国正处于经济转轨、社会转型的关键时期，改革发展取得了举世瞩目的成就，但也带了一些诸如贫富差距拉大、贪污腐败频发、教育公平缺失等问题，造成深刻的负面影响。部分青年教师不能正确理解和看待这些现象，愤世嫉俗、思想偏激、情绪激动，对社会主义乃至党的领导表示怀疑。对外开放的不断扩大、市场经济的深入发展，带来了我国经济成分、组织形式、分配方式、就业形式和利益关系的深刻变化，人们思想的活跃性、选择性、多变性和差异性日益增强，较为明显的体现就是高校青年教师的自主性、创新性、深刻性与竞争意识不断增强，但同时受市场经济等的负面影响，少数青年教师也不同程度地存在政治信仰迷茫、理想信念缺失、职业道德失范、价值取向扭曲、艰苦奋斗精神淡化、心理素质欠佳等问题。不难看出，复杂的社会环境加大了青年教师思想政治教育的难度。

就高校环境而言，一方面，部分高校领导重科研、教学，轻思想改造、道德提升，重大学生，轻教师，对青年教师思想政治教育重视不够、热情不高，青年教师思想政治教育工作在组织领导过程中，相互推诿，流于形式，缺乏实效，很难建构起良好的教育环境；另一方面，高等学校是各种意识形态、社会思潮、价值观念的集散地、传播地，各种思想文化交流交融交锋异常激烈，青年教师思想政治教育工作的开展面临很大的挑战和难度。作为社会的一个子系统，社会上的不良风气也在高校有所抬头，贪污腐败现象、以权谋私现象、学术造假学术不端现象时有发生，在某种程度上均增加了青年教师思想政治教育环境的复杂性。

第二，教育对象的复杂性。高校青年教师由于其特有的年龄特征、职业属性、知识结构、文化构成，是一个较为特殊的群体。教育对象的特殊性、复杂性也使高校青年教师思想政治教育难度也为之增大。一是来源的复杂性。高校青年教师的教育背景不尽相同，有的青年教师直接从海外学成归来，长时间接受西方文化和价值观念的熏陶，既有的价值观念、思想认识会对国内的思想政治教育产生阻抗。二是思想的复杂性。青年教师思维敏捷、求新求异，大多经过专业化的学习和训练，站在时代发展的前沿，对客观事物的认识具有超前性。这种超前性有利于青年教师立足现在、着眼未来，明确前进方向，树立远大理想，推动教师的思想、行为、教学科研不断向前发展。但也会由于思想的超前性带来脱离现实的理想化的毛病。比如，简单地以理想来对照或裁决现实，对现实生活悲观失望，或者以现实否定理想，对未来失去信心，没有远大目标，不求上进等。高校青年教师作为高级知识分子一般都继承了传统知识分子那种忧国忧民的人文情怀，对社会发展具有较高的责任感和使命感，这种人文情怀是知识分子服务社会、造福人民不可或缺的精神动力和感情基础，但也会由于青年教师阅历尚浅、社会经验不足等软肋演变为愤世嫉俗、不满、逆反等负面情绪，不利于学校和社会稳定；如果这种情绪在课堂上蔓延，还会严重影响教育教学质量。三是心理的复杂性。高校青年教师大多长时间囿于校园，与社会相对脱节，较少经历艰难困苦，缺乏社会磨练，是长时间被呵护和关心的对象，参加工作后面对繁重的教学和科研任务、较大的竞争压力和诸多的现实难题，部分教师心理变动剧烈且脆弱。工作、生活、学习、交往中的种种压力往往使他们产生既渴望成功，又害怕失败；既自信又自卑；既推崇自我又极易从众，内心矛盾复杂，心理焦虑不安。部分教师面对压力产生职业倦怠现象，前进动力不足，教书育人意识不强，随波逐流，得过且过。高校青年教师复杂的心理特征也在某种程度上更加凸显了高校青年教师思想政治教育的复杂性和现实价值。

### 3. 显著的社会性

高校青年教师思想政治教育的又一特征是显著的社会性，具体体现在：

第一，高校青年教师思想政治教育工作有赖于社会配合。青年教师的思想、行为、价值判断与社会政策、社会环境、社会实践有着密切的关联，很多思想观念层面的问题究其根源还是社会问题和社会环境的不良影响。加强和改进高校青年教师思想政治教育，不可能封闭保守，局限于学校资源，单靠学校教育来解决，而必须立足经济社会发展的新形势、新要求，着眼于青年教师思想领域的新变化、新实际，不断走向社会、走向实践、走向现实。这既是高校青年教师思想政治教育的宝贵经验，也是高校青年教师思想政治教育在未来需要继续努力的方向。具体而言，高校青年教师思想政治教育与社会的良性互动主要体现在：一是教育者密切关注社会发展变化的新情况、新问题、新形势，从国家政策、社会现实、社会问题等角度深入挖掘影响青年教师思想政治品德的社会因素，并据此找寻提升青年教师思想政治素质的科学举措。二是鼓励青年教师"走出去"，主动融入社会，深入群众，走理论与实践相结合、知识分子与工农群众相结合的道路，在实践锻炼和向群众学习中促进自身专业技能的发展和思想政治水平的提高。三是社会向学校渗透。目前社会向学校渗透的主要渠道是请各行各业中的先进模范、校外的专家学者来给青年教师作报告，介绍先进经验、科学理念和模范事迹，提升高校青年教师的精神境界和道德水平。同时，也包括依靠国家政策的完善、社会舆论的导向、社会环境的优化来影响和调节青年教师的思想行为，使之沿着正确的方向和轨道前进。

第二，青年教师思想政治教育依托于社会实践。早在1956年周恩来就指出："经过社会生活的观察和实践"是知识分子思想转变的基本途径之一，因为社会生活的教育最为广泛和直接。高校青年教师很多是从小学、中学到大学，从学校门到学校门，没有参加过社会实践，与社会、与现实相对脱节，他们虽多已成为大学老师，但不少人仍然具有大学生的心理和行为特点。只有组织青年教师积极参与社会实践，才能使他们尽快适应社会、融入社会，了解国情、社情、民情、党情，加深对社会主义祖国的认识和劳动人民的感情，实现政治上、思想上的成熟；才能使理论和实践紧密结合，相互促进，在实践中检验和发展理论，并反过来使理论推动社会实践和生产力的发展；才能在实践中激发事业心和责任感，增长知识和才干，坚定服务人民、贡献社会、报效祖国的信念。目前，高等院校开展的青年教师社会实践主要有社会调查研究、科研协作、课题攻关、教学实习、技术咨询、管理咨询、生产实践，以及建立教学、科研、生产三结合的教育科研基地，等等。这些教育方式体现了高校青年教师思想政治教育的社会性特征。

### 4. 广泛的民主性

"凡属于思想性质的问题，凡属于人民内部的争论问题，只能用民主的方法去解决，只能用讨论的方法、批评的方法、说服教育的方法去解决，而不能用强制的、压服的方法去解决。"[①]民主是社会主义制度的本质特征和内在要求，也是高校青年教师思想政治教育的重要特征之一。

民主性是高校青年教师思想政治教育工作的内在要求。一方面，高校青年教师的地位决定了青年教师思想政治教育工作必须体现民主性。高校青年教师既是思想政治教育的对象，又是高等教育事业包括大学生思想政治教育工作的主导者。无论是发展学校教育事业，还是开展大学生思想政治教育工作，都必须充分相信和依靠青年教师，始终坚持和贯穿民主原则，体现民主性。唯此，才能保障和体现青年教师的主人翁地位和作用，保障和实现青年教师当家作主的民主权利，最大限度地发挥青年教师开展大学生教育培养工作的优势和潜力。相反，高校青年教师思想政治教育工作如果不能体现民主性，不能时刻关心和尊重青年教师的民主权利，保障其合法权益，就可能严重削弱青年教师的归属感和主人翁地位，进而影响人才培养质量和大学生教育引导工作的有效开展。另一方面，高校青年教师自身的特点也决定了高校

---

① 《毛泽东文集》第七卷，人民出版社 1999 年版，第 209 页。

青年教师思想政治教育工作必须体现民主性。高校青年教师视野开阔、思维活跃、信息渠道广、独立性和创造性强、思想自主、深刻且稳定，因而对民主意识和民主权利的要求也较高。高校青年教师思想政治教育只有时刻体现民主性、贯穿民主原则，加强学校民主建设，创设民主环境，才能适应青年教师的思想特点和职业特性，提高青年教师的思想道德水平，进而调动他们工作的积极性、主动性和创造性。正如毛泽东所指出：大批人才的创造，也只有在民主生活中才有可能。如果违背民主原则，将会限制和窒息青年教师认识的发展和能力的成长，背离思想政治教育的根本宗旨。

高校青年教师思想政治教育的民主性具体体现在：

第一，关系的平等性。平等是民主的基础。没有平等，就没有所谓的民主。对于高校青年教师思想政治教育而言，体现民主性就是要坚持领导和群众、政工干部和青年教师之间建立和维持一种平等的关系。具体而言，指在教育过程中一视同仁、同等要求，平等地交流思想、交换意见，相互启迪、相互帮助，坚持摆事实，讲道理，以理服人；不能以势压人，压制和排斥不同意见，搞主观臆断和"一言堂"。要耐心听取青年教师的意见，接受青年教师的批评。总而言之，关系的平等性就是教育者要平等对待青年教师，平等地处理同青年教师之间的关系，将青年教师思想政治教育工作变为共同学习、共同接受教育的过程，如此才能取得青年教师思想问题的真正解决。

第二，工作的群众性。青年教师既是被教育的对象，又是大学生教育培养工作的主体。因此，在青年教师思想政治教育工作中，只有坚持群众路线，坚定地相信青年教师、依靠青年教师，加强对青年教师的关心、理解和支持，才能充分调动起青年教师的积极性和主动性，进而增强教育效果。一是要充分依靠青年教师。依靠和发动青年教师参与做好学生培养工作，充分发挥青年教师在教育教学工作中的主体作用，把高校人才培养过程变成青年教师共同参与和关心的过程，从根本上扭转只有少数专职干部做青年教师思想政治教育工作的被动状况，增强青年教师思想政治教育合力，打开青年教师思想政治教育新局面。二是要密切联系青年教师。只有坚持从青年教师中来，到青年教师中去，才能在青年教师思想政治教育工作中集中反映青年教师利益、意志和要求，维护和实现青年教师的切身利益，密切党同青年教师的血肉联系，增强青年教师思想政治教育的向心力和凝聚力，提高青年教师思想政治教育实效。

## （三）高校青年教师思想政治教育的意义

2012 年 1 月，习近平在会见第二十次全国高校党建工作会议代表时强调指出，要把加强青年教师队伍思想政治建设作为高校党的建设的重要内容来抓。2012 年 6 月，习近平在部分高校党建工作座谈会上进一步指出，高校党组织要切实把青年教师队伍思想政治建设作为高校党建工作的一个重大而紧迫的问题来抓，关心青年教师，及时掌握青年教师思想动态，深入细致地做好青年教师的思想引导工作，帮助青年教师在思想政治素质和业务素质上全面进步。[①] 加强高校青年教师思想政治教育，关系青年教师思想政治素质的提升、关系人才培养质量的提高、关系深化高等教育的改革与发展，具有十分重要的意义。

### 1. 高校青年教师思想政治教育关系青年教师思想政治素质的提升

思想政治素质是教师职业素质中自主、自觉、能动和创造的核心部分，它决定着教师的发展方向、理想信念、道德原则，制约着高校青年教师的科学文化素质、专业能力素质、身心素质。邓小平提出："希望广大教师努力在政治上、业务上不断提高，沿着又红又专的道路前进。"[②] 江泽民在庆祝北京师范大学建校一百周年大会上的讲话中希望教师志存高远、爱岗敬业；为人师表，教书育人；严谨笃学、与时俱进。[③] 胡锦涛在全国优秀教

---

① 《教育部就加强和改进高校青年教师思想政治工作答问》，《中国教育报》2013 年 5 月 28 日。

② 《邓小平文选》第二卷，人民出版社 1994 年版，第 110 页。

③ 《十五大以来重要文献选编》下，人民出版社 2003 年版，第 2553 页。

师代表座谈会上的讲话中要求广大教师淡泊名利、志存高远，不断加强师德修养，树立高尚的道德情操和精神追求，甘为人梯，乐于奉献，静心教书、潜心育人，努力做受学生爱戴、让人民满意的教师。[①]不难看出，思想政治素质是合格的高校教师首要的、必备的素质，是高校青年教师素质全面提高的决定性因素。没有正确的政治观点，就等于没有灵魂。我国高等教育的根本目的，是通过培养社会主义建设者和接班人来为社会主义现代化建设服务，这就要求高校青年教师除了具备较高的业务素质，还必须把握坚定正确的政治方向，确立坚定的社会主义信念，坚持全心全意为人民服务的思想，具有高尚的职业道德品质。这是社会主义国家教师的本质特征。

加强高校青年教师思想政治教育能够提升他们的思想道德素质。政治方向与价值理念关乎青年教师的政治立场、政治态度、政治品质、政治理想、政治信念、价值取向、价值判断、道德人格等，是青年教师思想政治素质的核心和灵魂，对青年教师思想、信念以及行为起着决定性作用。一方面，高校青年教师思想政治教育通过积极宣传和解释党在某一时期的路线、方针、政策，促使青年教师理解、认同党的奋斗目标以及在不同历史时期的中心任务，激发青年教师参与国家发展、党的建设和教育事业改革发展的热情和信心，帮助其树立正确的政治理想、政治信念。另一方面，通过对党的主流意识形态的宣传与阐释，引领青年教师的价值取向、价值判断和价值选择。比如，党的十六届六中全会首次提出了以马克思主义指导思想、中国特色社会主义共同理想、爱国主义为核心的民族精神和改革创新为核心的时代精神、社会主义荣辱观等四个方面为内容的社会主义核心价值体系。党的十八大鲜明提出培育和践行"富强、民主、文明、和谐""自由、平等、公正、法治""爱国、敬业、诚信、友善""三个倡导"的社会主义核心价值观。社会主义核心价值体系是中国主流意识形态的本质体现，在中国整个社会价值体系中居于核心地位，发挥着主导作用。社会主义核心价值观体现了国家层

---

① 胡锦涛:《在全国优秀教师代表座谈会上的讲话》，人民出版社 2007 年版，第 1 页。

面、制度层面、公民道德层面的价值取向，涵盖了广大人民的普遍愿望，是社会主义核心价值体系的浓缩和结晶。高校青年教师思想政治教育通过对社会主义核心价值体系和社会主义核心价值观的理论研究、宣传灌输，能够引导青年教师的多元价值取向，促使青年教师按照主流意识形态指引的方向发展。

## 2. 高校青年教师思想政治教育关系到人才培养质量

人才培养是高等教育的根本任务。习近平在第二十次全国高校党建工作会议上明确要求，高校党的建设要紧紧围绕培养中国特色社会主义事业合格建设者和可靠接班人这个根本任务，为建设能够培养高质量大学生的社会主义大学提供坚强的思想、政治和组织保证。《中共中央关于改进和加强高等学校思想政治工作的决定》指出：办好社会主义的高等学校，培养德才兼备的学生，教师起着决定性的作用。教师是学校的主体，社会主义办学方向能否坚持，社会主义教育目标能否实现，社会主义人才培养质量的高低，关键取决于教师的素质。高校青年教师是高等学校教师队伍的重要组成部分，不仅承担着传道、授业、解惑的神圣使命，更肩负着塑造大学生正确的世界观、人生观和价值观，引导大学生自由全面健康发展的历史重任。加强高校青年教师思想政治教育对于提高高等教育人才培养质量具有重要意义。

一方面，加强高校青年教师思想政治教育，可以促进广大青年教师树立正确的教育思想，提高教书育人的自觉性、积极性和主动性，增强教书育人的责任感和荣誉感。应该看到，当前部分青年教师或专注于科学研究、职称评聘，忽视教书育人工作；或不能体悟教育事业的崇高与使命，道德滑坡、责任感缺失，敷衍塞责、得过且过。因此，必须通过青年教师思想政治教育工作，引导他们自觉担负时代使命、履行教师职责，增强教书育人的自觉性，以极大的热情投入教育教学工作，真正做到无愧于"人类灵魂工程师"的光荣称号。另一方面，青年教师与大学生年龄相仿、思想相通、心理相融，有着诸多的共同语言，容易跟学生打成一片，对学生的思想行为影响颇深。正如教育家加里宁所指出的那样:"一个教师也必须好好地检点自己,他应当感觉到,他的一举一动都处在严格的监督之下,世界上任何人也没有受着这样严格的监督。"[①]青年教师的精神境界、理想信仰、道德情操、知识见解、治学态度,都会在学生心灵上发生潜移默化的影响。加强青年教师思想政治教育,能够明确青年教师发展方向、规范青年教师思想行为、强化青年教师责任意识、优化青年教师队伍师德水平,大力发挥青年教师言传身教在大学生思想政治教育中的积极作用,进而提高人才培养质量。

### 3. 高校青年教师思想政治教育关系到深化高等教育综合改革与发展

高等教育的改革与发展是高等教育不断满足时代要求、社会诉求、人民群众对高质量教育殷切期盼的必然举措。在清华大学建校九十周年讲话时,江泽民指出:"一流大学应该坚持正确的办学思想,形成优秀的办学传统,形成鲜明的办学风格,发展优势学科","一流大学应该站在国际学术的最前沿,紧密结合先进生产力的发展要求,依托多学科的交叉优势,努力进行理论创新、制度创新、科技创新","一流大学应该成为继承传播民族优秀文化的重要场所和交流借鉴世界进步文化的重要窗口","一流大学应该成为培养人才的重要基地。"[②]为中国高等教育改革与发展指明了方向。胡锦涛在清华大学建校一百周年时突出强调,提高高等教育质量是高等教育的生命线。同时提出"四个必须"的科学论断,即全面提高高等教育质量,必须大力提升人才培养水平,必须大力增强科学研究能力,必须大力服务经济社会发展,必须大力推进文化创新。[③]2010 年 6 月 21 日,中共中央政治局召开会议,审议并通过《国家中长期教育改革和发展规划纲要(2010 - 2020年)》,明确要求:"提高质量是高等教育发展的核心任务,是建设高等教育强国的基本要求。到 2020 年,高等教育结构更加合理,特色更加鲜明,人才培养、科学研究和社会服务整体水平全面提升,建成一批国际知名、有特

---

① 赵家骥:《做一个好教师》,成都科技大学出版社 1987 年版,第 240 页。
② 《十五大以来重要文献选编》下,人民出版社 2003 年版,第 1821 页。
③ 胡锦涛:《在庆祝清华大学建校 100 周年大会上的讲话》,人民出版社 2011 年版,第 8 页。

色、高水平的高等学校，若干所大学达到或接近世界一流大学水平，高等教育国际竞争力显著增强。"提高高等教育质量、人才培养水平，增强服务经济社会发展和推进文化创新的能力，建设世界一流大学，是党和国家对高等教育的改革与发展提出的明确要求，也是高等教育深化改革、持续发展的根本目标。实现高等教育的改革与发展，建成世界一流大学，必须依赖于包括青年教师在内的一批高素质的教师队伍。青年教师的思想政治状况、业务水平、职业道德在一定程度上影响和决定着我国高等教育事业的改革与发展。

高校青年教师思想政治教育能激发青年教师服务高等教育和社会发展的精神动力。高校青年教师面对繁重的教学任务、科研压力和诸多现实问题的困扰，容易产生职业倦怠感，亟需精神动力的支撑。高校青年教师思想政治教育能够有效激发青年教师的教学科研热情和积极性，强化青年教师的责任意识和使命意识，为青年教师的成长发展提供动力支撑，为高等教育的改革发展保驾护航。高校青年教师思想政治教育通过对青年教师的思想引领、使命召唤、价值导引，能够调动青年教师身上所蕴藏的极大的积极性，挖掘青年教师的精神动力和创造源泉，使他们以满腔的热情、无私的奉献精神、饱满的精力，创造性地从事培养一代新人的工作。高校青年教师思想政治教育通过理想信念教育、职业理想教育，可以引导青年教师把自己所从事的教学科研工作同中国特色社会主义事业、中华民族的伟大复兴紧密联系起来，以崇高的理想感召和引导青年教师不断追求新知、探索真理，产生巨大的精神动力，战胜主客观上的各种阻力，不断提高思想政治素质和业务能力，在服务人民、奉献社会主义事业中实现自身价值。

高校青年教师思想政治教育能提升青年教师服务社会的能力。胡锦涛强调指出："全面提高高等教育质量，必须大力服务经济社会发展。"① 社会主义现代化必须依靠教育，教育要为社会主义现代化服务。服务社会是高等教育的重要职能之一。高校青年教师履行服务社会职责的渠道主要是学术科研、决策咨询。高校青年教师思想政治教育在提升青年教师服务社会能力中扮演

---

① 胡锦涛：《在庆祝清华大学建校 100 周年大会上的讲话》，人民出版社 2011 年版，第 8 页。

着重要的角色。一是提升青年教师科学研究的能力。高校青年教师思想政治教育通过理想信念教育、职业道德教育、生涯规划教育能够引导青年教师科学合理地看待生活、工作中的压力，合理规划职业发展生涯，切实增强服务人民、服务社会的使命感和责任感，沿着正确的科研方法、遵循严谨的学术道德，以实现中华民族伟大复兴为己任，研究出更多更好的科研成果。二是提升青年教师对党和国家建言献策的能力。高校青年教师思想政治教育能够引导青年教师关注国家的大政方针，着眼于重大理论和现实问题，在深入研究国家政策和现实实际的基础上，以高度的责任感和使命感，本着对历史、国家、人民负责的态度，为党和政府的工作建言献策，努力为党和国家的科学决策、民主决策作出贡献。

## 三、高校青年教师思想政治教育的历史使命

习近平在全国高校思想政治工作会议上鲜明指出："高校教师要坚持教育者先受教育，努力成为先进思想文化的传播者、党执政的坚定支持者，更好担起学生健康成长指导者和引路人的责任。要加强师德师风建设，坚持教书和育人相统一，坚持言传和身教相统一，坚持潜心问道和关注社会相统一，坚持学术自由和学术规范相统一，引导广大教师以德立身、以德立学、以德施教。"①赋予高校青年教师思想政治教育厚重的历史使命。使命是责任和任务的意思，历史使命是当下社会赋予个体或集体的社会责任。在改革开放的大环境下，国际形势风云变幻，国内各种社会思潮激荡起伏，对青年教师的世界观、人生观与价值观造成不可低估的影响。高校青年教师思想政治教育肩负着重要的历史使命，即引航高校青年教师健康成长、引领高校青年教师履行职责、引导高校青年教师队伍建设。

---

① 《习近平谈治国理政》第二卷，外文出版社 2017 年版，第 379 页。

## （一）引航高校青年教师健康成长

明确其发展方向，规范其思想行为，塑造其健全人格，是高校青年教师思想政治教育引航高校青年教师健康成长的根本体现。

### 1.明确青年教师发展方向

方向决定未来，确立正确的发展方向是高校青年教师健康成长的基础和前提。在大力推进社会主义现代化建设的背景下，积极投身于祖国的教育事业，为了"人类的解放事业与自身的完美"而不懈努力，为了伟大"中国梦"的实现而不断努力，应该成为青年教师职业发展的价值追求和未来发展的方向。正如马克思所说，"我们的使命绝不是求得一个足以炫耀的职业，而是要选择一种使我们获得最高尊严的职业，一种建立在我们深信其正确的思想上的职业，一种能给我们提供最广阔的场所来为人类工作，并使我们自己不断接近共同目标即臻于完美境界的职业，而对于这个共同目标来说，任何职业都只不过是一种手段"[①]。高校青年教师思想政治教育肩负着帮助青年教师明确这一发展方向的重要职责。

积极投身祖国的教育事业，服务于社会主义现代化建设这一发展方向不可能自发产生，需要进行深刻的思想教育，并在社会主义建设和改革的实践中不断深化；需要甄别、批判和克服各种错误思潮、腐朽观念及消极思想倾向的影响，才可能牢固确立。"掌握思想教育，是团结全党进行伟大政治斗争的中心环节。如果这个任务不解决，党的一切政治任务是不能完成的。"[②]以马列主义、毛泽东思想和中国特色社会主义理论体系为核心的青年教师思想政治教育工作，对于青年教师确立和坚定正确的发展方向，具有主导性作用。通过系统的马克思主义理论教育，帮助青年教师运用马克思主义的立场、观点和方法去认识和分析问题，认清历史的发展趋势，增强社会主义必

---

① 《马克思恩格斯全集》第 1 卷，人民出版社 1995 年版，第 456 页。
② 《毛泽东选集》第三卷，人民出版社 1991 年版，第 1094 页。

胜信念，坚持走中国特色社会主义道路；引导青年教师通过各种途径广泛地接触和参加社会主义现代化建设、改革实践，在各种社会实践过程中把对教育事业的信仰、中华民族伟大复兴的信心由书本知识转变为经由自己亲身体验而得出的选择；帮助青年教师正确处理各种利益关系，引导他们自觉把自己所从事的事业同整个社会主义现代化建设事业联系起来；进行"中国梦"教育，使青年教师自觉将"个人梦"与"中国梦"有机结合，为中华民族伟大复兴贡献自己的力量。

**2. 规范青年教师思想行为**

引航高校青年教师健康成长的又一体现，就是规范青年教师的思想行为。改革开放后成长起来的高校青年教师思想与行为具有鲜明的时代特征。思想方面：乐于接受新事物，支持新事物，但自由主义思想泛滥，价值观不稳定，大局观不强，易受不良社会思潮的影响；富有进取心和拼搏精神，渴望人生价值的实现，但自我意识强烈，集体主义观念较淡薄，责任意识不强，价值判断与价值选择不够理性。行为方面：工作认真负责，处事果断，个性张扬，敢作敢当，但治学不够严谨，在工作中容易情绪化；自立自强，自我表现的欲望强烈，但行为的目的性与功利性特征明显。在素质能力方面：专业修养深厚，知识面宽广，主动获取社会信息的能力极强，但在组织领导与沟通协调方面有所欠缺；实践能力较强，承担着大量教学任务，在教学中善于运用现代化的教育技术手段，言行举止得体大方，见解独特，容易获得学生的尊重与信赖。青年教师的思想行为特征表明，他们能够胜任高校教育教学工作的要求，但高校青年教师思想与行为上的不稳定性会影响到人才培养的实际效果。因此，需要加强高校青年教师思想政治教育，用马克思主义理论武装高校青年教师头脑，用中国特色社会主义共同理想凝聚高校青年教师力量，用以爱国主义为核心的民族精神和以改革创新为核心的时代精神激发高校青年教师投身教育事业的信心和决心，用人民教师职业道德规范匡正高校青年教师的行为习惯，引航他们健康成长。

### 3.塑造青年教师健全人格

人格是一个人的内在品格与外在行为特质的总和。人格的形成与个体生存的环境特别是人际关系环境息息相关，具有可塑性，一旦成型，又具有相对稳定性，对个体的思维活动与行为模式产生重大影响。教育家加里宁曾经说过，"教师的世界观，他的品行，他的生活，他对每一现象的态度，都这样或那样地影响着全体学生。"[①]教育是心灵与心灵的沟通，灵魂与灵魂的交融，人格与人格的对话。教师的人格价值源于教师劳动具有强烈的示范性，既包括教师学识的示范性，也包括教师工作方法甚至人格的示范性，尤其是教师的人格特征直接影响到学生人格的塑造。一名具有良好道德品性的教师，能够以高尚的品格、超人的才情、深厚的学养为基础，升华而成为人格魅力和精神气质，融合到教育教学活动中，潜移默化对学生的道德观、人生观、价值观产生巨大影响。塑造健全人格要求教师具有超越一般人的、和教育事业高度吻合的思想意识与行为特质，这不仅是高校青年教师健康成长的必要条件，而且是高校青年教师做好教育工作的重要保证，是高校青年教师思想政治教育引航青年教师健康成长的时代使命所在。高校青年教师思想政治教育塑造青年教师健全人格，要充分发挥理论教育与实践锻炼的育人功效，营造有利于青年教师健全人格形成的舆论氛围和社会环境，使高校青年教师不仅传光明之道、授立身之业、解人生之惑，而且成为有智慧的学者和人格修养的楷模，以人格魅力和学识魅力教育感染学生；不仅注重言传，更注重身教，做学生健康成长的指导者和引路人。

## （二）引领高校青年教师履行职责

积极引领青年教师履行职责，是高校青年教师思想政治教育又一历史使命所在。"广大青年要积极响应党的号召，树立正确的世界观、人生观、价

---

① ［苏］加里宁：《论共产主义教育和教学》，陈昌浩、沈颖译，人民教育出版社1957年版，第186页。

值观，永远热爱我们伟大的祖国，永远热爱我们伟大的人民，永远热爱我们伟大的中华民族，在投身中国特色社会主义伟大事业中，让青春焕发出绚丽的光彩。"[①] 积极引导高校青年教师履行职责，就是要在责任意识、从教信念、道德修养等方面对高校青年教师进行责任强化、信念教育与道德培育，激发高校青年教师的积极性、主动性与创造性，以饱满的热情投入到教育工作中去，为教书育人而不懈奋斗。

### 1. 强化青年教师责任意识

责任就是分内应做的事情，也就是承担应承担的任务，完成应完成的使命，做好应当做好的工作。青年教师责任意识是指青年教师作为一名高等教育工作者所应具备的在人才培养、服务社会、推动文化传承与创新等方面的使命意识。当前，经济全球化、信息网络化与文化多元化的负面作用在一定程度上消解了青年教师投身教育事业的热情，在一定程度上造成青年教师缺乏足够的责任意识。高校承担着为国家培养"四有"新人的责任，需要青年教师具有强烈的责任感与使命感。因此，通过职业认同教育、职业理想教育、职业道德教育等，引领高校青年教师深化对"教师责任"的理解，明晰自己所肩负的培养人才、服务社会、振兴民族的重要职责，增强教育责任感与职业成就感，成为高校青年教师思想政治教育引领高校青年教师履行职责的重要着力点。

### 2. 坚定青年教师从教信念

信念是个体从事实践活动的精神支柱，一旦确立，就会时时刻刻影响主体的思想与行为，使之朝着既定目标而不懈努力。正如邓小平所说，"根据我长期从事政治和军事活动的经验，我认为，最重要的是人的团结，要团结就要有共同的理想和坚定的信念。我们过去几十年艰苦奋斗，就是靠用坚定的

---

① 胡锦涛：《坚定不移沿着中国特色社会主义道路前进　为全面建成小康社会而奋斗——在中国共产党第十八次全国代表大会上的报告》，人民出版社 2012 年版，第 57 页。

信念把人民团结起来，为人民自己的利益而奋斗。没有这样的信念，就没有凝聚力。没有这样的信念，就没有一切"。① 青年教师从教信念，是指青年教师为祖国的教育事业贡献力量的信心和决心。高校青年教师要有投身教育事业的坚定信念，这不仅是发展高校教育事业的需要，更是社会主义现代化建设培养"四有"新人的需要。当前，高校青年教师思想政治教育肩负夯实青年教师从教信念的重要使命。高校青年教师思想政治教育要通过马克思主义理论教育、党的路线方针政策教育、世情国情民情教育、职业理想教育等激发青年教师从教的内在动力，牢固树立青年教师自觉投身于祖国教育事业的精神支柱。

**3. 提升青年教师道德修养**

道德修养是个人自觉地将一定社会的道德要求转变为个人道德品质的内在过程。提升青年教师的道德修养是现实的需要。党的十八报告强调，要"把立德树人作为教育的根本任务，培养德智体美全面发展的社会主义建设者和接班人"②，这无疑对高校青年教师自身的道德修养提出了更高的要求。教育工作的特殊性也要求青年教师具备较高的道德修养，"坚持正确的政治方向，加强思想道德修养，增强社会责任感，成为大学生健康成长的指导者和引路人"。③ 高校青年教师思想政治教育能够通过理论学习、实践熏陶、文化感染等手段，引领高校青年教师加强道德修养，使其理解教师职业的伟大与神圣，增强对职业与工作的认同感、责任感与荣誉感，自觉以高尚的职业道德约束思想行为，使自己的道德修养不断上升到新的境界。

## （三）引导高校青年教师队伍建设

邓小平曾经指出："一个学校能不能为社会主义建设培养合格人才，培养德

---

① 《邓小平文选》第三卷，人民出版社 1993 年版，第 190 页。

② 胡锦涛：《坚定不移沿着中国特色社会主义道路前进 为全面建设成小康社会而奋斗——在中国共产党第十八次全国代表大会上的报告》，人民出版社 2012 年版，第 35 页。

③ 中共中央文献研究室：《十六大以来重要文献选编》，中央文献出版社 2006 年版，第 187 页。

智体全面发展,有社会主义觉悟的有文化的劳动者,关键在教师。"[1] 而高等学校青年教师是高校教师队伍的重要力量。推进高校青年教师队伍建设,不断优化青年教师队伍的师德水平,提升青年教师队伍的业务能力,增强青年教师队伍的凝聚力与战斗力,是高校青年教师思想政治教育的又一重要使命。

### 1. 提升青年教师队伍师德水平

师德,"即教师职业道德,是教师在长期的教育实践活动中形成的比较稳定的思想观念、行为、规范和品质的总和。"[2] 从本质上讲,师德属于意识形态的范畴,它是一定社会形态对教师职业行为的基本伦理道德要求,正如恩格斯所说,"人们自觉地或不自觉地,归根到底总是从他们阶级地位所依据的实际关系中——从他们进行生产和交换的经济关系中,获得自己的伦理观念。"[3] 在现阶段,教师的职业道德与社会主义道德的内在要求是一致的,坚持"爱国守法,敬业爱生,教书育人,严谨治学,服务社会,为人师表"[4],是我国高等学校教师职业道德的基本要求。作为高校教师队伍的重要组成部分,青年教师与学生更容易接触,对学生的思想行为影响也更直接,他们的道德品质对青年大学生道德品质的形成具有重要的示范与引导作用。当前"少数青年教师政治信仰迷茫、理想信念模糊、职业情感与职业道德淡化、服务意识不强,个别教师言行失范、不能为人师表"[5]。因此,应大力加强高校师德师风建设,提升青年教师队伍师德水平,引导高校青年教师队伍建设。

### 2. 提高青年教师队伍业务能力

教师业务能力是教师在教育实践活动中所应具备的教育教学能力、科学研究能力和专业实践活动能力。高校青年教师肩负着提升高等教育质量、培

---

① 《邓小平文选》第二卷,人民出版社 1994 年版,第 108 页。
② 孙体楠:《论高等学校青年教师的师德建设》,《教育探索》2008 年第 10 期。
③ 《马克思恩格斯选集》第 3 卷,人民出版社 1995 年版,第 433—434 页。
④ 黄蓉生:《教师职业道德新论》,人民出版社 2014 年版,第 22 页。
⑤ 李向前、王国洪:《高校青年教师思想政治工作读本》,研究出版社 2013 年版,第 2 页。

养人才、服务社会、推进文化传承与创新的重要职责，唯有具备精湛的业务能力才能切实提升高等教育质量，获取先进科学研究成果，培养大批优秀人才。《中国教育改革和发展纲要》指出："振兴民族的希望在教育，振兴教育的希望在教师。建设一支具有良好政治业务素质，结构合理、相对稳定的教师队伍，是教育改革和发展的根本大计。"① 谁拥有高素质教师队伍，谁就会有高水平的教育。高校青年教师思想政治教育通过方向指引、精神激励、思想引导、专题培训等方式手段，为高校青年教师队伍职业发展指明方向，提供精神动力，助推其教育教学能力、科研能力以及网络驾驭能力的提高。

**3. 增强青年教师队伍育人实效**

育人实效是指教书育人工作的直接效果。高校青年教师不仅教书，还要育人，不仅传授科学文化知识，还要直面青年大学生的思想与灵魂，通过理论与实践教育，引导青年大学生在思想上了解、认同、信仰马克思主义与社会主义，树立正确的世界观、人生观与价值观；在行为上拥护社会主义制度，并自觉投身中国特色社会主义现代化建设的伟大实践，成为社会主义事业的建设者与接班人。在教育教学过程中能否取得良好的育人实效，是衡量高校青年教师队伍思想政治素质和业务能力的重要指标，关乎高等教育工作的成败。育人实效体现在教学、管理、科研等各个方面。高校青年教师思想政治教育引导青年教师队伍建设，直接关系到高等学校的办学方向、育人目标；关系到高校青年教师队伍的发展方向、发展目标，进而关系到整个教师队伍的育人实效。要增强青年教师队伍的育人实效，必须加强高校青年教师思想政治教育，健全高校青年教师思想政治教育的运行机制、强化管理举措，充分调动一切积极因素，形成教育合力；积极创新教育方式方法，密切联系青年教师生活、思想实际，引导青年教师全身心投入教育教学实践，增强整个青年教师队伍育人实效。

---

① 《中国教育改革和发展纲要》，载《十四大以来重要文献选编》（上），人民出版社1996年版，第81页。

# 第二章　改革开放以来高校青年教师思想政治教育的历史发展

改革开放以来，高校青年教师思想政治教育紧密结合社会发展要求和青年教师思想变化实际，在继承中创新，在改革中发展，经过了波澜壮阔的发展历程，取得了骄人的发展成绩，积累了宝贵的发展经验。以史为镜，以史为鉴。对高校青年教师思想政治教育发展历史的回顾与总结，对于加强新形势下高校青年教师思想政治教育具有重要的启示意义。

## 一、改革开放以来高校青年教师思想政治教育的发展阶段

改革开放以来高校青年教师思想政治教育的发展历程大体上经历了恢复重建、曲折前进、深入推进、持续发展四个阶段。

### （一）恢复重建阶段（1978—1985）

1978 年党的十一届三中全会召开，重新确定了实事求是的思想路线，并做出了把党的工作中心转移到经济建设上来、实施改革开放的重大决策，开启了中国改革开放和现代化建设的新时期。以此为契机，高校青年教师思想政治教育端正指导思想、明确教育内容、加强组织保障和制度建设，进入恢复重建阶段。据统计，"'文革'后至 80 年代中期，随着我国高等教育的恢复发展，全国高等学校的数量从 1978 年的 598 所上升到 1985 年的 1016 所。

高校教师队伍的数量也相应地从 1977 年的 18.6 万人增长到 1985 年的 34.4 万人。"[①] 青年教师数量不断增加，"1982 年以后大学本科和研究生毕业的青年教师几乎占高校教师总数的 50%，有的院校已达 60%—70%。"[②] 恢复高校青年教师思想政治教育显现出重要性和紧迫性。

**1. 实事求是思想路线的确定端正了高校青年教师思想政治教育的指导思想**

1978 年 5 月 10 日，中共中央党校《理论动态》刊登《实践是检验真理的唯一标准》一文，指出检验真理的标准只能是社会实践。5 月 11 日，《光明日报》以特约评论员名义公开发表了《实践是检验真理的唯一标准》一文，新华社向全国转发，一场关于真理标准的大讨论在全国展开。邓小平指出，实事求是是毛泽东思想的出发点、根本点，号召打破精神枷锁，使人们的思想来一个大解放。这场大讨论为党的思想路线的重新确定，为党的十一届三中全会的胜利召开奠定了重要的思想基础。1978 年 12 月 18 日至 22 日党的十一届三中全会胜利召开，邓小平在大会上作了题为《解放思想，实事求是，团结一致向前看》的重要讲话，彻底否定了"两个凡是"的错误方针，高度评价了实践是检验真理的唯一标准的讨论。随着党的工作重心的转移，党的思想政治教育工作也从"以阶级斗争为纲"转移到服从和服务于党的经济建设的总目标和总任务上来。解放思想、实事求是思想路线的确定，对高校青年教师思想政治教育产生了重大而深远的影响，端正了高校青年教师思想政治教育的指导思想，使高校青年教师思想政治教育进入到一个新的发展时期。重新确定了马列主义、毛泽东思想的指导地位；重新恢复了理论联系实际、一切从实际出发、平等待人、批评与自我批评的优良传统。

---

① 教育部人事司：《新中国 60 年高校教师队伍的发展壮大与变革》，《中国高等教育》2009 年第 18 期。

② 黄海泉、邵丽：《对高等学校青年教师参加社会实践的探讨》，《黑龙江高校研究》1990 年第 4 期。

### 2."党委领导下的校长分工负责制"的确立为高校青年教师思想政治教育提供了坚强领导保障

1978 年 10 月 4 日，教育部颁发《全国重点高等学校暂行工作条例（试行草案）》，首次明确规定："在学校一级，实行'党委领导下的校长分工负责制'"[①] 实施这种高校管理体制是基于形势发展的需要，"对于高等教育战线拨乱反正，克服当时高校内部管理的混乱局面，起到了至关重要的作用。但由于思想认识不够统一，具体制度、具体措施没有跟上，党政不分、以党代政的状况又在一些高校出现了。"[②] 随后，教育部召开全国教育工作会议，颁布了重新修订的高校十六条，再次规定高校领导体制实行"党委领导下的校长分工负责制"[③]。由此，"文化大革命"期间党的一元化领导制被废止。针对高校领导班子不健全，年富力强的成员太少，专业化程度不高等问题，1980 年 12 月，中共中央组织部、中共教育部党组颁发《关于加强高等学校领导班子建设的意见》，要求："一、建设年富力强的领导班子。二、提高领导班子的科学文化水平。三、领导班子中，党政干部要明确分工。四、领导班子务求精干。五、要在充分发扬民主的基础上，建设领导班子。六、干部要进行必要的交流。七、加强领导班子的思想建设极为重要。八、领导班子要尽快配齐。"[④]《关于加强高等学校领导班子建设的意见》成为以后一段时间内高校领导班子建设的指导性文件。"党委领导下的校长分工负责制"的实施，强化了党委在高等教育改革发展中的领导地位，使得推进包括青年教师思想政治教育在内的高校思想政治教育有了坚强的领导保障。

---

[①] 陈大白：《北京高等教育文献资料选编（1977 年—1992 年）》，首都师范大学出版社 2002 年版，第 105 页。

[②] 吴潜涛、徐艳国：《建党 90 年来高校德育发展的历史轨迹》，高等教育出版社 2012 年版，第 145—146 页。

[③] 《中共中央关于教育体制改革的决定》，《人民日报》1985 年 5 月 29 日。

[④] 何东昌：《中华人民共和国重要教育文献（1976—1991）》，海南出版社 1998 年版，第 1885—1886 页。

### 3. 在高校青年教师中开展了坚持四项基本原则的宣传和教育

"坚持四项基本原则教育,是理论务虚会之后思想政治教育的中心议题。"[①]1979 年 3 月 30 日,邓小平在理论工作务虚会上作了《坚持四项基本原则》的重要讲话,指出:"要在中国实现四个现代化,必须在思想上、政治上坚持社会主义道路,坚持无产阶级专政,坚持中国共产党的领导,坚持马列主义、毛泽东思想。"[②]这一时期,高校青年教师的思想主流是好的,但也存在一些问题,主要表现为:少部分高校青年教师坚持四项基本原则的立场不够坚定,容易受外界的影响而产生怀疑和动摇;少部分高校青年教师对改革开放存在思想疑虑,对改革开放的重要性和重大意义认识不足,甚至产生了抵触情绪。产生这些问题的原因是多方面的,缺少对四项基本原则的宣传教育是重要的一个原因。1980 年 12 月,邓小平在中央工作会议上的讲话中指出:"我们的宣传工作还存在缺点,主要是没有积极主动、理直气壮而又有说服力地宣传四项基本原则,对一些反对四项基本原则的严重错误思想没有进行有力的斗争。"[③]坚持在高校青年教师中进行四项基本原则的宣传和教育,引导高校青年教师肃清流毒,抵制资产阶级与小资产阶级思想的侵蚀,不断提高觉悟,树立为实现四个现代化而献身的理想信念,是这个阶段高校青年教师思想政治教育的重点任务。会后,全国各高校组织包括青年教师在内的广大教师认真学习了这个讲话,对青年教师清除"左"的思想影响、警惕右的思潮,坚定正确的政治方向,起了巨大的作用。

## (二) 曲折前进阶段 (1985—1989)

1985 年 5 月,《中共中央关于教育体制改革的决定》(以下简称《决定》)颁布,决定在高等学校实行"校长负责制",在某种程度上削弱了党委对学校思想政治教育工作的领导力。1986 年高校"学潮"与 1989 年"政治风波"

① 邱伟光:《思想政治教育史》,陕西师范大学出版社 1988 年版,第 355 页。
② 《邓小平文选》第二卷,人民出版社 1994 年版,第 164 页。
③ 《邓小平文选》第二卷,人民出版社 1994 年版,第 364 页。

的发生，反对党的领导，否定社会主义制度，宣传民族虚无主义，鼓吹西方的"民主""自由"，主张中国实现"全面西化"，高校青年教师思想政治教育受到严重冲击，进入曲折前进阶段。

**1."校长负责制"改革的实行使党对思想政治教育的领导有所削弱**

《决定》要求："学校逐步实行校长负责制。有条件的学校要设立由校长主持的、人数不多的、有威信的校务委员会，作为审议机构。要建立和健全以教师为主体的教职工代表大会制度，加强民主管理和民主监督。学校中的党组织要从过去那种包揽一切的状态中解脱出来，把自己的精力集中到加强党的建设和加强思想政治工作上来。"[1] 在这一精神的要求下，全国上百所高校逐步实行校长负责制，取代了党委领导下的校长分工负责制。1987年5月《中共中央关于改进和加强高等学校思想政治工作的决定》颁布，强调高校党委对思想政治工作负有领导责任，要提高高等学校领导班子的思想政治水平，加强和改善对思想政治工作的领导，"要继续进行校长负责制的试点工作，认真总结已有的试点经验。高等学校不论实行何种领导体制，行政和党委都要搞好团结，紧密配合，共同做好工作。"[2]1987年10月25日，党的第十三次全国代表大会召开，明确提出改革政治体制，实行党政分开，事业单位中的党组织，要随着行政首长负责制的推行，逐渐起到保证监督作用。为贯彻落实党的十三大精神，校长负责制成为各高等学校领导体制改革的方向。1988年1月27日，朱开轩在《贯彻党的十三大精神 深化和加快高等教育的改革——在全国高等教育工作会议上的报告》（以下简称《报告》）中，高度肯定了十一届三中全会以来高等教育事业取得的成就，指出103所高等学校进行了校长负责制的试点，高等学校内部的领导体制和管理制度正在逐步改革；对高等教育的改革发展做了具体部署，《报告》指出要注重选拔优秀的毕业研究生充实青年教师队伍，并建议"通过多种途径，选

---

[1]　刘英杰：《中国教育大事典（1949—1990）》，浙江人民出版社1993年版，第1095页。
[2]　中共中央文献研究室：《十二大以来重要文献选编》（下），中央文献出版社2011年版，第338页。

拔有丰富实践经验的科技人员、管理人员和理论工作者来充实教师队伍"[1]。同时,《报告》还就高等学校的领导制度作出明确指示:"党的十三大指出,政治体制改革的关键首先是党政分开。根据这个精神,高等学校要实行校长负责制。"[2]校长负责制的实质就是校长对学校的教育教学和行政管理工作全面负责,学校党组织发挥保证监督作用,教代会参与学校民主管理。这种体制对于高教战线拨乱反正,克服当时高校内部管理的混乱局面,起到了至关重要的作用。但由于思想认识不够统一,具体制度、具体措施没有跟上,不少高校陷入"校长家长制""校长独裁制"的误区,学校党委的职责、地位、作用相应被削弱,高校普遍存在片面追求教学、科研,重智育、轻德育的情况,对师生的思想政治教育徒具形式,缺乏实实在在的内容,学校秩序不佳,教师敬业精神减弱,大学生思想道德素质滑坡。这些均是弱化党组织的领导作用、忽视思想政治教育工作的恶果。校长负责制的实行,"在一定程度上提高了高校的行政办事效率,但也淡化了高校党的领导作用,削弱了高校的党建工作和思想政治工作"[3],一定时间内高校青年教师思想政治教育亦受到影响,有所弱化。

### 2. 把青年教师参加社会实践作为加强和改进思想政治教育的重要举措

为不断从整体上提高高等教育的水平,促进高校青年教师理论与实践相结合,1987年3月《中共中央办公厅、国务院办公厅关于给高等学校教师提供了解实际情况的方便的通知》出台,要求"吸收教师参加有关的调查研究和咨询工作,以加强理论与实际的联系,满足教学的需要;积极支持和接待教师进行社会调查,以便教师加深对中国国情和改革、建设实际情况的了解;帮助教师了解中央精神和国内外的实际,并答复或负责组织答复他们提

---

[1]　朱开轩:《贯彻党的十三大精神　深化和加快高等教育的改革——在全国高等教育工作会议上的报告》,《中国高等教育》1988年第4期。

[2]　朱开轩:《贯彻党的十三大精神　深化和加快高等教育的改革——在全国高等教育工作会议上的报告》,《中国高等教育》1988年第4期。

[3]　吴潜涛、徐艳国:《建党90年来高校德育发展的历史轨迹》,高等教育出版社2012年版,第146页。

出的问题。"[1] 从政策上明确要求高校青年教师参加社会实践。1987年5月，《中共中央关于改进和加强高等学校思想政治工作的决定》，针对青年教师普遍缺乏实践锻炼，提出了改进和加强思想政治工作的重要举措。"青年教师是高等学校未来的希望所在，但其中不少人缺乏实践锻炼，对他们应严格要求、热情帮助，使他们不断提高政治、业务水平，做好本职工作。凡是缺乏实践锻炼的青年教师，都要安排一定的时间参加社会实践。"[2] 紧随其后，国家教委发布《关于高等学校青年教师参加社会实践的意见》（以下简称《意见》），《意见》就各高等学校和高等教育主管部门如何认真贯彻落实青年教师参加社会实践提出具体意见，主要从青年教师参加实践锻炼的目的要求、范围、期限、方式、途径以及考核等方面做出了明确规定。此后，广大青年教师积极主动地走出校门，走向社会，走向基层单位，接近群众，参加社会实践。在社会实践过程中深化对四项基本原则和改革、开放、搞活总方针、总政策的理解；增进了对祖国、人民的感情；坚定为建设社会主义祖国而献身的信念；增强忠于人民的教育事业、为人民服务的社会责任感；培养实事求是、艰苦奋斗的工作作风；运用自己所学的专业知识为社会服务，提高实际工作能力，坚定不移地走理论联系实际，知识分子与人民群众相结合的正确道路。

### 3. 在高校青年教师中开展了坚持党的领导和改革开放总方针的教育

在贯彻党的十一届三中全会以来的路线的过程中，仍时常遇到来自"左"的和右的干扰。除了"左"的干扰之外，在社会上还存在着一股资产阶级自由化的思潮，对青年教师产生不良影响，有针对性地进行坚持党的领导和改革开放总方针的教育，是这一时期高校青年教师思想政治教育的经常性任务。1986年底，在一些坚持资产阶级自由化立场代表人物的煽动下，安徽、上海、

---

① 国家教委办公厅：《普通高等教育法规文件选编》，北京师范大学出版社1988年版，第551页。
② 中共中央文献研究室：《十二大以来重要文献选编》（下），中央文献出版社2011年版，第335页。

北京等地的部分学生相继上街游行，部分青年教师也参与其中。1989 年演化为政治动乱，危害了社会的安定团结，干扰了改革开放的进程，在国内外造成极大的影响。党中央对此高度重视，专门发出《关于当前反对资产阶级自由化若干问题的通知》，要求各级党政领导、各高等学校切实加强领导，旗帜鲜明地开展坚持四项基本原则、反对资产阶级自由化的教育和斗争，进一步稳定高等学校的局势。①1987 年中共中央和国务院及时批转了国家教委《关于当前高等学校工作中几个问题的意见》，要求各级党委、政府和教育行政部门要切实加强对高等学校工作的领导，把坚定正确的政治方向放在教育工作的第一位，坚持社会主义方向，加强思想政治教育工作，严格校纪、校风管理，搞好教育改革，真正把高等学校办成培养社会主义接班人的坚强阵地。根据中央的指示精神，各级党政领导和高等学校都采取了一系列有效措施，进行了大量深入细致的思想政治工作。高校青年教师思想政治教育工作紧密结合坚持党的领导和四项基本原则教育，通过民主讨论、自由发言、专家讲座等形式对部分青年教师所持有的具有重大影响的错误观点，进行理论和实践上的说理分析，澄清是非。许多学校还组织青年教师参加社会实践，到工厂、农村、部队去接触社会、联系群众，倾听广大工农群众的意见和呼声，加深对中国国情和政治体制改革、建设实际情况的了解。在这一系列举措之下，青年教师矫正了政治思想领域的右倾错误，思想觉悟大幅提升，充分认识到实现社会主义现代化建设目标，既要以十一届三中全会以来的路线、方针、政策为准绳，坚持党的领导，坚持四项基本原则，防止以"左"批右，反对资产阶级自由化，又要坚持改革开放的总方针，反对思想僵化。

### （三）深入推进阶段（1989—2002）

1989 年 6 月 23 日至 24 日，党的十三届四中全会胜利召开，党的建设

---

① 《中共中央关于当前反对资产阶级自由化若干问题的通知》，载《十二大以来重要文献选编》（下），人民出版社 1988 年版，第 1251—1252 页。

进入全面推进时期。中共中央组织部、中共中央宣传部和中共教育部党组每年召开全国高校党建工作会议，研究部署高校党的建设和思想政治教育工作，为高校青年教师思想政治教育的深入发展提供了强有力的支持与保障，高校青年教师思想政治教育进入深入推进阶段。

## 1. 确立"党委领导下的校长负责制"，强化了高校青年教师思想政治教育

1989 年 7 月 10 日，中共中央、国务院转发了国家教委《关于当前高等学校工作中几个问题的意见》，指出"在今后一个相当长的时期内，高校仍应实行党委领导下的校长负责制。"文件的出台，强调了实行党委领导下的校长负责制。要充分发挥党组织的政治核心作用，更要注意党政职能分开。1990 年 4 月，新中国成立以来的第一次全国高校党建会议召开，与会代表在加强对高校党的建设的重要性、迫切性的认识与加强高校党组织建设必须坚持党委的领导地位这两个问题上达成了共识，对深入推进高校青年教师思想政治教育具有重要意义。1990 年 7 月 7 日，中共中央发出《关于加强高等学校党的建设的通知》（以下简称《通知》），明确指出，高等学校要实行党委领导下的校长负责制。党委的主要任务之一就是："坚持党管干部的原则，按照干部管理权限负责干部的选拔、教育、培养、考核和监督工作。掌握教师队伍建设的思想政治方向。"[①] 关注教师队伍建设，加强对教师队伍的领导，成为高校党委担负的重要职责。《通知》指出：要把思想建设放在高等学校党的建设的突出位置。特别要在青年中注意培养一批坚定的马克思主义者；强调青年教师要走与实践相结合的道路，高等学校党组织要有计划地组织青年教师和学生党员下厂下乡，积极参加社会实践。1993 年 8 月《关于新形势下加强和改进高等学校党的建设和思想政治工作的若干意见》颁布，强调要坚持用建设有中国特色社会

---

[①]  教育部思想政治工作司组编：《加强和改进大学生思想政治教育重要文献选编（1978—2008）》，中国人民大学出版社 2008 年版，第 140 页。

主义的理论武装全体党员和教育师生员工，"促使党员和师生员工树立正确的理想、信念、人生观、价值观，反对资产阶级自由化，防止一切剥削阶级腐朽思想的侵蚀，为高等学校的改革和发展提供强大的精神动力和思想保证。"①1996 年，《中国共产党普通高等学校基层组织工作条例》颁布，强调高等学校实行党委领导下的校长负责制，高等学校党的委员会统一领导思想政治工作，对教师进行思想政治教育，帮助其坚定走有中国特色社会主义道路的信念，树立正确的世界观和人生观。1998 年 6 月 22 日，中共中央组织部、中共中央宣传部、中共教育部党组印发《普通高等学校党建工作基本标准》，突出党委对高等学校工作的领导。1998 年 8 月，九届全国人大常委会四次会议通过《中华人民共和国高等教育法》，第一次以法律的形式将党委领导下的校长负责制确定下来，即"国家举办的高等学校实行中国共产党高等学校基层委员会领导下的校长负责制。中国共产党高等学校基层委员会按照中国共产党章程和有关规定，统一领导学校工作，支持校长独立负责地行使职权"②。党委领导下的校长负责制最终以法律形式确定。党委领导下的校长负责制是党和国家把马克思主义党建理论与我国高等教育事业实际紧密结合的产物，是党和国家积极探索高校内部领导体制实践经验的科学总结，反映了我国高等教育事业社会主义性质的本质要求，加强了党对高校的领导。这一体制实施以后，有力地保证了高校坚持育人为本、德育为先的教育理念，凸显了社会主义办学方向，进一步强化了高校青年教师思想政治教育工作。

## 2. 加强在高校青年教师中培养和发展优秀分子入党

这个阶段，随着高校青年教师在教师队伍中的比例不断扩大，青年教师在高校各项工作中起着越来越重要的作用，吸引更多优秀的高校青年教师加

---

① 《关于新形势下加强和改进高等学校党的建设和思想政治工作的若干意见》，《国家教育委员会政报》1993 年第 9 期。

② 何东昌:《中华人民共和国重要教育文献（1998—2002）》，海南出版社 2003 年版，第 167 页。

入党组织越来越受到各级党组织的重视。1990 年,《中共中央关于加强高等学校党的建设的通知》强调要加强对入党积极分子的培养工作,尤其是要注意在青年教师中发现和培养积极分子。"要认真贯彻'坚持标准,保证质量,改善结构,慎重发展'的方针,党组织对发展对象的政治觉悟、思想品德和入党动机,必须严格考察。要坚决纠正片面强调业务能力或学习成绩而不看政治表现的错误做法。坚决防止把那些在坚持四项基本原则、反对资产阶级自由化斗争中立场动摇的人,以及入党动机不纯的人吸收进党内来。"①1995 年 12 月 20 日,国家教委党组出台《关于加强在高校青年教师中培养和发展优秀分子入党工作的意见》(以下简称《意见》),对加强在高校青年教师中培养和发展优秀分子入党的时代意义、指导思想、具体措施等相关内容做出了明确规定,指出:"切实做好在高校青年教师中培养和发展优秀分子入党工作,使高校党员、教师队伍建设进一步适应高等教育改革和发展新形势的需要,已成为当前高教系统各级党组织面临的一项重大而紧迫的任务。"②"21 世纪中国高等教育的重担将历史地落在现在的中青年教师肩上。做好在高校青年教师中培养和发展优秀分子入党工作,对于加强青年教师思想政治建设,对于加强学生德育工作,均具有重要意义。"③《意见》的颁布,为切实做好在高校青年教师中培养和发展优秀分子入党工作,加强高校青年教师队伍建设和思想政治教育起到重要的指导作用,有效提升了高校青年教师入党的积极性。随后,全国各高校把在青年教师中培养和发展优秀分子入党纳入学校各级党组织工作的重要议事日程,鼓励优秀的青年教师入党;更加注重对广大青年教师积极分子特别是党员青年教师的培养,认真组织他们深入学习马克思主义基本理论,学会用马克思主义的立场、观点和方法分析和解决问题;学习邓小平建设有中国特色社会主义理论,不断提高思想政治觉悟,增强党性锻炼,自觉起模范带头作用,做群众的表率。

---

① 教育部思想政治工作司组编:《加强和改进大学生思想政治教育重要文献选编(1978—2008)》,中国人民大学出版社 2008 年版,第 144 页。
② 欧少亭:《教育政策法规文件汇编》第 1 卷,延边人民出版社 2001 年版,第 754 页。
③ 欧少亭:《教育政策法规文件汇编》第 1 卷,延边人民出版社 2001 年版,第 754 页。

### 3.开展高校青年教师学习马克思主义理论抵制和平演变的教育

加强对高校青年教师的社会主义教育、人生观教育以及其他各种政治理论学习，抵制和平演变是"89风波"以后高校青年教师思想政治教育的主要任务。1989年8月28日，中共中央下发《关于加强党的建设的通知》，提出要研究党的建设中的新问题，其中之一就是如何在改革开放的条件下，抵制国际资产阶级的和平演变的问题。"高等学校认真贯彻十三届四中全会精神，旗帜鲜明地开展了党的基本路线教育，特别是坚持四项基本原则、反对资产阶级自由化的教育。"①1991年2月28日，中宣部、国家教委、共青团中央下发《关于组织高等学校青年师生学习马克思主义青年读本的通知》，要求高等学校的党校、团校以及马克思主义著作学习小组，可以把《马列著作青年读本》、《毛泽东邓小平著作青年读本》作为学习马克思著作的基本教材，并辅之《马克思主义青年读本导读》，各级党团组织要及时研究和帮助学员解决学习中提出的问题，总结交流经验。1991年，江泽民在庆祝建党70周年大会上的讲话中指出："意识形态领域是和平演变与反和平演变斗争的重要领域。资产阶级自由化同四项基本原则的对立和斗争，实质是要不要坚持共产党领导、坚持社会主义道路的政治斗争，但这种政治斗争大量地表现为意识形态领域的思想理论斗争。思想宣传阵地，社会主义思想不去占领，资本主义思想就必然会去占领。各级党委要重视意识形态工作，加强对意识形态工作的领导，牢牢掌握意识形态各部门的领导权。"②教育和引导高校青年教师树立反和平演变的思想成为这一时期高校青年教师思想政治教育的重要任务之一。1991年，国家教委下发《关于加强和改进高等学校马克思主义理论教育的若干意见》，强调"现有教师队伍政治和业务素质不齐，特别是青年教师队伍在政治思想和业务水平上进一步培训提高的任务相当繁重"③。为

---

① 张雷声、吉伟、李玉峰：《新中国思想理论教育史》，高等教育出版社2005年版，第242页。
② 中共中央文献研究室：《十三大以来重要文献选编》（下），人民出版社1993年版，第1646页。
③ 教育部思想政治工作司组编：《加强和改进大学生思想政治教育重要文献选编（1978—2008）》，中国人民大学出版社2008年版，第163页。

推动高校青年教师学习马克思主义理论活动健康、深入、持久地开展下去，1992 年 6 月 18 日，中宣部、国家教委、共青团中央发布《关于进一步组织高等学校青年师生学习马克思主义理论的通知》，强调要充分认识青年师生学习马克思主义理论的重要意义，并就如何在青年师生中有效开展马克思主义理论的学习进行了具体的指导和部署。

总体而言，这一阶段高校青年教师思想政治教育围绕筑牢精神、思想防线，抵制和平演变，重点开展了马克思主义理论教育，着力解决青年教师的立场、信念、人生观和价值观问题；组织了精读原著、观点交流、学术探讨等教育活动，不断提升青年教师思想觉悟；制定了一系列教育规划，如理论培训、社会实践、实地调研等，并采取有力措施，狠抓落实，使高校青年教师思想政治教育得到深入推进。

## （四）持续发展阶段（2002 年以来）

2002 年 11 月 8 日至 14 日，中国共产党第十六次全国代表大会在北京胜利召开。党的十六大以来，党中央高度重视、持续关注高校青年教师思想政治教育，颁布了一系列纲领性文件，强调和加强高校青年教师思想政治教育，为高校青年教师思想政治教育在创新中持续发展带来了新的契机。

### 1. 开展党员先进性教育活动

为全面落实党的十六大和十六届四中全会精神，进一步加强党的执政能力建设，2004 年 11 月 7 日，中共中央颁发《关于在全党开展以实践"三个代表"重要思想为主要内容的保持共产党员先进性教育活动的意见》（以下简称《意见》），提出从 2005 年 1 月开始，用一年半左右的时间，在全党开展以实践"三个代表"重要思想为主要内容的保持党员先进性教育活动。"三个代表"重要思想是马克思主义中国化的重要理论成果，是新时期指引党的建设的方向标。《意见》颁布后，高校青年教师思想政治教育通过有领导有步骤的安排部署，深入开展了学习、实践"三个代表"重要思想的各项工作。为推动"三个代表"重要思想的广泛传播，2005 年 7 月至 2006 年 12 月，全国高校有序地开展了包括青年教师党员在内的保持党员先进性教育活动。在一年半的时间里，各单位灵活掌握和安排学习时间，但一般不少于 3 个月。集中学习教育分为三个阶段进行。第一，学习动员阶段。学校组织青年教师党员学习共产党员先进性教育的历史背景、时代意义、目标要求、基本精神和安排部署，学习党中央关于保持党员先进性教育的有关决议、文件和通知。通过个人自学、专题辅导、党课培训等多种形式的学习，广大青年教师党员深化了对毛泽东思想、邓小平理论和"三个代表"重要思想的认识，领会贯通了党的十六大、十六届三中、四中全会精神。第二，分析评议阶段。在认真学习的基础上，学校组织青年教师党员和党员干部按照党章规定，自我反思和总结近年来在思想、工作、作风等方面的情况，检视在世界观、人生观、价值观等方面存在的问题。除此之外，高校青年教师思想政治教育还广泛开展了专题组织生活会，要求党员之间相互评议，开展批评与自我批评。第三，整改提高阶段。针对前面民主评议、自我剖析中查找出的问题，制定整改措施，明确整改重点，落实整改任务。

总体而言，高校保持共产党员先进性教育，经过一年半时间的学习、整改、提高，达到了良好的教育效果。青年教师党员的先进意识、纪律观念、道德素质、敬业精神都得到明显增强，为青年教师更好地投身于高等教育事业奠定了良好的思想基础。

### 2. 加强高校青年教师职业道德教育

在改革开放和市场经济条件下，部分高校教师，包括青年教师在职业道德上出现了一些亟待解决的问题。比如，有的教师责任意识缺乏，教书育人意识淡薄；有的重科研、轻育人和管理；有的学风浮躁、急功近利，甚至出现学术不端、学术造假等现象；个别教师甚至师德失范，严重损害人民教师的职业声誉。这些虽不是主流，但必须高度重视，采取切实措施予以解决。为此，2005 年 1 月 13 日，教育部颁布了《关于进一步加强和改进师德建设的意见》，对师德建设的总体要求、主要任务、主要措施、组织领导等做了全面的部署。①2010 年 8 月 24 日，中共中央、国务院印发《国家中长期教育改革和发展规划纲要》，提出要加强教师职业理想和职业道德教育，增强广大教师教书育人的责任感和使命感。"教师要关爱学生，严谨笃学，淡泊名利，自尊自律，以人格魅力和学识魅力教育感染学生，做学生健康成长的指导者和引路人。"②2011 年 2 月 28 日，胡锦涛在中共中央政治局第二十六次集体学习时强调要"着力建设高素质教师队伍，增强广大教师教书育人的责任感和使命感，加强教师职业理想和职业道德教育，提高教师综合素质和业务水平，在全社会倡导和形成尊师重教良好氛围。广大教师要学为人师、行为世范、教书育人，当好学生健康成长的指导者和引路人。"③2011 年 4 月，胡锦涛在庆祝清华大学建校 100 周年大会上的讲话强调："教育大计，教师为本。广大教师和教育工作者是推动教育事业科学发展的生力军。广大高校教师要切实肩负起立德树人、教书育人的光荣职责，关爱学生，严谨笃学，淡泊名利，自尊自律，加强师德建设，弘扬优良教风，提高业务水平，以高尚师德、人格魅力、学识风范教育感染学生，做学生健康成长的指导者和引路人。……努力造就一支师德高尚、业务精湛、结构合理、充满活力的高素质专业化教师队伍。"④为深入贯彻落实胡锦涛在庆祝清华大学建校 100 周大会上的重要讲话精神，教育主管部门和各高校积极采取措施，大力加强青年教师职业道德教育，取得了明显的成效。一是制定高等学校教师职业道德规范。根据《国家中长期教育改革与发展规划纲要》，立足增强广大教师教书育人的责任感和使命感，2011 年 12 月 23 日，教育部、中国科教文卫体工会全国委员会在《关于印发〈高等学校教师职业道德规范〉的通知》中，指出高等学校教师职业道德规范包括爱国守法、敬业爱生、教书育人、严谨治

---

① 教育部思想政治工作司组编：《加强和改进大学生思想政治教育重要文献选编（1978—2008）》，中国人民大学出版社 2008 年版，第 408 页。

② 《国家中长期教育改革和发展规划纲要（2010—2020 年）》，人民出版社 2010 年版，第 51 页。

③ 《全面落实国家教育改革和发展规划纲要 努力开创我国教育事业科学发展新局面》，《高校理论战线》2011 年第 3 期。

④ 胡锦涛：《在庆祝清华大学建校 100 周年大会上的讲话》，《人民日报》2011 年 4 月 25 日。

学、服务社会、为人师表。《高等学校教师职业道德规范》(以下简称《规范》)的制定颁布，为加强高校青年教师职业道德教育指明了方向。二是多渠道开展青年教师职业道德教育。各地高校通过组织宣讲会、讨论会、座谈会等形式多样的学习活动，掀起了学习贯彻落实《规范》的热潮；利用各种媒体平台，大力宣传《规范》精神，努力营造重德养德的浓厚氛围；制定或修订本地本校师德规范实施细则，进一步完善教学规范、学术研究规范、校外兼职兼薪规范政策措施，将师德规范要求纳入教师日常管理之中；完善师德考核机制，将师德纳入教师考核评价体系，并作为评价、聘任（聘用）和评优奖励的首要标准；加强师德建设的组织领导，紧密结合各校实际，制定了师德建设工作方案，精心实施，扎实推进；等等。党的十八大以来，以习近平同志为核心的党中央高度重视高校思想政治工作，习近平在全国高校思想政治工作会议、全国教育大会等场合的重要讲话中，将教师队伍建设摆在突出位置，作出一系列重大决策部署，各地区各部门和各级各类学校采取有力措施认真贯彻落实，教师队伍建设取得显著成效。广大教师牢记使命、不忘初衷，爱岗敬业、教书育人，改革创新、服务社会。

### 3. 颁布高校青年教师思想政治教育的纲领性文件

在这一阶段，颁布了一系列高校青年教师思想政治教育纲领性文件。2012 年 9 月 20 日，教育部、中央组织部、中央宣传部、国家发展改革委、财政部、人力资源和社会保障部联合印发《关于加强高等学校青年教师队伍建设的意见》，对加强高校青年教师队伍建设作出全面部署，指出加强高校青年教师队伍建设，应着力提高青年教师思想政治水平和师德水平，健全青年教师选聘和人才储备机制，提升青年教师专业发展能力，完善优秀教师传帮带团队协作机制，优化青年教师成长发展的制度环境，保障青年教师待遇和工作条件，强化青年教师队伍建设的组织领导。[①]2013 年 5 月 28 日，中

---

① 教育部、中央组织部、中央宣传部、国家发展改革委、财政部、人力资源和社会保障部：《关于加强高等学校青年教师队伍建设的意见（教师［2012］10 号），2012 年 9 月 20 日。

央组织部、中央宣传部、中共教育部党组联合印发《关于加强和改进高校青年教师思想政治工作的若干意见》，指出："加强和改进高校青年教师思想政治工作，对于全面贯彻党的教育方针、确保高校坚持社会主义办学方向、培养德智体美全面发展的社会主义建设者和接班人，具有重大而深远的意义。""当前，高校青年教师主体积极健康向上，拥护党的领导，对坚持和发展中国特色社会主义充满信心，热爱教书育人事业，关心关爱学生，为高等教育事业发展作出重要贡献。同时也应看到，少数青年教师政治信仰迷茫、理想信念模糊、职业情感与职业道德淡化、服务意识不强，个别教师言行失范、不能为人师表；一些地方和高校对青年教师思想政治工作重视不够、工作方法不多、工作针对性和实效性不强。"① 因此，新形势下，加强和改进高校青年教师思想政治工作，要着力加强青年教师思想教育引导，推进青年教师师德师风建设，加大青年教师党员队伍建设力度，拓宽青年教师思想政治工作途径，着力解决青年教师实际问题，强化青年教师思想政治工作的组织领导等。2018 年 1 月 31 日，中共中央、国务院印发《关于全面深化新时代教师队伍建设改革的意见》，要求"全面贯彻落实党的十九大精神，以习近平新时代中国特色社会主义思想为指导，紧紧围绕统筹推进'五位一体'总体布局和协调推进'四个全面'战略布局，坚持和加强党的全面领导，坚持以人民为中心的发展思想，坚持全面深化改革，牢固树立新发展理念，全面贯彻党的教育方针，坚持社会主义办学方向，落实立德树人根本任务，遵循教育规律和教师成长发展规律，加强师德师风建设，培养高素质教师队伍，倡导全社会尊师重教，形成优秀人才争相从教、教师人人尽展其才、好教师不断涌现的良好局面"② 。《意见》明确要求着力提升思想政治素质，全面加强师德师风建设，打造以德立身、以德立学、以德施教、以德育德，坚持教书与育人相统一、言传与身教相统一、潜心问道与关注社会相统一、学术自由与学术规范相统一的"四有"好教师队伍。以上三个文件的颁布，将高校

---

① 李向前、王国洪：《高校青年教师思想政治工作读本》，研究出版社 2013 年版，第 2 页。
② 中共中央国务院关于全面深化新时代教师队伍建设改革的意见［EB/OL］.http://www.moe.gov.cn/jyb_xwfb/moe_1946/fj_2018/201801/t20180131_326148.html

青年教师思想政治教育置于一个极为重要的地位，从目标、内容、载体、方式、组织领导等多方面就加强和改进高校青年教师思想政治教育作出全面部署，共同构成指导开展高校青年教师思想政治工作的政策体系，是新形势下加强高校青年教师思想政治建设的重要指导文件，为高校青年教师思想政治教育的持续发展指明了方向、赋予了契机、提供了保障。

## 二、改革开放以来高校青年教师思想政治教育发展取得的主要成绩

改革开放以来，高校青年教师思想政治教育经历四个发展阶段，由弱到强，由不完善到完善，特别是党的十三届四中全会以来，开展了大量工作，取得了明显成效。

### （一）青年教师思想政治教育目标更加明确

目标是个人、集体或整个组织期望在未来某一时期实现的结果。高校青年教师思想政治教育目标，是指通过思想政治教育活动，在青年教师的思想和行为方面所期望达到的结果。目标决定了高校青年教师思想政治教育的内容与方向，影响着高校青年教师思想政治教育的方法与途径，是高校青年教师思想政治教育中的重要因素。高校青年教师思想政治教育的主要成绩之一，就是伴随着改革开放的不断深入，对高校青年教师思想政治教育认识不断深化，目标更加清晰、明确。

#### 1. 目标的初步提出：提高高校青年教师坚持党的基本路线的自觉性

1985 年 5 月 27 日，《中共中央关于教育体制改革的决定》颁布，提出："坚持用马克思主义教育广大师生，激励他们立志为祖国的富强奋勇进取、建功立业，保证学生德智体的全面发展，使学校真正成为抵御资本主义和其

他腐朽思想的侵蚀，建设社会主义精神文明的坚强阵地。"①1986年，部分大学生和少数青年教师上街游行示威，集中暴露了资产阶级自由化不良思潮对高校青年教师的影响，这一时期高校青年教师思想政治教育的主要目标是旗帜鲜明地宣传四项基本原则，提高高校青年教师坚持党的基本路线的自觉性，反对资产阶级自由化思潮。1989年，学潮演化为一场政治动乱，危害社会团结稳定、祖国统一，造成严重恶劣的影响。1993年，中共中央组织部、中共中央宣传部、国家教育委员会印发《关于新形势下加强和改进高等学校党的建设和思想政治工作的若干意见》，指出："坚持用邓小平建设有中国特色社会主义理论武装广大党员和教育师生员工，将广大党员和师生员工的认识和行动统一到党的十四大精神上来，提高坚持党的基本路线的自觉性，是高等学校党的建设和思想政治工作的首要任务。"②党的"一个中心、两个基本点"的基本路线，是邓小平理论最鲜明、最深刻的主题，坚持党的基本路线不动摇，是警惕右、防止"左"的鲜明态度和基本经验。因此，这一时期高校青年教师思想政治教育的主要目标就是强调党的基本路线教育，帮助青年教师对党的基本路线有一个全面正确的认识和把握，深刻理解基本路线的主要内容和精神实质，明确"坚持党的基本路线一百年不动摇"的重大意义，进一步提高贯彻执行党的基本路线的自觉性和坚定性，进一步增强为党和人民事业奋斗的决心和信心。

### 2. 目标的实践发展：坚定高校青年教师走有中国特色社会主义道路的信念

伴随社会主义市场经济的建立和改革开放的深入发展，一方面，西方各种错误思潮、价值观念借机传入国内，侵蚀青年教师头脑；另一方面，国内依托于市场经济基础的拜金主义、个人主义、消费主义等腐朽思想和生活方

---

① 中共中央文献研究室：《十二大以来重要文献选编》（中），中央文献出版社2011年版，第200页。

② 《关于新形势下加强和改进高等学校党的建设和思想政治工作的若干意见》，《国家教育委员会政报》1993年第9期。

式甚嚣尘上，给高校青年教师带来消极影响，部分青年教师暴露出理想信念模糊、政治信仰迷茫、职业情感和职业道德弱化等问题。加强对青年教师的理想信念教育，帮助青年教师坚定走中国特色社会主义道路的信念，树立正确的世界观、人生观和价值观，是高校青年教师思想政治教育的主要目标之一。1996 年，《中国共产党普通高等学校基层组织工作条例》颁发，要求"加强和改进德育工作，帮助师生员工坚定走有中国特色社会主义道路的信念，树立正确的世界观和人生观"。1998 年出台的《普通高校党建工作基本标准》，要求帮助师生员工坚定走有中国特色社会主义道路的信念，树立正确的世界观、人生观和价值观。[①]2010 年，《中国共产党普通高等学校基层组织工作条例》颁布，再次强调高校党组织要加强和改进德育工作，帮助师生员工坚定走有中国特色社会主义道路的信念。[②] 不难发现，从 1996 年至今，坚定高校青年教师走有中国特色社会主义道路的信念，树立正确的世界观、人生观和价值观这一目标，一以贯之伴随高校青年教师思想政治教育的发展，内涵逐渐丰富完善。

### 3. 目标的清晰明确：全面提高思想政治素质和业务能力

就本质而言，无论是提高高校青年教师坚持党的基本路线的自觉性，还是坚定其走中国特色社会主义道路的信念，树立正确的世界观、人生观和价值观，这两个教育目标某种程度上还存在一定的历史局限性和片面性，不够清晰明确，也不够全面，是特定时代和历史背景的产物。新形势下，为深入贯彻落实党的十八大精神，加强高校青年教师队伍建设，提高高校青年教师思想政治素质，促进高校青年教师的全面发展，引导广大高校青年教师为实现中华民族伟大复兴的中国梦而贡献力量是高校青年教师思想政治教育的重要责任。为此，2013 年 5 月，中共中央组织部、中共中央宣传部、中共教育部党组联合颁布《关于加强和改进高校青年教师思想政治工作的若干

---

① 《普通高校党建工作基本标准》，《教育部政报》1998 年第 2 期。
② 《中国共产党普通高等学校基层组织工作条例》，http://news.xinhuanet.com/zil-iao/2007-10/17/content_6895796.htm。

意见》，明确提出："通过政治上主动引导、专业上着力培养、生活上热情关心，促进青年教师坚定理想信念、练就过硬本领、勇于创新创造、矢志艰苦奋斗、锤炼高尚品格，全面提高思想政治素质和业务能力。"[1] 这些要求是青年教师思想政治教育的终极目标。

全面提高高校青年教师的思想政治素质和业务能力，首先，要坚定理想信念。理想信念是一个人的世界观和立场在奋斗目标上的基本标准，是确定人生价值取向的最高准则。"是否具有坚定的马克思主义信念和共产主义理想，是事关革命和建设事业能否胜利并继续推向前进的核心问题，是培养人才的基本标准，也是判断真假马克思主义者的基本尺度。"[2] 理想信念是思想政治素质的核心和灵魂，制约其他思想政治素质的发展。唯有具备坚定的马克思主义信念和共产主义理想，才能指引高校青年教师发展的方向，激发起奋进的动力，在不断追求理想、坚定信念的过程中锻造和涵养正确的政治方向、高尚的道德品质。培养青年教师坚定的理想信念，是高校青年教师思想政治教育的首要目标。其次，要培养扎实的专业知识、精湛的业务能力。扎实的专业知识和精湛的教学技能，是青年教师安身立命之所在，也是高校青年教师服务社会发展、助力中华民族伟大复兴"中国梦"实现的现实依托。培养高校青年教师精湛的业务能力、勇于创造的创新精神，是高校青年教师思想政治教育重要的目标之一。最后，要培养高尚的道德品质、求真的科学精神、兢兢业业无私奉献的社会责任感，唯此才能学为人师、行为世范，做学生健康成长的引导者和指路人。锻造高校青年教师敬业奉献、艰苦奋斗的精神品格，涵养其敬业奉献、品行高尚、勇于付出的职业道德，同样是高校青年教师思想政治教育的重要目标。三个目标互有统摄、相互促进，统一于"全面提高思想政治素质和业务能力"这一总目标，建构起一个清晰、完备的目标体系。

---

① 李向前、王国洪:《高校青年教师思想政治工作读本》，研究出版社 2013 年版，第 2 页。
② 张耀灿、郑永廷等:《现代思想政治教育学》，人民出版社 2007 年版，第 150 页。

## （二）青年教师思想政治教育措施日渐创新

改革开放以来，高校青年教师思想政治教育不断探索新的教育路径，更新教育举措，这是这一时期取得的又一主要成绩。

### 1. 组织青年教师精读马克思主义经典著作

改革开放初期，受西方资产阶级自由化思潮的影响，加之青年教师缺乏社会阅历，与社会接触较少，不了解真实的世情、国情、民情，部分青年教师对马克思主义、社会主义、共产党的领导存有错误认识，不能熟练运用马克思主义的立场、观点和方法分析和解决问题。认真精读马克思主义经典著作，是解决这一问题的重要方法。为此，1987 年 5 月，《中共中央关于改进和加强高等学校思想政治工作的决定》指出："要认真组织好教师的政治学习、倡导教师在自愿的基础上，结合工作和思想实际，选学一些马克思主义著作。"①1992 年，《中共中央宣传部、国家教委、共青团中央关于进一步组织高等学校青年师生学习马克思主义理论的通知》（以下简称《通知》）指出："学习马克思主义理论，要倡导青年师生扎扎实实地精读几本有代表性的马克思主义经典著作，特别要结合中国实际，学习《毛泽东选集》第二版、《邓小平文选》，以及其他老一辈无产阶级革命家的著作。"②《通知》颁布后，各高校认真开展了青年教师精读马克思主义经典著作工作，在教材安排上，将《马列著作青年读本》和《毛泽东邓小平著作青年读本》作为青年师生学习马克思主义理论的基本教材，辅以《马克思主义著作青年读本导读》；在学习内容安排上，将马克思主义经典著作与学习邓小平建设有中国特色的社会主义理论结合起来，与学习中共党史、党建理论和中国近现代史结合起来，与学习时事政策结合起来。在学习方法上，主要由浅

---

① 中共中央文献研究室：《十二大以来重要文献选编》（下），中央文献出版社 2011 年版，第 335 页。

② 《中共中央宣传部、国家教委、共青团中央关于进一步组织高等学校青年师生学习马克思主义理论的通知》，《国家教育行政委员会政报》1992 年第 9 期。

入深，循序渐进，务求取得实效；在检验成效方面，对青年教师精读马克思主义经典著作情况进行经常性的检查和总结，并对活动搞得好的集体和个人进行表彰和奖励，努力营造督促青年教师学习马克思主义理论的良好舆论环境。

为进一步巩固马克思主义在意识形态领域的指导地位，不断开辟马克思主义发展新境界，2004年1月，中共中央发出《关于进一步繁荣发展哲学社会科学的意见》，提出实施马克思主义理论研究和建设工程。之后，中共中央办公厅转发《中央宣传思想工作领导小组关于实施马克思主义理论研究和建设工程的意见》，对实施工程作出部署。马克思主义理论研究和建设工程的开展，为高校青年教师精读马克思主义经典著作提供了重要的支撑。各高校纷纷依托马克思主义理论研究和建设工程，进一步健全和完备了青年教师学习马克思主义经典著作的制度，通过报告会、座谈会、研讨会、培训班、读书班等形式，切实有效地提高青年教师精读经典的效果，不断提升青年教师的理论水平和思想素质。如北京林业大学、江苏大学、中国矿业大学、北京师范大学纷纷实施了"理论引领工程"，积极探索理论教育的新载体、新平台，丰富马克思主义经典著作及马克思主义中国化成果的学习方式，取得了良好的教育效果。[①]

### 2. 组织青年教师开展社会实践活动

鼓励青年教师深入基层参加社会实践是青年教师思想政治教育采取的又一重要举措。在社会实践中，青年教师充分了解社会对人才需求情况及教学科研建议，从而改革教学内容与方法，提高教学质量。青年教师还可以在解决现实问题及难题过程中不断提高理论水平与科研能力，更为重要的是青年教师参加社会实践有助于其政治思想素质的提高。1987年3月中共中央办公厅、国务院办公厅《关于给高等学校教师提供了解实际情况的方便的通知》下发，要求各部门要吸引高校教师进行社会调查，帮助高校教师了解

---

① 谈毅:《高校青年教师思想政治工作模式的探索与思考》,《思想理论教育》2013年第9期。

实际情况和中央精神。1987 年 5 月，中共中央出台《关于改进和加强高等学校思想政治工作的决定》强调：学校要"积极提供参加社会实践、了解社会、接触群众的机会，使他们支持改革，正确认识和对待改革中出现的矛盾和问题。要鼓励和推动教师经常接触学生，了解学生。青年教师是高等学校未来的希望所在，但其中不少人缺乏实践锻炼，对他们应严格要求，热情帮助，使他们不断提高政治、业务水平，做好本职工作。凡是缺乏实践锻炼的青年教师，都要安排一定的时间参加社会实践"[①]。1992 年 4 月，国家教委印发《关于高等学校青年教师参加社会实践的意见》，对高校青年教师参加社会实践的意义、目的、要求、范围和期限等都做了具体规定。"对没有经过实践锻炼的青年教师，应安排半年至一年时间到基层挂职锻炼，从事社会实践，并担任一段时间的学生班主任或辅导员。"[②] 2012 年 9 月，教育部出台《关于加强高等学校青年教师队伍建设的意见》指出："组织青年教师广泛开展社会实践活动，帮助他们进一步了解国情、社情、民情。"[③] 2013 年 5 月，教育部党组《加强和改进高校青年教师思想政治工作的若干意见》出台，对开展青年教师社会实践活动等青年思想政治工作途径做了详细说明和指示。

随着这些文件的陆续出台，高校青年教师参加社会实践的组织与形式不断完善，比如，组织上，各高校积极创造条件、加大投入，为青年教师开展社会实践搭建广阔平台；对青年教师参加社会实践的次数作出明确规定，"保证每名青年教师每年至少参加 1 次社会实践活动。"[④] 实践形式和方式上，主要包括学习考察，赴革命老区、爱国主义教育基地、东部沿海发达

---

① 中共中央文献研究室：《十二大以来重要文献选编》（下），中央文献出版社 2011 年版，第 335 页。

② 教育部思想政治工作司组编：《加强和改进大学生思想政治教育重要文献选编（1978—2008）》，中国人民大学出版社 2008 年版，第 163 页。

③ 教育部、中央组织部、中央宣传部、国家发展改革委、财政部、人力资源和社会保障部：《关于加强高等学校青年教师队伍建设的意见》，《师资建设（理论与政策版）》2013 年第 1 期。

④ 李向前、王国洪：《高校青年教师思想政治工作读本》，研究出版社 2013 年版，第 4 页。

城市、中西部地区以及企事业单位、农村、社区等开展学习考察，交流体验；挂职锻炼，委派青年教师到东部或西部地区、基层党政机关、企事业单位、社区等挂职锻炼；调查研究，要求青年教师结合所学专业，就如何开展科学研究、服务经济社会发展、推进文化传承与创新等，开展社会调查和课题研究，提出对策建议和决策咨询；等等。比如，西南师范大学从1987 年起，坚持青年教师、干部到基层单位参加社会实践锻炼的制度，组织近年来参加工作的青年教师、干部到县、区中学参加为期一年的顶岗锻炼。据统计，仅 1987—1990 年期间，共派出 311 人，占 1985 年以来毕业参加工作的青年教师总数的 74%。通过实践锻炼，绝大多数青年教师、干部的思想素质、业务能力都有了提高。在参加实践锻炼的青年教师中，近 20%受到省讲师总团的表彰和奖励，约 10%的青年教师被评为校级青年教师、干部社会实践锻炼先进个人，有的同志光荣地加入了中国共产党。①

### 3.利用网络等新媒体进行思想引导工作

2000 年 8 月 15 日，江泽民在中央思想政治工作会议上发表重要讲话，指出，做好思想政治工作，要重视和充分运用信息网络技术，使思想政治工作提高时效性，扩大覆盖面，增强影响力。新世纪，网络技术的发展拓宽了高校青年教师思想政治教育的渠道，同时也对高校青年教师思想政治教育提出新的挑战。2000 年 9 月，教育部下发《关于加强高等学校思想政治教育进网络工作的若干意见》（以下简称《意见》），就加强高等学校思想政治教育进网络工作提出了几点意见，要求要及时了解教师的思想动态和关注的热点问题，有针对性地做好教师思想的教育引导工作；要求进一步健全有关管理办法，加强对上网师生的自律教育。强调要切实采取措施，大力加强队伍建设，"各高校要对广大教职员工普遍进行思想政治工作进网络的教育。同

---

① 谭德政：《高校青年教师社会实践锻炼之我见》，《西南师范大学学报（哲学社会科学版）》1991 年第 4 期。

时，要培养一支既具有较高的政治理论水平、熟悉思想政治工作规律，又能较有效地掌握网络技术、熟悉网络文化特点，能够在网络上进行思想政治教育工作的队伍，包括专职工作人员队伍、党团员和师生骨干队伍，是做好思想政治教育进网络工作的重要的组织保证。"①

《意见》出台后，高校相关部门就利用网络开展青年教师思想政治教育工作做了有益尝试，比如，部分高校成立了由党委领导的，党委宣传部、党委组织部、有关技术部门参与的领导小组，加强对网络思想政治工作的领导；选聘与配备了网络思想政治教育教育专职人员，加大技术支持和经费投入；开设网上论坛，设立理论学习、时事政策、国情民情学习板块，努力增强青年教师思想政治教育工作的针对性、实效性；设置相应的网络监测部门，及时了解青年教师的思想动态以及关注的热点问题，认真及时、有针对性地做好教育引导工作，纠正重大错误信息和批评错误言论；等等。这一系列举措拓展了高校青年教师思想政治教育的平台和途径，取得了良好的教育效果。

## （三）青年教师思想道德状况积极健康向上

改革开放以来，通过开展系列高校青年教师思想政治工作，取得的主要成绩是："高校青年教师主体积极健康向上，拥护党的领导，对坚持和发展中国特色社会主义充满信心，热爱教书育人事业，关心关爱学生，为高等教育事业发展作出重要贡献。"②

### 1.拥护党的领导，对坚持和发展中国特色社会主义充满信心

调查数据显示，青年教师有一定的马列主义修养，热爱党、热爱祖国、热爱人民、热爱社会主义；政治立场坚定，拥护中国共产党的领导，拥护

---

① 教育部思想政治工作司组编：《加强和改进大学生思想政治教育重要文献选编（1978—2008）》，中国人民大学出版社 2008 年版，第 303 页。
② 李向前、王国洪：《高校青年教师思想政治工作读本》，研究出版社 2013 年版，第 1 页。

党制定的路线、方针、政策，拥护中国特色社会主义理论；具有正确的政治方向、忠诚的政治信念，为培养和造就中国特色社会主义事业建设者和接班人作出了极大的贡献，赢得了党和人民的支持与信赖。高校青年教师是青年中知识水平较高的群体，"对中国特色社会主义事业有一定的热忱和忠诚度，认同中国特色社会主义道路和中国特色社会主义理论体系。广大青年教师具有一定的政治立场观点和政治敏锐力、鉴别力。他们拥护党的领导，热爱祖国；关心国家的改革发展，对党的领导充满信心，对社会发展抱乐观态度，并能够将自身价值和国家需要密切结合起来。同时，广大青年教师还具有一定的道德意识和社会责任意识。注重通过学习和自律不断提高自身职业道德水平，这都是高校青年教师群体所具有的鲜明特征。"[1]"94%以上的青年教师赞同'马列主义、毛泽东思想对于我国现代化建设依然具有根本的指导作用'，95%以上的青年教师赞同'邓小平理论、"三个代表"重要思想、科学发展观'是新时期我国社会主义改革和发展的指导思想；对于我国经济建设和改革开放所取得伟大成就持肯定态度。"[2] 笔者在重庆、陕西、河北、湖北、江苏、广东等地开展的不同类型、不同专业、不同职称的高校青年教师问卷调研，同样支持这一结论。有81.4%的高校青年教师认为"必须坚持马克思主义在我国意识形态领域的指导地位，而不能搞指导思想多元化"；有83.1%的青年教师赞同"我国必须走中国特色社会主义道路，不能搞民主社会主义和资本主义"；有94.2%的青年教师在赞同："我国必须坚持改革开放不动摇，而不能走回头路"；有87.4%的青年教师认同："青年教师是高等教育事业的未来和希望，肩负着培养中国特色社会主义合格建设者和可靠接班人的历史重任"。（见图表1）

---

① 孔凡胜：《高校青年教师群体特征的多维解读》，《中国青年研究》2011年第8期。
② 胡琦：《高校青年教师思想政治状况调查及思考》，《国家教育行政学院学报》2009年第8期。

| | 非常赞同 | 比较赞同 | 说不清楚 | 比较不赞同 | 非常不赞同 |
|---|---|---|---|---|---|
| （1）必须坚持马克思主义在我国意识形态领域的指导地位，而不能搞指导思想多元化 | 48.8% | 32.6% | 14.5% | 2.5% | 1.6% |
| （2）我国必须走中国特色社会主义道路，不能搞民主社会主义和资本主义 | 49% | 34.1% | 13.7% | 2.1% | 1.1% |
| （3）我国必须坚持改革开放不动摇，而不能走回头路 | 64.2% | 30% | 3.5% | 1.4% | 0.8% |
| （4）青年教师是高等教育事业的未来和希望，肩负着培养中国特色社会主义合格建设者和可靠接班人的历史重任 | 63.7% | 23.7% | 7.3% | 3.6% | 1.6% |

图表 1　"对下列观点，您的态度是"的选项结果

### 2.热爱教育事业

调查显示，广大高校青年教师热爱教育事业，教书育人，为人师表，辛勤耕耘，不畏清贫，乐于奉献，有较强的事业心和责任心。"60%以上的教师信奉'奉献是人生最大的乐趣'、'市场经济需要高尚的伦理道德支持'、'事业使生命之树常青'等人生格言。"[①]关于在社会主义市场经济条件下中华民族传统美德是否过时的问题，"多数青年教师认为，在市场经济条件下，艰苦奋斗和创业精神没有过时，教育系统的青年人应敬业爱岗、教书育人、无私奉献。"[②]高校青年教师对通过教师职业实现自我价值持乐观、积极、进取的态度。"45.87%的高校青年教师认为自己所从事的事业是'崇高的职业'，61.18%的高校青年教师认为自己的工作'职业声望较高，职业较为稳定'，更有许多教师能够从大学教师之于国家与民族事业发展的历史使命的角度来认识自己的职业价值，认为'民族兴亡系于教育，教育成败在于教师'。"[③]

---

[①]　范国睿:《新时期高校青年教师思想教育的问题与对策》,《高等师范教育研究》2001年第2期。

[②]　胡琦:《高校青年教师思想政治状况调查及思考》,《国家教育行政学院学报》2009年第8期。

[③]　范国睿:《新时期高校青年教师思想教育的问题与对策》,《高等师范教育研究》2001年第2期。

高校青年教师的教育热情和教育创造力得到了较为充分的发挥。高校青年教师兢兢业业，教书育人，既具有较高的业务水平，也具有较高的思想政治素质，"有86.7%的青年教师认为自己在工作中充分和比较充分地发挥了作用；有88.3%的青年教师认为将自己全部和大部分的精力投入到了本职工作中。"[1]在提高教育有效性，创新教学方法多样性等方面狠下功夫，绝大多数高校青年教师既为人师表，又身正示范，深入学生、了解学生、服务学生，对高校青年学生的健康成长发挥了重要的思想引导作用，在教师岗位上，高校青年教师作出了积极的贡献。

## （四）青年教师业务水平显著提高

业务水平是指从事某种职业所应具备的专业能力。教师队伍建设的一个重要方面就是教师业务水平的提高。高校教师业务水平，指高校教师在教学、科研等工作中所表现出来的职业素养及能力。调查显示，高校青年教师"有着更强烈的提高自我知识水平、技能水平和学历层次的愿望动力，发展自我的意识强烈，善于接受新鲜知识，主动发现新问题，探索建构新理论、新知识体系，敢于发表自己的观点，参与竞争并在其中展示自身的素质和水平"[2]。这与高校青年教师业务水平的提高不无关系。

### 1.教学能力不断提升

教学能力是教师从事教书育人工作所应具备的基本的能力结构，具体包括加工和驾驭教学内容的能力、教学表达能力、组织管理能力等。教师业务水平的一个重要维度，就是其教学能力。在教学能力方面，高校青年教师大多存在学科知识过专，基础知识相对缺乏，科学人文素养不高的弱点，缺乏对学科相关知识、基础知识系统的、多角度、多层次的了解与把握，致使其

---

① 胡琦:《高校青年教师思想政治状况调查及思考》,《国家教育行政学院学报》2009 年第 8 期。

② 孔凡胜:《高校青年教师群体特征的多维解读》,《中国青年研究》2011 年第 8 期。

在课堂讲授上思路狭窄、内容僵化、不能举一反三以拓宽学生视野。除此之外，青年教师大多毕业于非师范院校或非教师教育专业，缺乏亲自登台讲授的教学经验，导致大部分高校青年教师对教育教学的认识仍然停留于感性层面，还不能掌握一些具体的教育技能、教学方法，实施有效的课堂教学，还不具备处理课堂上出现的突发事件和回答学生问题的能力。教育、引导青年教师切实担负起教书育人的重要使命，激励和督促青年教师不断拓宽知识覆盖面、提升科学人文素养、丰富教学科学知识、掌握基本教学技能，是高校青年教师思想政治教育的重要职责。经过多年的探索与实践，广大青年教师的教学能力逐渐提升。针对大学生的调查问卷显示，青年教师在课堂上与学生交流的内容集中在两个方面：一是"与专业相关的知识"（66.6%），二是"学生密切关注的问题和社会热点"（64.4%）。这表明，青年教师在课堂讲课过程中不仅传授专业知识，还在帮助和引导大学生认识和分析社会现象、社会问题。在问及青年教师是否"积极地去影响学生，向学生传递正面价值观"的选项中，选择"很符合"和"比较符合"的占到89.6%，选择"比较不符合"和"很不符合"的占1.3%，选择"一般"的占9.1%。这也反映出，青年教师在教学过程中，注意引导学生树立正确的价值观，帮助学生建构科学正确的世界观、人生观。针对"教学目的"的调查结果显示，青年教师希望学生获得"理论联系实际、分析解决问题的能力"（73.3%）、"对该学科产生浓郁的兴趣，能够自主探究"（71.4%）、"扎实掌握学科知识"（52.8%），这三项选择都超过了一半的比例，"体验知识的快乐和人生的真谛"选项也有49.7%的比例。[1] 这表明与知识相比，教师更注重学生实践能力、自主学习能力的提高，这一观念是与先进的教育理念相契合的。在不少国家级、省市级的讲课技能大赛中，许多获奖者均是青年教师。一些青年教师已陆续走上领导岗位，在重要的教育教学管理岗位上发挥着重要的作用。在高校教师职称结构中，青年教师显现出强劲的发展势头，"2008年，35岁以下的副教授有26644人，占副教授总数的7.8%；40

---

① 廉思：《工蜂——大学青年教师生存实录》，中信出版社2012年版，第262页。

岁以下的教授有 8736 人，占教授总数的 6.7%。"①2012 年，35 岁以下副教授有 37788 人，占副教授总数的 9.2%；40 岁以下的教授有 10998 人，占教授总数的 6.5%。②

### 2. 科研能力突出

在科学研究领域，高校青年教师专业知识、专业基础扎实，善于接受新知识，主动发现新问题，敢于瞄准国际学科前沿，探索未知的学术领域，取得新的科研成果，构建新的理论体系和知识体系，是高等教育通过科学研究服务经济社会发展的有生力量。为奖励、支持在教学和科研领域取得突出成就的高等学校优秀青年教师，培养新一代优秀青年学术带头人，1999 年，教育部设立"高等学校优秀青年教师教学科研奖励计划"，并组织实施"高等学校青年骨干教师国内访问学者计划"，通过各种举措着力提升青年教师科研能力。2012 年，《关于加强高等学校青年教师队伍建设的意见》出台，指出要"造就青年学术英才和学科带头人。实施好'青年千人计划''青年拔尖人才支持计划'，大力引进和培养青年学术英才。在'长江学者奖励计划'中增设专门项目，支持自然科学 35 岁以下、人文社会科学 40 岁以下具有发展潜力的优秀青年教师。"不少高校专门成立"青年教师教育科研骨干培训班"。这些措施为高校青年教师开展科学研究、从事学术创作创设了良好的外部环境，提供了较大的政策支持，有助于高校青年教师科学研究水平的提升。目前，不少青年教师已经成为学科带头人和学术骨干，在国内外学术界具有一定的影响力。不少青年教师已经成为高校科研的负责人和国家重大科技攻关项目的主持人，在实施人才强校、科教兴国战略中，起着骨干和中坚作用。

---

① 教育部人事司：《新中国 60 年高校教师队伍的发展壮大与变革》，《中国高等教育》2009 年第 18 期。

② 教育部：专任教师年龄情况（普通高校）[EB/OL].http://www.moe.edu.cn/publicfiles/business/htmlfiles/moe/s7567/201308/156569.html

# 三、改革开放以来高校青年教师思想政治教育的基本经验

改革开放 40 多年来，高校青年教师思想政治教育经历了曲折的发展历程，取得了重大的成就，也积累了丰富的经验，这些经验对今后做好青年教师思想政治教育具有重要的启示借鉴意义。

## （一）必须坚持党的领导

"坚持高等学校党的领导，加强高校党的建设，是办好有中国特色的社会主义大学的根本保证。社会主义教育同以往封建主义、资本主义教育有着本质的不同，集中表现为坚持党对教育工作的领导，坚持教育为社会主义现代化建设服务，教育与生产劳动相结合，培养德、智、体、美、劳诸方面都得到发展的社会主义建设者和接班人。"[①]

### 1.坚持党对高校青年教师思想政治教育的领导是由我国社会主义制度的性质决定的

坚持党对高校青年教师思想政治教育的领导，就是要加强党对青年教师的政治领导和思想领导，让以马克思主义为指导的意识形态占领青年教师的头脑，牢牢把握党在青年教师意识形态领域的领导权，这是由我国社会主义制度的性质决定的。

我国是社会主义国家，社会主义制度的性质决定了高等教育办学必须坚持社会主义方向，坚持教育为社会主义现代化建设服务，培养德智体全面发展的社会主义建设者和接班人。而要保证办学的社会主义方向，保证教育事业为社会主义现代化服务，关键依托在于教师思想政治工作要时刻坚持党的

---

[①] 田继军:《中国共产党党史纪实——历史的丰碑》第 4 卷，党史研究出版社 2010 年版，第 1897 页。

领导。列宁指出："学校的真正的性质和方向并不由地方组织的良好愿望决定，不由学生'委员会'的决议决定，也不由'教学大纲'等等决定，而是由教学人员决定的。"[①] 这是因为教师在学校处于主导地位，是党的路线、方针、政策的贯彻执行者，是未来人才的塑造者，他们的素质决定了学校办学的性质、人才培养的质量。而教师思想政治教育工作正是着眼于全面提高教师的素质，进而保证社会主义教育目标的实现。因此，高校青年教师思想政治教育必须坚持党的领导，体现和反映党的性质，按照无产阶级的立场、观点、方法和党的路线、方针、政策办事。如果淡化或放弃党的领导地位，就抹杀了青年教师思想政治教育的本质特征，青年教师思想政治教育工作也就从根本上遭到否定，就会带来恶劣的后果。"86 学潮""89 风波"的发生，很多青年教师参与其中，这都是党的领导地位遭到削弱或否定所带来的直接后果。为此，1990 年 4 月，高等学校党的建设工作会议召开，会后下发了《中共中央关于加强高等学校党的建设的通知》，明确规定高等学校实行党委领导下的校长负责制。党委是学校领导的核心，行政领导要以坚持党的领导为前提。高校党委负责用马列主义、毛泽东思想、邓小平理论、"三个代表"重要思想、科学发展观武装高校青年教师，保证党的路线、方针、政策与教育方针在青年教师中得以全面贯彻落实，提高青年教师工作的积极性、主动性和创造性，为培养和造就社会主义现代化建设的合格建设者和可靠接班人做好师资准备。正是得益于一以贯之地坚持了党的领导，高校青年教师思想政治教育工作才取得显著成绩，这是一条重要的经验。

**2. 坚持党对高校青年教师思想政治教育的领导重在发挥党组织的核心作用和党员教师的先锋模范作用**

党对高校青年教师思想政治教育的领导，重在发挥党组织的核心作用和党员教师的先锋模范作用。第一，加强高校基层党组织建设。高校基层党组织不仅是党在高校的全部工作和战斗力的基础，更具有凝聚青年教师的

---

① 《列宁全集》第 45 卷，人民出版社 2017 年版，第 244—245 页。

优势。因此，教师思想政治教育工作历来重视基层党组织建设，把思想建设、组织建设、作风建设和制度建设放在突出位置，做好青年教师党员的工作，充分发挥其政治核心与战斗堡垒作用。以基层党组织的战斗堡垒作用把绝大多数青年教师吸引和凝聚在党的周围。早在 1978 年 10 月，教育部颁发《全国重点高等学校暂行工作条例（试行草案)》规定："高等学校的党的委员会，是中国共产党在高等学校中的基层组织，是学校工作的领导核心，对学校工作实行统一领导。"[1] 该规定为改革开放以来高校基层党组织的恢复和发展指明了方向。"教师党支部要紧紧围绕教学、科研和学科建设等业务工作，开展深入细致的思想政治工作，引导教师忠诚于党的教育事业，在教书育人和各项业务工作中做出成就。"[2] 第二，做好教育管理和服务工作。全面关心青年教师的成长，做到从政治上关心、业务上培养，生活上帮助，最大限度地帮助青年教师改善提高工作和生活条件。做好青年教师党员教育、管理、服务工作，是加强和改进青年教师思想政治教育的宝贵经验。青年教师党员的教育、管理、服务工作做得好，会增强广大青年教师全身心投入到党和国家的教育事业中去的积极性和主动性，进而推动高等教育事业改革发展。第三，提高青年教师党员发展质量。"要认真贯彻'坚持标准，保证质量，改善结构，慎重发展'的方针，按照党章规定的党员标准，把那些一贯表现好，特别是在关键时刻表现突出的优秀教职工和学生吸收入党。"[3] 做好发展党员工作，把青年教师作为培养和发展党员的重点，是青年教师思想政治教育的重要优势。据统计，"党的十一届六中全会特别是党的十二大以来，各级党组织普遍加强了思想政治工作，越来越多的青年在一些重大政治问题上认识逐步提高，要求入党的日益增多。"[4]"要把发展党员工作的着重点放

---

[1]　何东冒:《中华人民共和国重要教育文献（1976—1991）》，海南出版社 1998 年版，第 1646 页。

[2]　牟阳春:《中国教育年鉴 2008》，人民教育出版社 2008 年版，第 963 页。

[3]　教育部思想政治工作司组编:《加强和改进大学生思想政治教育重要文献选编（1978—2008）》，中国人民大学出版社 2008 年版，第 144 页。

[4]　中共中央组织部、中央文献研究室:《知识分子问题文献选编》，人民出版社 1983 年版，第 189—191 页。

在对积极分子的培养教育上。当前尤其要注意在青年教师和学生中发现和培养积极分子。党组织对发展对象的政治觉悟、思想品德和入党动机，必须严格考察。"①在扩大党员数量的同时，始终保持和注意提高党员的质量。着眼于培养和建设一支数量充足、质量较高的入党积极分子队伍。第四，发挥青年教师党员的先锋模范作用。榜样示范是思想政治教育的重要手段。长期以来，高校青年教师思想政治教育一直注重健全党内激励、关怀、帮扶机制，通过以老带新、以新促老，结对子、搞比赛、广交流等形式选树青年教师党员先进典型，充分发挥青年教师党员的先锋模范作用。为此，教育部专门设立"高等学校青年教师奖"，此奖项是国务院批转教育部《面向 21 世纪教育振兴行动计划》中实施"高层次创造性人才工程"的重要项目之一，是与"长江学者奖励计划"特聘教授制度相配合、与"跨世纪优秀人才培养计划"相衔接的人才培养和奖励计划。其目的，一方面在于培养人才，另一方面在于进行榜样示范和典型激励，鼓励青年教师奋发有为、立志成才。

## （二）必须服务青年教师成长

改革开放以来的实践证明，尽管不同阶段的高校青年教师思想政治教育有着不同的具体目标、内容、措施、方法，但其根本目的是一致的，就是服务于青年教师的健康成长。

### 1. 通过实施人才计划鼓励高校优秀青年教师脱颖而出

通过实施人才计划，为青年教师成长成才创设环境，是开展高校青年教师思想政治教育的重要经验。为奖励、支持在教学和科研领域取得突出成就的高等学校优秀青年教师，培养新一代优秀青年学术带头人，1999 年教育部设立"高等学校优秀青年教师教学科研奖励计划"，并组织实施"高等学

---

① 　教育部思想政治工作司组编：《加强和改进大学生思想政治教育重要文献选编（1978—2008）》，中国人民大学出版社 2008 年版，第 144 页。

校青年骨干教师国内访问学者计划"。为推进高等学校大力实施人才强国战略，培养和凝聚一大批具有创新精神和发展潜力的青年学术带头人和学术骨干，带动高等学校教师队伍整体素质的提高，2004年6月，教育部制定并组织实施"新世纪优秀人才支持计划""青年骨干教师培养计划"。"新世纪优秀人才支持计划"针对具有较高学术水平、突出创新能力和发展潜力的优秀青年学术带头人给予资助、创造条件，支持其开展创造性研究工作，承担国家重大科研任务。"青年骨干教师培养计划"鼓励和支持青年骨干教师在职提升层次、及早参与科研工作、进入国内外高水平大学和重点科研基地研修学习、开展经常性的学术交流活动，鼓励符合条件的青年教师承担学生思想政治教育等工作，不断提高他们的学术水平、创新能力和组织协调能力。为推动高等学校实施"青年骨干教师培养计划"，"教育部将实施'高等学校青年骨干教师在职学位提升项目'、'高等学校全国优秀博士学位论文作者资助项目'、'留学回国人员科研启动基金项目'、'高等学校青年骨干教师出国研修项目'、'高等学校青年骨干教师国内访问学者项目'、'高等学校青年骨干教师高级研修班'等，每年重点培养10000名左右青年骨干教师。"[1] 除此之外，《国家中长期教育改革和发展规划纲要（2010—2020年)》强调要"以中青年教师和创新团队为重点，建设高素质的高校教师队伍。大力提高高校教师教学水平，科研创新和社会服务能力。鼓励中青年优秀教师脱颖而出。实施海外高层次人才引进计划、'长江学者奖励计划'和'国家杰出青年科学基金'等人才项目，为高校集聚具有国际影响的学科领军人才"[2]。为此，2012年，《关于加强高等学校青年教师队伍建设的意见》出台，指出："要造就青年学术英才和学科带头人。鼓励各地各校依托重点学科、研究基地、重大科研项目，培养一批创新思维活跃、学术视野宽阔、发展潜力大的青年骨干教师和学科带头人。充分发挥马克思主义理论研究和建设工程培养拔尖人才的平台作用，鼓励青年教师积极参与中国哲学社会科学

---

[1] 　牟阳春：《中国教育年鉴2005》，人民教育出版社2005年版，第965页。

[2] 《国家中长期教育改革和发展规划纲要（2010—2020年)》，人民出版社2010年版，第53页。

学术话语体系建设，对表现优异者予以重点培养和扶持。扩大国家公派留学
'高等学校青年骨干教师出国研修项目'（包括在站博士后研究人员）选派规
模。"①各种人才计划出台后，不少青年教师入选了各种计划，享受计划所带
来的政策支持及资金投入，获得了展示才能、脱颖而出的广阔平台。选据统
计，2009 年以来，各省区市以上引进的海外高层次人才超过 2 万名，其中
青年科技人才占据了相当大的比例。2010 年，中央人才工作协调小组批准
通过了《青年海外高层次人才引进工作细则》，"青年千人计划"正式启动。
2012 年 2 月，中组部遴选 201 名青年拔尖人才支持计划。"据不完全统计，
教育规划纲要实施一年多来，通过继续实施创新团队发展计划、新世纪优秀
人才支持计划、高校青年骨干教师国内访问学者项目、青年骨干教师出国研
修项目等，共资助创新团队 86 个、新世纪优秀人才 998 人，资助高校青年骨
干教师国内访问学者 1100 多人，1667 名留学回国博士获得'留学回国人员
科研启动基金'资助。"②这些计划的启动和实施，给广大青年教师带来了强
大的正向激励作用。

### 2. 通过健全选聘和培养机制激发青年教师发展的内生动力

高校青年教师思想政治教育的一条重要经验，就是通过健全选聘和培养
机制，激发青年教师发展的内生动力。具体而言，如严格师资标准，从个人
品行及业务能力两方面对求职人员进行考核；提高教师任职学历标准，目前
部分重点大学已经将教师的选聘门槛定位于博士学历以上；优化学缘结构，
鼓励青年教师外出访学、交流和出国深造；依托和发挥博士后流动站培养人
才的重要作用，注重把具有博士后研究经历的优秀人才充实进高等学校教师
队伍；以国家公派研究生出国留学项目为依托，探索建立高等学校青年教师
遴选与研究生出国留学项目相结合的新机制，通过跟踪培养，吸引优秀学生

---

① 教育部、中央组织部、中央宣传部、国家发展改革委、财政部、人力资源社会保障部
《关于加强高等学校青年教师队伍建设的意见》，《师资建设（理论与政策版）》2013 年第
1 期。
② 《万紫千红总是春——高校青年教师队伍建设综述》，《人民日报》2012 年 1 月 16 日。

学成后回国任教；优先选聘既有丰富实践经验，又有良好理论水平的优秀人才任教；鼓励聘用优秀专业技术人才和高技能人才担任专兼职教师；完善体现岗位职责、工作能力和工作业绩的教师收入分配激励机制，保障青年教师合法权益；等等。例如，近年来，同济大学、西南交通大学、北京电影学院、北京林业大学均开始注重对青年教师发展潜力和整体表现的综合评价，制定了有利于青年教师脱颖而出的聘任机制；不断完善培养培训体系，选派优秀青年教师进行国内访学和境外研修，提升青年教师的业务水平。[1]"在青年教师队伍建设中，南京大学推出'青年骨干教师培养计划'、'优秀中青年学科带头人计划'等，实行教师高级岗位全球招聘，所有教授、副教授岗位面向海内外青年人才开放，为青年教师职务晋升建立了通畅渠道；武汉大学制定实施人文社会科学 70 后学者学术团队建设计划、青年教师自主岗位创新计划……为青年教师职业发展初期提供必要的资助和支持。2005 年以来，该校 25 名 35 岁以下的青年教师被破格晋升为教授；2007 年至今，每年都有 10 名左右的副教授被遴选担任博士生导师。"[2]

选聘与培养机制的完善，一方面，设定了较高的人才选拔标准和教师准入制度，有利于青年教师以此为目标和导向，激发前进的内生动力，不断提升教育教学能力、科学研究水平，在培养人才、服务社会、推动文化传承与创新过程中实现人生价值，也在更高层次保障了青年教师队伍的整体素质水平；另一方面，各种人才培养机制的健全与实施，为青年教师展示才华、脱颖而出创设了平台、赋予了机遇、提供了保障，极大地激发青年教师不断促进自我发展的内生动力。

### 3.通过提升思想政治素质带动青年教师全面发展

拥有良好的思想政治素质，是促使青年教师提高教师职业道德、教学质量，提升科研能力的关键因素。思想政治素质包括政治方向、精神境界、思

---

[1] 谈毅：《高校青年教师思想政治工作模式的探索与思考》，《思想理论教育》2013 年第 9 期。
[2] 《万紫千红总是春——高校青年教师队伍建设综述》，《人民日报》2012 年 1 月 16 日。

想水平等主要内容。高校青年教师思想政治教育通过提升青年教师的思想政治素质，帮助与服务于青年教师全面发展。

第一，对高校青年教师进行政治导向，保证青年教师正确的发展方向。政治方向是政治立场、政治态度、政治品质、政治理想、政治信念的综合表现。其中，政治理想和政治信念起着支配作用，是个体的思想和行为的精神支柱。高校青年教师思想政治教育通过理论教育与实践锻炼，能够提高青年教师的政治觉悟，增强认识和贯彻党的路线、方针、政策，实现党的政治任务的自觉性和主动性，进而帮助青年教师树立正确的理想信念，指引青年教师健康发展。第二，激发青年教师全面发展的精神动力。高校青年教师思想政治教育的有效开展，能够激发青年教师提升自身专业素养的精神动力，为培养和提高科学的思维方法和能力提供有益指导，涵养青年教师自觉践行职业道德规范、修炼品行的自律意识。第三，帮助青年教师提高思想水平。对青年教师进行马克思主义理论教育，世界观、人生观、价值观教育，帮助青年教师确立与社会主义现代化建设、与中华民族伟大复兴"中国梦"相适应的思想观念，是青年教师思想政治教育的重要职责。通过高校青年教师思想政治教育，能够帮助青年教师提高抵制和批判资产阶级腐朽思想和错误思潮的自觉性和判断力，正确认识和把握改革开放过程中所出现的各种问题和现象，科学承担起继承祖国优秀文化遗产、广泛吸收先进外来文化、传递人类精神文明的重任。正是基于高校青年思想政治教育在提升青年教师思想政治素质方面的重要作用，广大青年教师思想政治状况主流积极健康向上，认同党和国家的领导，认真贯彻党的路线方针政策，爱岗敬业、无私奉献，自觉自愿将个人理想同国家理想有机结合，在推动高等教育事业发展、实现中华民伟大复兴的征程中焕发人生光彩，自由全面发展。

## （三）必须推进高校各项事业发展

改革开放以来的实践表明，加强高校青年教师思想政治教育，必须有利于学校各项工作的开展，推进高校各项事业的发展。

**1. 围绕培养合格建设者和可靠接班人这一目标来推进高校各项事业发展**

"高校教育承担着培养高级专门人才、发展科学技术文化、促进社会主义现代化建设的重大任务。提高质量是高等学校发展的核心任务，是建设高等教育强国的基本要求。"①高校肩负着传播知识、传承人类文明的重要使命，它的特殊性表现在为社会主义现代化建设培养合格建设者和可靠接班人。高校能否培养出中国特色社会主义事业的合格建设者和可靠接班人，关系着高等教育的发展与社会主义现代化建设事业的兴衰成败。百年大计，教育为本；教育大计，教师为本。习近平在参观清华大学校史馆时指出："高校教师尤其是青年教师的思想政治素质和道德情操对大学生具有很强的影响力和感染力，希望大家增强教书育人的责任感，真正做到为人师表，不仅做学生学习传播知识的表率和楷模，还要作理想、信念和思想、道德的表率和楷模，成为学生成长的引路人和指导者。"②青年教师对大学生影响最深远、最直接。因此，要实现人才培养目标，必须抓好青年教师队伍建设，而要抓好青年教师队伍建设，必须加强青年教师思想政治教育。高校青年教师思想政治教育，唯有围绕高校人才培养目标这一根本来推进，不断提高青年教师的思想政治素质，才能获得教育实效，展现存在价值。

**2. 围绕学校的中心工作来推进高校各项事业发展**

高校青年教师思想政治教育的一项重要职责就是推进学校的中心工作。学校中心工作是党和国家教育方针政策的重要体现。青年教师作为高校师资队伍的重要组成部分，是党和国家教育方针政策的贯彻者和执行者，青年教师的思想状况直接关系到高等教育办学的方向和目标能否顺利实现。20 世纪 50 年代中期，与社会主义改造和建设高潮相适应，我国掀起向科学技术进军的高潮。1956 年 1 月，中共中央召开全国知识分子会议，周恩来向全

---

① 《国家中长期教育改革和发展规划纲要（2010—2020 年）》，人民出版社 2010 年版，第 28 页。

② 习近平：《高校党建要坚持和贯彻好正确的指导原则》，新华网，2012 年 6 月 21 日。

国人民发出"向科学进军"的伟大号召。高等学校承载着知识传承与科技创新的重要职责,"向科学进军"成为这一时期高等学校的中心任务。为落实党和国家的号召,高校党组织依托教师思想政治教育工作引导广大教师,尤其是青年教师树立远大理想、激发向科学进军的热情,积极接受组织分配的研究任务,为国家培养了一大批合格建设人才,有力地促进了文化教育科技的发展。新的历史时期,实施科教兴国、人才强国战略,全面提高高等教育质量、提高人才培养质量、提升人才培养水平、增强服务社会能力是党和国家教育方针在高等教育领域的具体化,是高等学校的中心工作。为此,2012年 6 月 20 日,习近平在清华大学主持召开高校党建工作座谈会,强调"各级党委要牢牢把握社会主义大学的办学方向,切实加强和改进高校思想政治工作,强化大学生思想政治教育,强化教师队伍特别是青年教师队伍的思想政治建设"①。通过对高校青年教师进行思想政治教育,能充分调动青年教师工作的积极性、主动性和创造性,提高青年教师的思想政治素质,坚定青年教师为社会主义教育事业服务的信念,把高校青年教师的思想和意志统一到党和国家的方针政策上来,统一到高等学校的中心工作上来。如果脱离高校事业发展方向,单纯地进行青年教师思想政治教育,不可能取得实际的效果,还可能会造成党建与学校中心工作的背离。因此,高校青年教师思想政治教育要紧紧围绕学校中心工作来推进,坚持青年教师思想政治教育与学校教学科研、学科建设、人才培养等中心工作的有机结合,坚持青年教师的成长与学校的发展、学生的成才相结合,促进学校的和谐健康发展。

## (四)必须贴近时代前进步伐

高校青年教师思想政治教育能否取得加强和改进的实际效果,一个关键因素就是看是否贴近时代发展变化。只有贴近时代发展变化,才能全面准确把握时代发展脉搏,了解青年教师的实际情况,有针对性地开展工作。改革

---

① 习近平:《高校党建要坚持和贯彻好正确的指导原则》,新华网,2012 年 6 月 21 日。

开放以来，高校青年教师思想政治教育取得的又一经验就在于贴近时代前进步伐，从而增强了高校青年教师思想政治教育的吸引力和感染力。

### 1. 贴近国内、国际形势发展新变化加强思想政治教育

时刻贴近国内、国际形势开展思想政治教育，是高校青年教师思想政治教育的宝贵经验。改革开放初期，西方利己主义、个人主义、拜金主义、自由主义等一些腐朽没落的文化思潮、价值观念不断涌向国内，对我国主流意识形态造成极大的冲击。不少青年教师受错误思潮的影响，价值观产生偏离。为此，1987 年 5 月出台的《中共中央关于改进和加强高等学校思想政治工作的决定》指出："不少教师对建设和改革的实际了解不够，少数教师受到错误思潮的影响。学校要向教师介绍国家的形势，组织学习党的方针政策，积极提供参加社会实践、了解社会、接触群众的机会，使他们支持改革，正确认识和对待改革中出现的矛盾和问题。要帮助教师树立正确的教育思想和治学态度，使他们能够正确处理政治与业务、教书与育人、理论与实践、教学与科研、个人与集体等关系。"[①]这一时期，高校青年教师思想政治教育主要倡导对高校青年教师进行爱国主义、集体主义和社会主义思想的教育，牢固树立马克思主义的指导地位；倡导改革开放和现代化建设的思想和精神，倡导用诚实劳动争取美好生活的思想和精神；引导广大青年教师树立正确的理想和信念。同时，对青年教师进行形势政策教育、民主法治教育、维护社会稳定的教育。随后不久，东欧剧变、苏联解体、社会主义市场经济体制的建立，给一些高校青年教师思想上带来了极大的困惑，甚至少部分高校青年教师对马克思主义信仰、社会主义信念产生了动摇，对市场经济产生了极大的抵触情绪。这一时期，高校青年教师思想政治教育通过马克思主义理论宣传教育、共产主义教育、社会实践活动，不断增强马克思主义的说服力和影响力，引领广大青年教师在社会主义现代化实践中深刻认识社会主义

---

① 中共中央文献研究室：《十二大以来重要文献选编》（下），人民出版社 2011 年版，第 335 页。

市场经济确立的必要性和重要性。

坚定青年教师走社会主义道路的信念。比如，时任清华大学党委书记胡和平介绍说："清华大学积极推进社会主义核心价值体系建设，引导青年教师坚定中国特色社会主义共同理想。"时任北京大学党委书记朱善璐表示："学校把社会主义核心价值体系建设融入教学、科研、管理、服务工作之中，不断增强社会主义核心价值体系的说服力和感召力。"①

总体而言，正是得益于时刻结合国内外形势开展思想政治教育，广大青年教师才能正确运用马克思主义的立场、观点和方法分析和看待问题，深刻理解社会主义最终取代资本主义的历史必然性，坚定走中国特色社会主义道路的信念、信心。

### 2.贴近高等教育改革发展新情况加强思想政治教育

高等教育改革与发展是适应经济社会发展形势，深化教育改革、提升人才培养质量的必然举措。在改革与发展过程中会产生许多新情况、新问题。始终贴近高等教育改革发展的新情况，加强高校青年教师思想政治教育是一项宝贵经验。

新中国成立初期，我国227所高校中，有很大一部分为私立大学和外国教会大学，坚持民族的、科学的、大众的发展方向，改造旧大学的任务艰巨复杂，必须加强包括青年教师在内的思想政治教育，以清除广大教师头脑中的封建主义、资产阶级的落后观念，树立科学的、服务于人民群众的社会主义思想信念。为此，这一时期的青年教师思想政治教育紧密围绕旧大学改造任务，开展了广泛的思想改造运动。1951年秋，北京大学教师率先开展了政治学习运动，并邀请毛泽东、周恩来等领导人担任思想政治教育教师，推动了全国高校教师思想改造运动的高涨。改革开放初期，邓小平着眼于社会主义现代化建设对人才的需求，号召培育有理想、有道德、有文化、有纪律的"四有"新人。高等学校肩负着培养"四有"社会主义现代化建设者的重

---

① 《万紫千红总是春——高校青年教师队伍建设综述》，《人民日报》2012年1月16日。

要使命，必须适应社会主义现代化建设新形势，不断改革教育方式与手段，提高工作效率与质量，加快学生成长成才的步伐，以满足社会主义现代化对人才的迫切需求。为此，这一时期，高校青年教师思想政治教育以"四有"教师为目标，结合改革开放实际、社会主义现代化建设实际、教育改革发展实际，在青年教师中开展了一系列形势政策教育活动，提高青年教师对改革开放、社会主义现代化建设的认识，引导青年教师深刻认识到服务社会主义现代化建设、教育改革与发展最终都要落实到人的培养上来。近年来，随着社会主义市场经济建设的不断推进，高等教育改革的深入发展，对高校青年教师的思想政治素质和教师业务水平提出了更高的要求。《国家中长期教育改革和发展规划纲要（2010—2020年）》强调要"严格教师资质，提升教师素质，努力造就一支师德高尚、业务精湛、结构合理、充满活力的高素质专业化教师队伍"。①2018年1月31日，为深入贯彻落实党的十九大精神，造就党和人民满意的高素质专业化创新型教师队伍，落实立德树人根本任务，培养德智体美全面发展的社会主义建设者和接班人，全面提升国民素质和人力资源质量，加快教育现代化，建设教育强国，办好人民满意的教育，为夺取新时代中国特色社会主义伟大胜利、实现中华民族伟大复兴的中国梦奠定坚实基础，中共中央国务院专门印发《关于全面深化新时代教师队伍建设改革的意见》，对高校教师队伍的现状、建设目标、建设举措等做出详尽规划，为新时代高校青年教师思想政治教育指明了方向。高校青年教师思想政治教育紧密结合高等教育事业发展的时代新要求，在教育内容、教育方式、队伍建设、组织保障等层面进行了一系列创新，切实增强了教育实效，保证了人才培养质量。

### 3. 贴近青年教师工作、生活新问题，激发青年教师精神动力

贴近青年教师工作、生活实际，通过物质激励、精神激励，激发青年教师精神动力，是高校青年教师思想政治教育的重要举措。战争年代，根据地

---

① 《国家中长期教育改革和发展规划纲要（2010—2020年）》，人民出版社2010年版，第51页。

的生活条件十分艰苦，但仍有大批知识分子投身革命事业，他们之所以坚持下来并为革命事业包括教育事业的发展作出贡献，就在于我们党能够通过各种方式，激励他们的革命热情。20世纪50年代前期，党和国家注意从政治思想和经济生活上关心、激励青年教师，努力为青年教师的生存、发展创造良好工作、生活条件和思想舆论环境，极大地激发了青年教师的工作热情，促进了青年教师政治、业务的进步与教育事业的蓬勃发展。新时期，伴随高等教育办学规模、招生规模的不断扩大，师资短缺基本上成为每个高等学府所面临的共同问题，青年教师责无旁贷地成为承担教学、科研任务的主力军。但由于工作时间短、研究经验不足、资历尚浅、职称较低以及繁重的教学任务对从事科学研究时间的挤压，青年教师在生存、发展方面面临着较大的发展压力。这些问题长期得不到解决，会使青年教师产生职业倦怠、懈怠感，进而影响教学、科研、管理工作的有序、高效开展，势必影响青年教师思想政治教育的效果。为此，在物质层面，通过制定各种激励政策和奖励机制，鼓励青年教师成长发展；在精神层面，通过开展目标激励、情感激励、角色激励、典型激励等方式，激发青年教师奋勇向前的精神动力，帮助青年教师成长成才。比如，天津大学、北京林业大学、北京师范大学、西南大学纷纷尝试建立了更为科学、合理、有利于支持青年教师健康发展的收入分配机制，竭力帮助青年教师解决住房和子女入托入学等问题，极大地激发了青年教师服务学校、自我发展的信心和动力；天津大学、北京电影学院等还积极完善青年教师诉求表达、矛盾化解、利益协调机制，帮助青年教师协调社会关系，关心关注青年教师身心健康。①"华中师范大学为教师解决住房、子女入学等实际问题；上海交通大学建立规范化与人性化的人才入校手续，回国人员落户口、孩子上学等事情有专人负责。"②总之，时刻贴近青年教师工作、生活实际开展思想政治教育，是被实践证明行之有效的教育举措。

---

① 谈毅：《高校青年教师思想政治工作模式的探索与思考》，《思想理论教育》2013年第9期。
② 《万紫千红总是春——高校青年教师队伍建设综述》，《人民日报》2012年1月16日。

# 第三章　当前高校青年教师思想政治教育的主要问题与原因分析

高校青年教师思想政治教育既是一个精深的理论命题，又是一个鲜活的实践课题。为了准确了解当前高校青年教师的思想政治素质状况及高校青年教师思想政治教育工作的情况，笔者通过问卷调查、座谈、访谈的形式，对重庆、陕西、河北、湖北、江苏、广东等地不同类型院校、不同学科、不同职称的高校青年教师进行分类随机抽样调查。共发放问卷 2400 份，回收 2356 份，其中有效问卷 2325 份，有效回收率达 97%。同时，与部分高校教师思想政治教育工作部门相关负责人和院系党委（党总支）书记、部分中老年教师以及大学生进行深入访谈交流。通过调研发现，当前高校青年教师思想政治教育仍存在一些薄弱环节，少数青年教师思想行为也隐现部分问题，这其中既与青年教师思想政治教育本身未受到应有重视、发展变化未契合高等教育改革要求等内部因素有关，也受制于社会多元思潮带来的负面影响和部分青年教师自身的消极阻抗。研究当前高校青年教师思想政治教育存在的主要问题并分析其原因，对于加强高校青年教师思想政治教育意义重大。

## 一、当前高校青年教师思想政治教育存在薄弱环节

近年来，高校各级党组织十分重视青年教师思想政治教育，采取了一系列措施，取得了显著成效。但总体来看，青年教师思想政治教育工作仍然存在诸多薄弱环节。"一些地方和高校对新时期师德建设重视不

够，工作方法陈旧、实效性不强。"① 分析高校青年教师思想政治教育存在的不足之处，是有针对性地改进教育内容和方式，提高青年教师思想道德素质，提升青年教师业务水平的客观要求。

## （一）思想政治教育观念更新不够

教育观念是人们对教育活动现象的一种理解和认识，这种理解和认识常常以某种方式加以组织表达出来，其主旨是对教育实践产生影响。改革开放以来，高校青年教师思想政治教育在继承中发展，在改革中创新，教育思想、教育观念不断更新，这是显著成绩和重要经验。但通过调研发现，当前仍有不少高校的青年教师思想政治教育在观念上更新不够，主要体现在以下几个方面。

### 1.轻教师思想政治教育

长期以来，部分学校领导对教师思想政治教育存有片面认识，认为高校思想政治教育主要针对学生，而非教师。既然教师的职责是教书育人，那么自然会做到品德高尚、为人师表、行为世范，以基本的教师职业道德自我约束。因此，较少去关注、关心教师思想政治教育工作，更谈不上深入细致地参与教师思想政治教育实践。调研发现，部分高校青年教师入职后没有接受系统的职业道德教育，几乎是自然成长；一些单位教师参加政治理论学习的制度和安排形同虚设，"说起来重要，做起来次要，忙起来不要，"教师思想政治教育工作浮于表面或流于形式；一些高校青年教师思想政治教育开展过程中，方法简单粗暴，内容单一抽象，忽视青年教师的主体性，漠视青年教师的真正诉求，缺乏对青年教师队伍中的思想问题、认识问题和心理问题的深入研究；一些党组织放松对青年教师党员的监督和再教育，党员的先锋模

---

① 《教育部关于建立健全高校师德建设长效机制的意见》，《中华人民共和国国务院公报》2015 年第 5 期。

范作用没有得到真正发挥。

　　调查显示，在问及"您认为本校对青年教师教育引导工作的重视程度如何？"时，选择"一般"的占 39%，选择"不重视"的占 22.4%，选择"非常不重视"的占 9.3%（见图表 2）。在"您认为师德建设工作最重要的方面是什么"的选项中，选择"学校高度重视"的占 21.5%，选择"制定师德规范"的占 12.8%，选择"强化考评监督"的占 9.3%，选择"表彰师德先进"的占 5.6%，选择"营造良好氛围"的占 23.6%。可以看出，21.5% 的高校青年教师认为学校高度重视是师德建设工作最重要的方面，其中选择"制定师德规范""强化考评监督""表彰师德先进""营造良好氛围"四项的共占 51.3%，而这些工作都需要学校高度重视，才能落实好。（见图表 3）

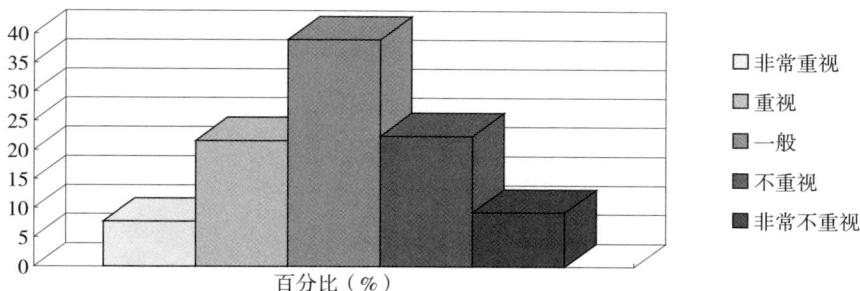

图表 2　"您认为本校对青年教师教育引导工作重视程度如何？"选项结果

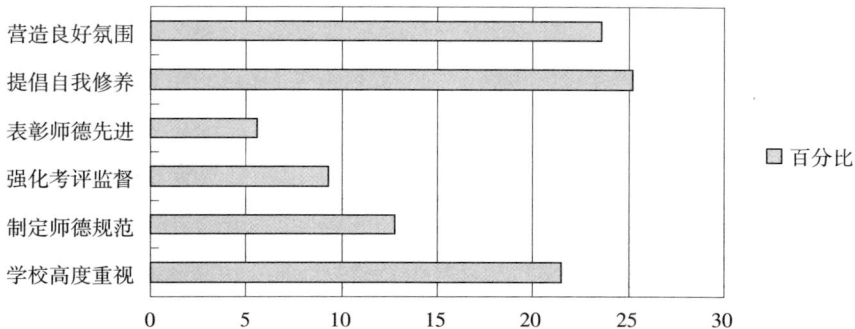

图表 3　"您认为师德建设工作最重要的方面是什么？"的选项结果

　　由此可见，虽然大多数高校领导干部或教师思想政治教育工作者能够认识到青年教师思想政治教育的重要性，自觉将青年教师思想政治教育工作放置于正确地位，但仍有部分高校的青年教师思想政治教育工作在观念、领导上存在偏差，这一现象在部分理工类院校较为明显。通过访谈也发现，部分教师思想政治教育工作职能部门负责人坦言，由于在教学任务、科学研究、学科建设等方面的任务过于繁重，加之办学经费、师资队伍的限制，无法抽出更多的精力关注青年教师思想政治教育。

**2.轻青年教师思想政治素质**

　　调查发现，高校不同程度地出现了"重业务、轻政治"的倾向。比如，在职称评聘、绩效津贴及干部选拔等问题上，对教学、科研及业务方面要求严格且具体；对思想政治素质要求松散且空泛，缺乏有效的评估和考核机制；对教师的科研和教学奖励力度大，对教师思想政治素质、职业道德水平鲜有奖惩机制；谈到青年教师培养，多半指业务培训、访学交流、出国深造、实践锻炼等，方法多样，内容丰富；在如何提高青年教师的思想政治素质和道德修养方面既缺乏系统性也没有连贯性。这种倾向反映到高校青年教师思想政治教育工作中，体现为重教师业务素质轻思想政治素质。在"您认为在本校职称评审中最重要的指标是哪一项？"的选项中，选择"职业道德"的占3.5%，选择"学识水平"的占15.7%，选择"科研成果"的占64.1%，选择"教学效果"的占8.6%，选择"学习经历"的占8.0%（见图表4）。可见，在高校职称评审中主要偏重于对教师科研成果和学识水平等业务素质的考评，而对于在思想政治素质方面表现突出的青年教师，没有给予充分的激励。这种错误导向，造成政治是软指标，业务是硬任务，"讲理想信念不如讲利益实惠，要求入党不如奋斗职称"的误解，必然导致青年教师思想政治教育的弱化甚至流于形式，严重影响思想政治教育实效。

| 选项 | 份数 | 百分比（%） |
|------|------|------------|
| 职业道德 | 80 | 3.5 |
| 学识水平 | 359 | 15.7 |
| 科研成果 | 1466 | 64.1 |
| 教学效果 | 197 | 8.6 |
| 学习经历 | 184 | 8.0 |

图表 4 "您认为在本校职称评审中最重要的指标是哪一项？"的选项结果

### 3.轻青年教师思想建设

调查发现，部分高校青年教师思想政治教育中存在重教学管理、轻思想建设的情况。具体表现在：对教师的课堂教学、进修培养、科学研究等都有明确规定，而对思想上的要求弱化。如要求教师必须遵守高等学校教师职业道德规范，履行教书育人职责，但高等学校教师职业道德规范究竟涵盖哪些内容，教书育人到底蕴含何种要求，违反教师职业道德规范会受到何种处罚，却很少有解释或宣传。这种重教学管理轻思想建设的工作取向，容易给刚步入高校的青年教师以不良导向，造成部分青年教师片面追求科研、教学，忽视自身道德修养，严重影响到高校青年教师的全面发展和人才培养质量。在访谈中发现，由于受到功利主义思想和高校评价机制不健全等多种因素的影响，少部分青年教师认为思想政治素质是"无关痛痒"的事情，只要不在课堂宣传反动言论、不从事违法行为便无大碍。在问卷调查中，当问及"您认为师德建设工作最重要的方面是什么？"有 21.5% 的青年教师认为应该得到学校高度重视，有 12.8% 的青年教师认为应该制定师德规范，23.6%的青年教师认为应该营造良好氛围（见图表 3）。孰不知，国家层面的《高等学校教师职业道德规范》早于 2011 年 12 月 30 日便已颁布。这从侧面也映射出部分高校对青年教师师德建设的忽视。

## （二）思想政治教育针对性不强

调查显示，部分高校青年教师思想政治教育仍然存在针对性不强的问题，青年教师思想政治教育缺乏实效。在"您对本校针对青年教师的师德建设活动的总体印象如何？"的选项中，选择"非常好"的占 32.9%；选择"比较好"的占 38.3%；选择"一般"的占 13.3%；选择"比较弱"的占 13.0%；选择"非常弱"的占 2.6%（见图表 5）。可以看出，有 28.9% 的高校青年教师对本校专门针对青年教师的师德建设活动状况不满意。这说明高校青年教师思想政治教育的针对性有待提高，如果缺乏针对性，思想政治教育难以取得理想的效果。

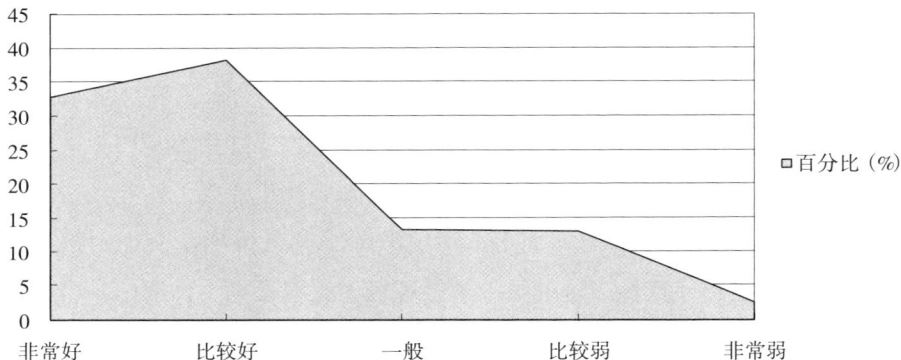

图表 5 "您对本校针对青年教师的师德建设活动的总体印象如何？"的选项结果

### 1. 青年教师思想政治教育目标针对性不强

实践表明，在青年教师思想政治教育总体目标的引领下，应针对不同层次和不同阶段的青年教师，明确不同的教育目标，做到"在鼓励帮助每个人勤奋努力的同时，仍然不能不承认各个人在成长过程中所表现出来的才能和品德的差异，并且按照这种差异区别对待"①。调研发现，部分高校未区分青年教师群体中的具体差异，笼而统之地进行思想政治教育，致使思想政治教育目标缺乏针对性。一是目标缺乏差异性，没有关照不同职位、不同思想水平的青年教师的思想差异。当前，高校青年教师根据不同的标准，可以划分为不同层次类别。按照学科属性，可划分为社会科学类、自

① 《邓小平文选》第二卷，人民出版社 1994 年版，第 106 页。

然科学类、艺术类教师，社会科学类教师还可以细分为思想政治理论课教师、辅导员、班主任和其他社会科学类教师；按照职业标准，可以划分为专职教师、科研人员、管理职员等；按照思想觉悟水平，可以划分为先进、一般、后进等层次。一些高校在对青年教师进行思想政治教育时，往往"一刀切"，无视其中的层次性和差异性，"处处"突出目标要求的统一性，强调整齐划一，将青年教师培养成高度契合的"复制品"。二是目标缺乏阶段性。高校青年教师的某些思想行为会有一个随着入职时间的推移而逐步发展的过程，在不同职业阶段应有不同的教育目标和要求。当前一些高校制定的青年教师思想政治教育目标"时时"管用，一劳永逸，无视教育对象的发展阶段性，对同一个人的不同时期所进行的思想政治教育完全一样，甚至用非青年教师的思想政治教育目标来要求青年教师。这些都使得高校青年教师思想政治教育目标缺乏针对性，导致思想政治教育实效性不佳。调查显示，在"您认为本校教师思想政治教育工作中对于教师群体哪些不同情况采取了针对性教育举措"的选项中，选择"不同职业发展阶段"的占8.9%，选择"不同学科专业特点"的占6.7%，选择"不同性别及婚姻状况"的占3.2%，选择"不同政治面貌"的占50.1%，选择"是否担任学术或行政职务"的占3.5%，选择"没有区别"的占27.6%（见图表6）。可以看出，仅有22.3%的青年教师认为所在高校有对于"不同职业发展阶段""不同学科专业特点""不同性别及婚姻状况""是否担任

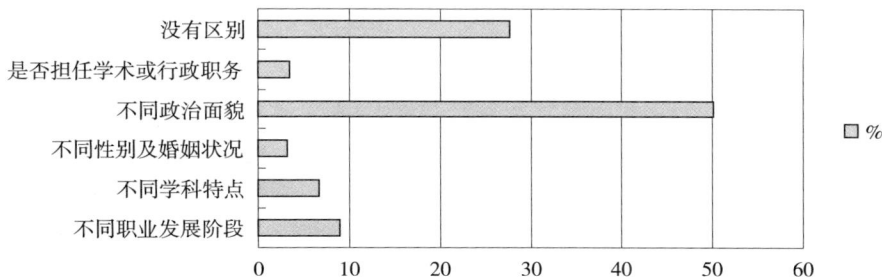

图表6　"您认为本校教师思想政治教育工作中对于教师群体哪些不同情况采取了针对性教育举措"的选项结果

学术或行政职务"的针对性教育举措，有 27.6% 的青年教师没有感受到教育举措的差异性。而对"不同政治面貌"选项的选择，也与大多数青年教师是中共党员，参加过近年来党员"群众路线教育实践活动""党员先进性教育"等主题教育活动密切相关。

### 2. 青年教师思想政治教育内容针对性不强

调查发现，一些高校青年教师思想政治教育不同程度地存在着教育内容针对性不强的现象。一是教育内容脱离现实生活。现实中，高校青年教师思想政治教育工作存在"用口号式的宣传，代替对马列主义理论特别是邓小平理论、'三个代表'重要思想、科学发展观的系统把握；用简单的对号入座，代替对实际问题的理论思考；满足于就事论事，代替对'四信'问题的深入了解"①的现象。如此，会导致青年教师思想政治教育仅满足于经典著作上的"条条框框"和经典作家的只言片语，不能用发展着的马克思主义尤其是中国化的马克思主义来开展思想政治教育，脱离社会实际，使得思想政治教育不能掌握青年教师，达到预期效果。二是教育内容脱离思想实际。当前高校青年教师思想政治教育不同程度地存在忽视青年教师思想实际的"假""大""空"现象。根据访谈了解到：有的教师思想政治工作者不考虑青年教师思想、生活实际，不设身处地为青年教师的生存与发展着想，教育方式或简单、粗暴，或流于形式、走过场。有的教师思想政治工作者，高喊政治口号，卖弄政治学识，大谈一些高深难懂的抽象理论，回避活生生的现实问题，不注重青年教师的思想实际和精神需求。这些都使青年教师思想政治教育成为"墙上芦苇，头重脚轻根底浅；山间竹笋，嘴尖皮厚腹中空"之流，导致高校青年教师思想政治教育缺乏实效性。

---

① 张艳：《高校教师思想政治教育研究》，西南大学学位论文，2013 年。

## （三）思想政治教育方法不当

思想政治教育方法是思想政治教育者对教育对象实施教育影响的基本手段，对于实现思想政治教育目的、完成思想政治教育任务具有重要意义。高校青年教师具有角色的双重性，既是教师，又是青年。这就要求高校在开展青年教师思想政治教育时，既要以一个合格教师的标准严格要求他们，又要充分考虑到其作为青年的特点而讲究方法。调查显示，青年教师思想政治教育存在方法不当问题。在"您认为本校开展的职业道德教育的方法效果如何？"的选项中，选择"非常有效果"的占30.7%；选择"比较有效果"的占31.6%；选择"一般"的占24.2%；选择"效果不明显"的占11.9%；选择"效果根本没有"的占1.6%。可以看出，有37.7%的高校青年教师认为本校开展的职业道德教育的方式方法不当。当前高校青年教师思想政治教育方法不当具体体现在以下几个方面。

### 1.轻实践锻炼

参加社会实践是青年教师思想政治教育的重要途径和宝贵经验。然而调查发现，当前不少高校青年教师思想政治教育，在教育方法上完全局限于理论教育，缺乏必要的实践锻炼。青年教师刚刚踏入工作岗位，价值观念尚未定型，政治意识淡薄，以马克思主义理论武装头脑，离不开理论灌输。通过理论灌输把马克思主义及其中国化成果、党的路线方针政策迅速传递给青年教师，但要消化、吸收并内化为青年教师实践的动力，仅仅依靠理论教育远远不够，必须依靠实践锻炼作为媒介进行转化。从当前情况来看，理论教育是一种最主要的形式。很多高校的青年教师思想政治教育停留于简单的理论宣讲、灌输，无视青年教师对理论的理解、认同、接受情况，如此必将弱化青年教师思想政治教育实效。"青年教师是高等学校未来的希望所在，但其中不少人缺乏实践锻炼，对他们应严格要求、热情帮助，使他们不断提高政治、业务水平，做好本职工作。凡是缺乏实践锻炼的青年教师，都要安排一定的时间参加社会实践。"① 调查显示,在问及"您认为本校针对青年教师有无开展专门的社会实践锻炼活动安排"的选项中,有 10.6% 的青年教师选择"长期开展""阶段性开展"或"偶尔开展",有 57.4% 的青年选择回答"从未开展过",32.0% 的青年教师选择"很少开展"(见图表 7)。高校青年教师思想政治教育,在方法应用上必须实现理论灌输与实践锻炼的有机结合,在理论的指导下开展实践,在实践的检验中将外在理论转化为内心认同,达到知行统一。

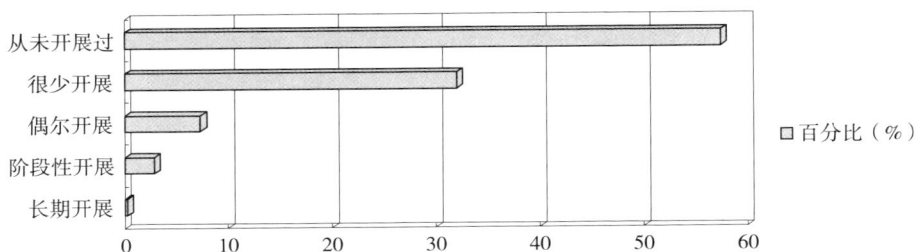

图表 7　"您认为本校针对青年教师有无开展专门的社会实践锻炼活动安排"的选项结果

### 2. 少情感沟通

思想政治教育不是简单、枯燥的说教,必须伴随情感沟通、心灵交流,如此才能增强教育的感染力和说服力。从调查来看,当前部分高校青年教师思想政治教育仍然停留在集中的政治理论学习,读文件、讲政策、讲要求,与青年教师之间缺乏必要的思想交流,更谈不上情感沟通。简单说教只会使情感交流遭到旁落,也就丧失了内化思想道德知识、外化道德实践的内在动力。如此,将严重脱离青年教师思想和生活实际。当前,高校青年教师成为"一个高压力群体,科研、教学、收入成为他们背负的'三座大山'(分别有72.1%、71.2%、70.1% 的青年教师认为科研、教学、收入是自己的压力源)。高压力、高负荷的工作,不仅影响着该群体的健康状况和家庭幸福,同时也

---

① 中共中央文献研究室:《十二大以来重要文献选编》(下),中央文献出版社 2011 年版,第 335 页。

消磨着他们的教学热情。青年教师迫于工作和生活的压力，很难体会到教师这一职业的神圣感，更多的是扮演着'知识民工'的角色"。[1] 然而，访谈发现，部分高校青年教师思想政治工作少有观照到青年教师面临的生活困难和发展压力，仍然停留在"一言堂""一刀切"模式，没有进入到青年教师的内心深处，自然很难建立起与青年教师的情感沟通与心灵交流，致使思想政治教育空洞乏力。

### 3. 弱新兴载体运用

青年教师思想政治教育方法不当还表现在新兴载体运用不够上。高校青年教师思想政治教育新兴载体归纳起来，主要有管理载体、活动载体、文化载体和大众传播载体，而当前高校青年教师思想政治教育普遍缺乏对这些新兴载体的运用。以大众传播载体中的网络载体为例，大数据时代下，互联网覆盖面越来越广，受众越来越多，网络已经成为一个重要的思想阵地。如果先进文化不去占领，那么落后的文化就会在网络上大行其道。因而，应该大力"创新青年教师网络思想政治工作。加强网络道德建设，引导青年教师正确使用网络工具，强化网上言行的法律意识和责任意识。通过网络掌握高校思想理论动向和网络舆情，及时发现倾向性、苗头性问题，有效应对涉及青年教师的舆论事件。充分运用电视、校园网、手机报、微博等渠道，主动占领网络思想政治工作阵地，积极搭建网络教育服务平台，提升运用网络开展青年教师思想政治工作的能力"[2]。寓青年教师思想政治教育内容于网络活动中，会收到事半功倍的效果。然而，当前部分高校网络覆盖了青年教师的教学、科研管理等方面，却缺乏对青年教师进行思想政治教育的功能，在一定程度上出现了思想政治教育的网络"真空"，减弱了高校青年教师思想政治教育的主动性和渗透力。在问及"您所在学校青年教师思想政治教育载体有哪些？（可多选）"时，选择"集中政治学习"的占52.3%，选择"报告讲

---

① 廉思：《工蜂——大学青年教师生存实录》，中信出版社2012年版，第246页。

② 李向前、王国洪：《高校青年教师思想政治工作读本》，研究出版社2013年版，第5页。

座"的占 22.7%，选择"电视媒体"的占 32.8%，选择"校园网、BBS"的占 21.1%，选择"微博、微信"的占 8.1%（见图表 8）。不难发现，部分高校青年教师思想政治教育载体运用上仍然习惯于传统方式，对新兴载体研究不够，运用不足，如此将逐渐丧失思想政治教育的阵地，削弱青年教师思想政治教育实效。

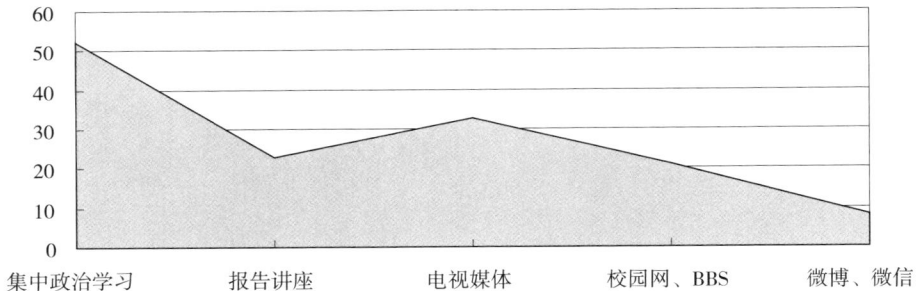

图表 8　"您所在学校青年教师思想政治教育载体有哪些？（可多选）"的选项结果（百分比%）

## （四）思想政治教育合力不足

调查显示，当前部分高校青年教师思想政治教育工作未能充分调动和发挥除党组织以外的其他可以动员的力量来形成合力，影响了思想政治教育的覆盖面和渗透力。在"您认为本校党政工团等部门对青年教师师德建设活动的组织、支持力度如何"的选项中，选择"非常强"的占 25.2%，选择"比较强"的占 41.4%，选择"一般"的占 19.8%，选择"比较弱"的占 12.0%，选择"非常弱"的占 1.6%（见图表 9）。可以看出，有 33.4%的高校青年教师认为本校党政工团等部门对青年教师师德建设活动的组织、支持力度不够。从调查访谈中也发现，当前高校各部门之间配合程度不够，一些高校甚至有各部门之间相互推诿、相互扯皮的现象，未能形成高校青年教师思想政治教育的合力。

### 1. 横向合力不足

高校青年教师思想政治教育需要家庭、学校、社会的多方配合、良性互动，形成全程育人、全员育人和全方位育人的工作合力。"各地党委组织、宣传和教育工作部门要加强对青年教师思想政治工作的统筹协调和检查督促。建立健全高校党委统一领导，党政齐抓共管的工作格局，构建党委宣传部门牵头，组织、人事、教务、工会等部门协同配合，院（系）级单位党组织具体实施，广大干部师生共同参与的领导体制和工作机制，努力形成青年教师思想政治工作合力。"①然而，在与高校教师思想政治工作者访谈交流中发现，当前有的学校存在党政部门、党政干部在工作上职责不清、边界不明、缺乏有效配合的问题。表面看起来，宣传、组织、人事、教务、工会、妇联、统战等部门都在做这方面的工作，但实际上，各部门在思想政治教育方面的具体职责没有明确的划分、合理的界定和有机的整合，致使各部门在开展思想政治教育工作过程中互相推诿、流于形式；没有建立相应的青年教师思想政治教育实效考核机制，对于青年教师思想政治教育工作，各部门干多干少、干好干坏一个样，严重削弱了青年教师思想政治教育实效。

| 选项 | 份数 | 百分比（%） |
| --- | --- | --- |
| 非常强 | 585 | 25.2 |
| 比较强 | 962 | 41.4 |
| 一般 | 460 | 19.8 |
| 比较弱 | 279 | 12.0 |
| 非常弱 | 37 | 1.6 |

图表 9 "您认为本校党政工团等部门对青年教师师德建设活动的组织、
支持力度如何?"的选项结果

### 2. 纵向合力不足

高校青年教师思想政治教育的有效性在于实施的连贯性，需要从头到尾地落到实处。就加强高校青年教师师德建设来说，"各级教育行政部门要把

---

① 李向前、王国洪:《高校青年教师思想政治工作读本》，研究出版社 2013 年版，第 6 页。

师德建设作为一项事关教育工作全局的大事，纳入教育事业总体规划，加强领导，统筹部署，切实做到制度落实、组织落实、任务落实。要将师德建设作为考核教育行政部门和学校工作的一项重要内容。形成主要领导亲自抓、相关部门各负其责、有关方面大力支持的领导体制和统一领导、分工负责、协调一致的工作格局。"① 然而，访谈调研发现，有的高校存在学校有安排、基层无落实的情况。缺乏规范化、制度化的领导机制和运行机制，各部门、各单位相互推诿，上下级之间各行其事、缺乏必要的沟通、监督和考核考评，等等，严重影响了青年教师思想政治教育的有效开展。

## 二、当前高校少数青年教师思想行为存在偏差偏误

调研发现，当前高校广大青年教师思想政治状况主流积极、健康、向上，大多数拥护党的领导，对坚持和发展中国特色社会主义充满信心；具有正确的世界观、人生观、价值观；热爱教书育人事业，关心关爱学生；成为培养社会主义建设者和接班人的骨干力量、科研的中坚力量。然而，复杂多变的国内外形势、社会转型过程中的负面影响、人生观和价值观不完全成熟等客观境遇，使部分青年教师在思想行为方面暴露出不容忽视的问题。

### （一）政治选择尚存疑虑

政治选择是确定人们政治归属的一种重要政治行为，直接反映了行为主体的政治立场、政治信仰与政治态度。调查发现，部分青年教师不注意党的路线方针政策的学习，缺少对世情国情的深入了解，缺乏牢固的建设中国特色社会主义的共同理想和坚持党的基本路线不动摇的坚定信念；一些青年教

---

① 教育部思想政治工作司组编：《加强和改进大学生思想政治教育重要文献选编（1978—2008）》，中国人民大学出版社 2008 年版，第 411 页。

师的政治见解、政治观点、政治行为多样多变，政治选择尚存疑虑。具体表现如下。

### 1. 政治方向出现偏离

调查显示，部分青年教师对政治理论学习不关心、没兴趣。甚至拒绝参加学校组织的各项政治活动，漠视、淡化正确理想的树立和培育，对马克思主义信念产生动摇，明辨是非能力降低，政治方向出现偏离（见图表 10）。在"您对'必须坚持马克思主义在我国意识形态领域的指导地位，而不能搞指导思想多元化'观点的态度是什么？"的选项中，共有 18.6% 的青年教师选择"说不清楚""比较不赞同"或"非常不赞同"；在"您对'我国必须走中国特色社会主义道路，不能搞民主社会主义和资本主义'观点的态度是什么？"的选项中，共有 16.9% 的青年教师选择"说不清楚""比较不赞同"或"非常不赞同"；在"您对'我国必须坚持改革开放不动摇，而不能走回头路'观点的态度是什么？"的选项中，共有 5.7% 的青年教师选择"说不清楚""比较不赞同"或"非常不赞同"。说明仍有少数青年教师不能明确树立"三个自信"，对中国特色社会主义道路、制度和理论体系仍心存疑虑。通过调研还发现，甚至有个别青年教师在课堂上宣扬社会的阴暗面，鼓吹封建主义、资本主义价值观念和道德体系，发表偏激言论，对大学生正确理想、信念、人生观的形成造成负面影响。

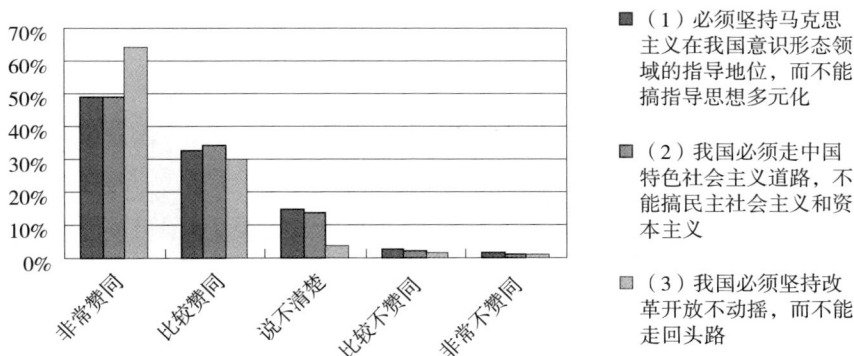

图表 10　"对上述观点，您的态度是"的选项结果

### 2. 政治责任感呈现弱态

调查显示，部分青年教师政治责任感较弱，甚至出现主观逃避社会责任、政治义务（见图表11）。在"对于青年教师是高等教育事业的未来和希望，肩负着培养中国特色社会主义事业合格建设者和可靠接班人的历史重任的说法，您的态度是什么？"的选项中，选择"非常赞同"的占63.6%；选择"比较赞同"的占23.7%；选择"说不清楚"的占7.3%；选择"比较不赞成"的占3.6%；选择"非常不赞同"的占1.6%。可以看出，仍有12.5%的教师不能明确自己所肩负的历史责任，政治责任感呈现疲弱状态。

| 选项 | 份数 | 百分比（%） |
|---|---|---|
| 非常赞同 | 1479 | 63.6 |
| 比较赞同 | 551 | 23.7 |
| 说不清楚 | 170 | 7.3 |
| 比较不赞同 | 84 | 3.6 |
| 非常不赞同 | 37 | 1.6 |

图表 11 "对于青年教师是高等教育事业的未来和希望，肩负着培养中国特色　社会主义事业合格建设者和可靠接班人的历史重任的说法，您的态度是什么？"的选项结果

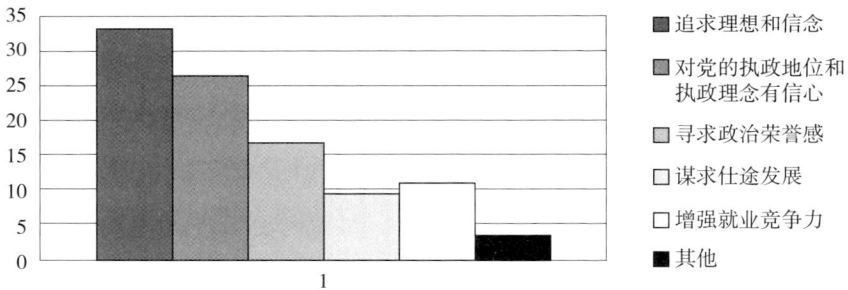

图表 12 "如果您有入党意愿，那么您（当初）入党的最主要动机是什么？"的选项结果

### 3. 政治行为表现实用

调查显示，当前高校青年教师的入党动机呈现出多样化趋势（见图表12）。在"如果您有入党意愿，那么您（当初）入党的最主要动机是什么？"的选项中，选择"追求理想和信念"的占33.2%；选择"对党的执政地位和

执政理念有信心"的占 26.3%；选择"寻求政治荣誉感"的占 16.7%；选择
"谋求仕途发展"的占 9.5%；选择"增强就业竞争力"的占 10.9%；选择
"其他"的占 3.5%。可以看出，当前高校青年教师的入党动机呈现多样化、
复杂化的背后，主要是实用主义、功利主义价值观的错误导向。政治行为功
利化是对中国特色社会主义理想缺乏信念信心、知行脱节的表现，这种现象
必须认真对待并加以正确引导，否则在一定条件下会成为影响社会稳定的不
良因素。

## （二）价值判断趋于功利

价值判断是一种以主体需要、目的、愿望、利益、理想等的满足与实现
为尺度的判断。[①] 教师的价值判断影响教师的行为，也影响学生的世界观、
人生观和价值观的塑造。调查显示，当前部分高校青年教师受到市场经济发
展过程中某些负面因素的影响，在追求理想价值与现实价值、精神价值与物
质价值方面，表现出价值判断功利化倾向。这是当前高校青年教师思想与行
为存在的又一主要问题。

### 1. 过于追求现实价值，弱化理想价值

调查显示，一些青年教师出生在我国改革开放时期，成长在物质文化生
活较为丰富的时代环境，存在过多追求现实价值而忽视理想价值的问题（见
图表 13）。高校青年教师追求现实价值无可厚非，"为了生活，首先就需要
吃喝住穿以及其他一些东西。因此第一个历史活动就是生产满足这些需要的
资料，即生产物质生活本身，而且，这是人们从几千年前直到今天单是为了
维持生活就必须每日每时从事的历史活动，是一切的基本条件。"[②] 但过于追
求现实价值的短期效益，忽视理想价值的长期功效，就存在功利主义色彩，对

---

① 柳斌、朱小蔓：《中国教师新百科》（小学教育卷），中国大百科全书出版社 2002 年版，
　　第 486 页。

② 《马克思恩格斯文集》第 1 卷，人民出版社 2009 年版，第 531 页。

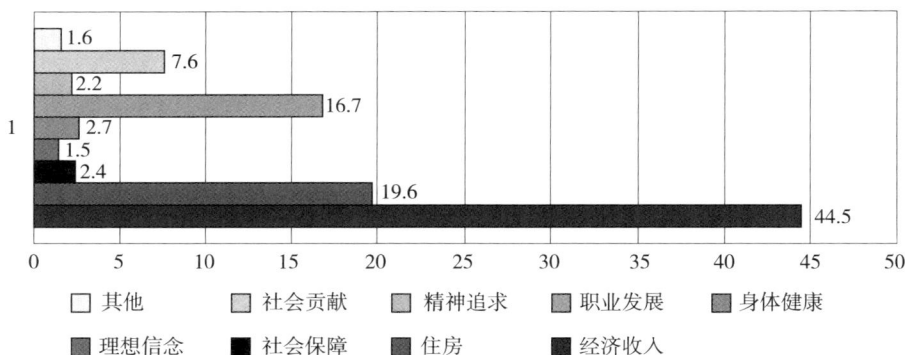

图表 13　"您目前最看重哪些选项"的选项结果如下图

于青年教师的长远发展不利。通过访谈发现，一些高校青年教师热衷于眼前利益，追求安逸舒适的生活，而将"做社会文明新风的引领者，为全社会树立光辉榜样"的青年知识分子使命及自己的奋斗理想搁置一边，安于现状，不思进取。当前，经济收入、住房、职业发展是青年教师现实价值得以实现的重要体现，社会贡献、精神追求、理想信念则是理想价值的重要表征。调查显示，在问及青年教师最看重的价值选择的选项中，选择"经济收入"的教师占 44.5%，选择"住房"的占 19.6，选择"职业发展"的占 16.7%，远远高于选择"理想信念"（占 1.5%）、"精神追求"（占 2.2%）、"社会贡献"（占 7.6%）等选项。这充分说明，部分青年教师在现实利益面前，弱化了对理想价值的追求。

## 2. 过分强调物质价值，轻视精神价值

调查显示，少数青年教师存在过分看重物质价值，而看轻精神价值的倾向。在"您选择成为高校教师的主要原因是什么？"的选项中，青年教师选择"立志从教"的占 16.1%，选择"职业高尚"的占 26.7%，选择"待遇较好"的占 21.4%，选择"工作稳定"的占 25.8%，选择"就业需求"的占 10.0%。其中，有 57.2%的青年教师是出于"待遇较好""工作稳定""就业需求"等物质价值考量而选择成为高校教师，有 42.8%的青年教师是出于"立志从教""职业高尚"等精神价值考量而成为高校教师，物质价值选项明显高于精神价值选项。在"对于金钱是人生幸福的决定因素的说法，您

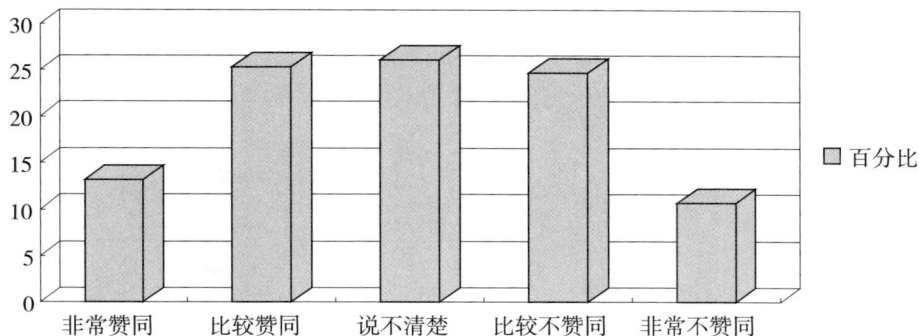

图表 14　"对于金钱是人生幸福的决定因素的说法，您的态度是什么"
的选项结果如下图

的态度是什么？"的选项中，选择"非常赞同"的占 13.2%，选择"比较赞同"的占 25.3%，选择"说不清楚"的占 26.1%，选择"比较不赞成"的占24.7%，选择"非常不赞同"的占 10.7%（见图表 14）。可以看出，部分青年教师将金钱作为人生幸福的决定因素，将物质价值作为职业选择的首要条件。这从一定程度上说明，一些高校青年教师存在过分强调物质价值、轻视精神价值的取向。

## （三）职业道德频现失范

职业道德是从事一定职业的人们在特定的工作或劳动中的道德行为规范的总和。[①] 教师职业道德即师德，是指教师在从事教育劳动过程中形成的，用以调节教师与他人、教师与社会、教师与集体等相互关系时所必须遵守的基本道德规范和行为准则，以及在此基础上所表现出来的道德观念、情操和品质。[②] 调查显示，部分高校青年教师的职业道德出现了不容忽视、不可回避的问题，不仅阻碍了青年教师自身的全面发展，也有悖于教师职业伦理的

---

① 陈孝彬、张念宏、卫景福等：《教师百科辞典》，社会科学文献出版社 1987 年版，第355 页。

② 钱焕琦：《教师职业道德》，华东师范大学出版社 2008 年版，第 18 页。

基本原则、精神和理念。

### 1.职业责任不强，奉献精神较弱

"广大教师要有强烈的职业光荣感、历史使命感和社会责任感，以培育优秀人才、发展先进文化和推进社会进步为己任，站在时代的前列，努力成为为人民服务的践履笃行的典范。要志存高远，爱岗敬业，忠于职守，乐于奉献，自觉地履行教书育人的神圣职责，以高尚的情操引导学生全面发展。"[①]然而，调查显示，少数高校青年教师对事业缺乏责任感，缺少危机意识，没有树立起爱岗敬业意识，缺少奉献精神。在"您认为青年教师队伍敬业精神的总体印象如何？"的选项中，选择"非常好"的占34.2%，选择"比较好"的占46.1%，选择"一般"的占16.8%，选择"比较弱"的占2.0%，选择"非常弱"的占0.8%。可以看出，有19.7%的被调查者认为青年教师敬业精神欠佳。在"对于人生的价值在于奉献的说法，您的态度是什么？"的选项中，选择"非常赞同"的占33.4%；选择"比较赞同"的占43.2%；选择"说不清楚"的占17.6%；选择"比较不赞成"的占4.1%；选择"非常不赞同"的占1.7%（见图表15）。可以看出，23.4%的高校青年教师还不能明确人生的价值在于奉献。一些高校青年教师职业责任感不强，不勤奋工作，不努力提高教学和科研水平，正是缺乏奉献精神的表现。

| 选项 | 份数 | 百分比（%） |
|------|------|------------|
| 非常赞同 | 776 | 33.4 |
| 比较赞同 | 1004 | 43.2 |
| 说不清楚 | 409 | 17.6 |
| 比较不赞同 | 95 | 4.1 |
| 非常不赞同 | 40 | 1.7 |

图表15 "您对于人生的价值在于奉献的说法的态度是什么？"的选项结果

---

① 教育部思想政治工作司组编：《加强和改进大学生思想政治教育重要文献选编（1978—2008）》，中国人民大学出版社2008年版，第409页。

### 2.学术风气不端，出现浮躁行为

调查显示，少数青年教师在学术研究中存在急功近利、沽名钓誉倾向，出现盲目追求数量而不顾质量的浮躁心理和虚报教学科研成果的不端行为。"研究工作中少数人违背基本学术道德，侵占他人劳动成果，或抄袭剽窃，或请他人代写文章，或署名不实；粗制滥造论文，个别人甚至篡改、伪造研究数据；受不良风气的影响，在研究成果鉴定、项目评审以及学校评估、学位授权审核等工作中也出现了一些弄虚作假，或试图以不正当手段影响评审结果的现象。"[1]一项针对高校青年教师的调查显示，在发表论文时有过一稿多投现象的占89%，52.5%的教师表示身边存在学术道德失范的情况。[2]在问及"您对本校青年教师队伍学术道德总体印象如何？"的选项中，选择"非常好"的占26.5%，选择"比较好"的占50.2%，选择"一般"的占20.6%，选择"比较弱"的占2.1%，选择"非常弱"的占0.6%（见图表16）。可以看出，有23.3%的被调查者对本校青年教师队伍遵守学术道德的情况不满意。学术道德失范行为在高校青年教师中并不少见，这些行为污染了学术环境，影响学术声誉，阻碍学术进步，给教育事业带来不良影响。究根结底，在于一些高校青年教师缺乏严谨的治学态度，抱着一颗"功利浮躁"的心而不是"坐冷板凳"的心去做学术研究。学术道德失范行为必须坚

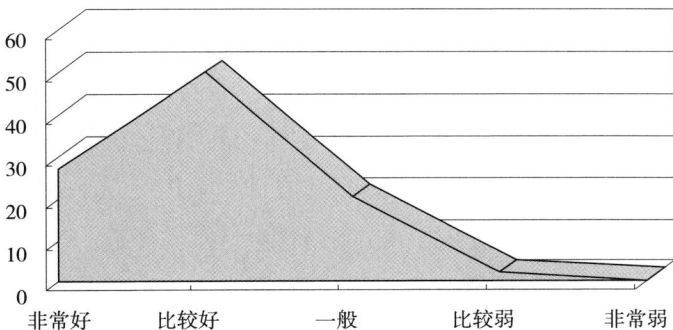

图表16 "您对本校青年教师队伍学术道德总体印象如何？"的选项结果

---

[1] 朱小蔓：《教育教学中师德修养案例研究》，中国轻工业出版社2006年版，第270—271页。

[2] 吴春彦：《高校青年教师学术道德调查与对策分析》，《延边党校学报》2010年第4期。

决予以制止，以端正学术风气，提升学术创新能力。

## （四）教书育人意识淡薄

在教师这个专门职业中，教书育人是教师的首要职责，是教师职业的基本要义。教书育人是一个有机的整体，是教师在职业活动中，将传授科学文化知识与帮助学生树立正确的世界观、人生观、价值观融为一体，在指导学生掌握现代科学文化知识的同时，教育他们成为品德高尚、意志坚强并富有责任感的人。[①] 这就要求教师在传授专业理论的同时，还要给学生为人处事的指点与教化，帮助学生走向成熟，既要做"经师"，又要做"人师"。然而，通过调研发现，现实中不少青年教师并没有履行好教书育人的职责，存在重科研轻教学、重教书轻育人、重言教轻身教的不良倾向。

### 1. 重科研，轻教学

调查发现，由于教师职务的晋升或谋取终身教职的最大筹码还在于科研成果，而不是教学水平，部分青年教师趋向于把主要精力放在科学研究上，轻视教学。"由于绝大多数高校把职称和职务晋升与论文发表数、专著出版数、课题申报数等'量化指标'直接挂钩，78.1%的青年教师认为，自己从事科研的时间不够用，甚至很不够用。"[②] "在问到'教学质量不会影响我的晋升'时，45.6%的受访者表示对这一说法'很符合'，22.2%的表示'比较符合'，两者之和超过了60%。"[③] 这表明学校的评价机制存在重科研、轻教学的情况，由此导致部分青年教师除了在课堂上传授专业知识外，几乎不与学生进行思想和生活方面的交流；不遵守教学基本规范，备课不认真，讲课不用心；在业务上不求高标准，只求得过且过，知识老化，跟不上信息

---

[①] 吕素珍：《现实与超越——大学教师理想角色形象研究》，华中师范大学硕士学位论文，2008 年。

[②] 廉思：《工蜂——大学青年教师生存实录》，中信出版社 2012 年版，第 275 页。

[③] 廉思：《工蜂——大学青年教师生存实录》，中信出版社 2012 年版，第 267 页。

时代发展的要求。在"您对本校青年教师队伍教学水平的总体印象如何?"的选项中,选择"非常好"的占 27.6%,选择"比较好"的占 52.4%,选择"一般"的占 18.2%,选择"比较弱"的占 1.1%,选择"非常弱"的占 0.6%(见图表 17)。可以看出,有 19.9% 的被调查者对本校青年教师队伍教学水平不满意,这与高校教师重科研、轻教学的倾向不无相关。

| 选项 | 份数 | 百分比(%) |
|------|------|-----------|
| 非常好 | 641 | 27.6 |
| 比较好 | 1218 | 52.4 |
| 一般 | 423 | 18.2 |
| 比较弱 | 25 | 1.1 |
| 非常弱 | 14 | 0.6 |

图表 17 "您对本校青年教师队伍教学水平总体印象如何?"的选项结果

## 2.重教书,轻育人

"教育是心灵与心灵的沟通,灵魂与灵魂的交融,人格与人格的对话。教师应该成为传道、授业、解惑者,成为具有教育智慧的学者,成为人格修养的楷模。如果说教师是太阳底下最光辉的职业,其光辉之处就在于教师可以照亮一代又一代新人,从而提高全民族的素质和推动社会的发展进步。"[1] 然而,调查显示,一些青年教师却认为大学生思想政治教育是思想政治理论课教师和辅导员、班主任的责任,其他教师只要专注于传授科学文化知识,帮助学生掌握将来就业的一技之长即可,满足于课堂上的专业教学,认为对于学生的道德素质教育、身心素质培养与己无关。"高等学校各门课程都具有育人功能,所有教师都负有育人职责。……要深入发掘各类课程的思想政治教育资源,在传授专业知识过程中加强思想政治教育,使学生在学习科

---

[1] 《强国必强教 强国先强教——温家宝在全国教育工作会议上的讲话》,新华网,2010年8月31日。

学文化知识过程中，自觉加强思想道德修养，提高政治觉悟。"①在"您对本校青年教师队伍育人意识总体印象如何？"的选项中，选择"非常好"的占28.5%，选择"比较好"的占48.1%，选择"一般"的占19.8%，选择"比较弱"的占2.6%，选择"非常弱"的占1.0%（见图表18）。可以看出，有23.4%的被调查者对本校青年教师队伍育人意识不满意，这与高校青年教师重教书、轻育人的倾向不无关系。

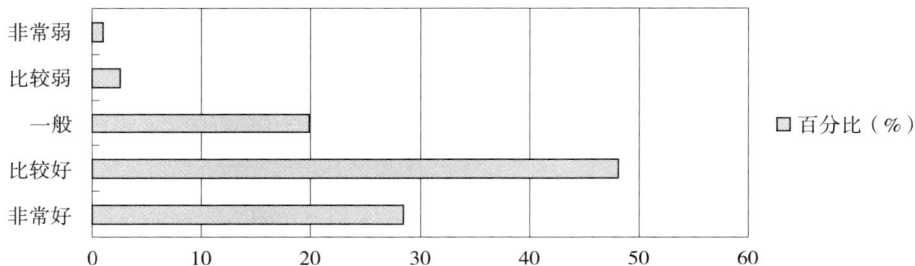

图表18 "您对本校青年教师队伍育人意识总体印象如何？"的选项结果如下图

### 3.重言教，轻身教

"身教胜于言教"是古训，也是思想政治教育的重要经验。"'师者，人之模范也。'教师的职业特性决定了教师必须是道德高尚的人群。合格的老师首先应该是道德上的合格者，好老师首先应该是以德施教、以德立身的楷模。师者为师亦为范，学高为师，德高为范。老师是学生道德修养的镜子。好老师应该取法乎上、见贤思齐，不断提高道德修养，提升人格品质，并把正确的道德观传授给学生。"②"教师不仅要注重教书，更要注重育人；不仅要注重言传，更要注重身教。"③身为人师，行为世范，是每一位青年教师基本的职业道德要求。"好老师要有'捧着一颗心来，不带半根草去'

---

① 教育部思想政治工作司组编：《加强和改进大学生思想政治教育重要文献选编（1978—2008）》，中国人民大学出版社2008年版，第379页。

② 习近平：《做党和人民满意的好老师》，人民出版社2014年版，第7页。

③ 《强国必强教 强国先强教——温家宝在全国教育工作会议上的讲话》，新华网，2010年8月31日。

的奉献精神，自觉坚守精神家园、坚守人格底线，带头弘扬社会主义道德和中华传统美德，以自己的模范行为影响和带动学生。"①然而，调查显示，当问及"您认为当前师德师风存在的主要问题"时，仍有 11.3% 的被调查者认为"自身表率作用欠缺"是青年教师师德师风的主要问题；有 25.8% 的被调查者认为"爱岗敬业精神不强"是青年教师师德师风的主要问题；更有甚者，有 51.9% 的被调查者认为"育人意识淡薄"是青年教师师德师风方面的主要问题。办好社会主义大学，培养德才兼备的学生，教师起着决定性作用。教师的一言一行、一举一动都会对学生有着潜移默化的影响。教师应树立正确的教育理念，将教学与科研、教书与育人、言教与身教结合起来。

## 三、当前高校青年教师思想政治教育存在问题的主要原因

任何问题的产生总是有一定的原因。当前，高校青年教师思想政治教育之所以存在上述问题，思想政治教育发展滞后、深化教育改革带来的挑战、社会多元思潮的负面影响、部分青年教师自身的消极阻抗是其主要原因。

### （一）高校思想政治教育发展滞后

高校青年教师的思想行为之所以存在一些不容回避的问题，与高校青年教师思想政治教育自身变革相对滞后于时代发展和青年教师思想变化实际有关。

---

① 习近平:《做党和人民满意的好老师》，人民出版社 2014 年版，第 7 页。

### 1.高校青年教师思想政治教育未能很好地应对时代发展的挑战

改革开放以来，经济全球化、社会信息化、体制市场化、文化多样化相互交织。这些现实境遇既为高校青年教师思想政治教育创造了难得的发展机遇，同时也提出了更为严峻的挑战。一是经济全球化带来挑战。无论从客观现实还是主观意图，经济全球化的到来均为高校青年教师思想政治教育带来严峻挑战。毋庸置疑，经济全球化成为美国等西方发达国家向全球强制推行西方国家意识形态及其制定的经济法则的过程；西方发达国家依仗科技与经济实力进行意识形态和价值观念的渗透，以达到"西化""分化"中国的图谋。高等院校不仅面临西方发达国家先进的科学技术和现代化教育水平的挑战，而且面临"普世伦理""全球伦理"等文化思潮的影响。二是社会信息化带来挑战。社会信息化使人们获取信息的条件发生了根本性的变革，人与人之间的交往也更加便捷、迅速。但由于西方发达国家在信息技术和信息传播方面的主导地位，总是将这种信息优势与意识形态图谋相结合，打着"信息自由"的幌子，对其他国家尤其是社会主义国家进行信息侵略、舆论导向控制等政治图谋。美国商务部就曾在《全球信息基础设施合作议事书》中指出：世界上的公民，通过全球基础设施，将有机会获得同样的信息和同样的准则，从而使世界具有更大意义上的共同性。这鲜明地暴露了美国利用现代互联网技术自由传播和渗透西方价值观的真实面目。思维活跃、目光敏锐、善于独立思考、富有创新精神的高校青年教师是互联网的忠实网民，互联网已经成为青年教师获取信息、开展学习、休闲娱乐的主要载体，他们在接受海量的网络信息过程中难免受到西方价值观念的侵蚀。三是体制市场化与文化多样化带来的挑战。改革开放以来，随着社会主义市场经济体制的建立和完善，社会经济基础与市场体制发生重大变革，经济基础决定上层建筑，一些反映市场经济基础、时代特征和社会发展要求的文化形态、社会思潮和价值观念逐渐萌生，正确与错误相互交织，积极与消极相互激荡，意识形态领域呈现出多元化格局。这其中既有占主导地位的马克思主义，也有各种非马克思主义思想和反马克思主义思想；既有社会主义的主流思想，也有资本主义的腐朽观念。社会价值观念的多元化给高校青年教师带来严峻挑战。市场经济自身的自发性、趋利性、盲目性诱发了部分高校青年教师的功利主义、拜金主义和个人主义倾向。

高校青年教师思想政治教育要很好地应对这些挑战，做到在经济全球化带来的思想冲击中坚持马克思主义指导思想的主体地位；在社会信息化带来的挑战中增强自身的能力尤其是运用网络的能力；在体制市场化和文化多样化的进程中，自觉抵制市场带来的负面影响，坚决反对拜金主义、享乐主义和个人主义。调研发现，部分高校青年教师思想政治教育无视或者漠视新形势下思想政治教育环境的变化，轻视新条件下青年教师思想政治教育面临的挑战，仍然停留在传统的教育模式上，固守传统的教育理念，采用僵化、单一的教育方法，教育内容一成不变并严重脱离实际，这些均是高校青年教师思想政治教育存在诸多问题的主要原因。

## 2. 高校青年教师思想政治教育未能很好地适应青年教师思想发展变化

伴随经济全球化、社会信息化和社会主义市场经济的发展，经济体制深刻变革、社会结构深刻变动、利益格局深刻调整，人们的思想观念发生了深刻变化，高校青年教师的思想观念也发生着前所未有的改变。一是独立性增强。市场经济带来的激烈社会竞争，人云亦云、"唯书唯上"的从众心理和盲从思想越来越难以适应在社会经济发展中自主竞争的需要，人们越来越需要独立自主地进行分析、思考和决策，独立自主地决定自己的行动，独立自主地参与市场经济条件下的竞争，思想活动的独立性也随之大大增强。这一点在高校青年教师身上体现得尤为明显。青年教师对社会生活中的新思想、新观点反应迅速，且富有批判精神和创新意识，这在思想行为上表现出较强的自主性和独立性，在接受思想政治教育过程中会融入自己的思考和判断。二是选择性增强。随着社会主义市场经济的发展和全球化进程的加快，社会已经变为一个开放多元的立体空间，不同的发展模式相互竞争，不同的社会制度相互比较，不同的价值观念相互碰撞，不同的文化形态相互交流，尤其是社会信息化的进一步发展，地球已成为一个小小的村落，反映不同经济、政治、社会发展的文化和价值观念相互冲突、交流、融合、渗透更加频繁，为人们接触、了解、比较、鉴别和选择不同的思想观念和价值取向提供了可能。高校青年教师知识丰富、视野开阔，是社会信息的搜集者和传播者，拥有较之以往更多的价值选择和价值判断，其思想活动的选择性不断加强。这使他们在求学、交友、工作中，越来越注重多方位和多角度的审视，并结合自己的实际和意愿来进行比较、辨别，选择和内化正确的价值观念。三是多变性增强。改革开放以来，社会生活的快速多变，必然在人们的思想上反映出来，使人们的思想呈现出复杂多变的特点，人们不再墨守成规、故步自封，停滞不前，而需要不断地研究新情况，把握新变化，解决新问题，实现新发展。高校青年教师本身就处于思想变动不居的人生发展时期，加之高校文化环境的复杂多样，使他们的思想活动呈现出较强的多变性。四是差异性增强。社会主义市场经济的发展带来了经济成分、生活方式、就业方式、分配方式的多样化发展趋势，必然导致不同主体多样化的利益诉求，人们的思想活动也必然呈现出差异性。高校青年教师由于成长环境、求学经历、学科背景、专业基础、理论素养的不同，其思想活动的差异性更为明显。

这些新情况要求高校青年教师思想政治教育适应新变化，加强高校青年教师主流意识形态教育，培育和践行社会主义核心价值观，抵制多元化思想的冲击。然而，事实却并非如此。调研发现，当前一些高校青年教师思想政治教育仍然停留于保守、滞后、消极、被动的状态，缺乏主动了解、观察、认识青年教师思想品德变化规律的自觉意识，没有及时、深入、充分、全面地了解青年教师的思想和心理动向，没有适时关心青年教师的思想、心理和现实问题，由此导致高校青年教师思想政治教育落后于青年教师思想发展变化，犹如隔靴搔痒，难以触动到青年教师的内心和思想深处，形成情感和认识上的共鸣，导致思想政治教育活动效果式微。

## （二）深化高等教育改革带来挑战

当今世界，科学技术突飞猛进，国际竞争日趋激烈，教育在综合国力中的基础地位越发显现，国力的强弱越来越取决于劳动者的素质，取决于各类人才的质量和数量。高等教育是高素质人才培养的摇篮，深化高等教育改革是提高人才培养质量、实现中华民族伟大复兴的必然要求。深化高等教育改革，既给青年教师思想政治教育带来前所未有的发展机遇，也提出了严峻的挑战。总体而言，在如火如荼的教育改革浪潮中，高校青年教师思想政治教育对于改革带来的新变化，还存在诸多不适应，特别是还未能及时采取有效的应对举措，这是导致当前青年教师思想政治教育存在问题的重要原因。

**1. 高等学校办学规模扩大给青年教师思想政治教育带来新情况**

自 20 世纪 90 年代以来，为适应国际竞争和国家发展战略需要，我国高等教育进行了广泛而深入的改革。改革的主要落脚点放在扩大招生规模上。经过 1999 年开始的持续扩招，我国高等教育实现了跨越式发展，迈入国际公认的大众化阶段。到 2006 年，我国普通高校年招生人数达到 546.92 万人，各类形式的高等教育在校生人数达到 2500 万人；2008 年招生人数为 599 万人。截至 2013 年 12 月，招生人数已达到 699.83 万，全日制在校生人数达到 2468.07 万人。

招生规模的急剧扩张，一方面，使得高校青年教师的数量和比例随着新进教师的不断补充而大幅增加。青年教师队伍的来源更加多样化，构成更加复杂，对于这种新变化，高校青年教师思想政治教育工作重视不够，在队伍建设、条件保障、制度完善方面在准备不足，致使高校青年教师思想政治教育工作面临巨大压力。思想政治工作既要考虑到对青年教师的全覆盖，引导、管理、服务到每一位青年教师，又要充分考虑不同青年教师之间的差异性、层次性和特殊性，在教育内容、教育方式、教育载体上力求因材施教、增强实效，致使高校青年教师思想政治教育难度增大。另一方面，由于大学生人数和班级增加，使得高校青年教师大多面临着繁重的教学任务。青年教师工作压力、生存压力、发展压力、社会压力相互交织，工作节奏、生活节奏明显加快，心理焦虑、精神紧张、情绪紊乱、身心疲惫等心理问题频现。在强大的压力面前，部分青年教师最初表现出来的职业热情、职业兴趣、工作干劲逐渐褪去，消极懈怠倾向明显。比如，每天的教学工作被看作单调乏味、无趣无求的职业义务和毫无新意、毫无职业成就感的重复劳动。高校青年教师所面临的生存与发展问题，成为青年教师思想政治教育亟待解决但又力不从心的现实挑战。

### 2. 高校教学科研评价考核机制不健全给青年教师思想政治教育带来新问题

随着我国高等教育改革的不断深入，改革的重心由注重规模扩张转移到更加注重提高质量、走内涵发展道路上来，各高校纷纷出台强化内部管理的政策和措施，特别是强化了对教师教学科研工作的评级考核制度。应付绩效考核、教学评估、科研评价、职称评审逐渐成为当前高校青年教师工作的主要目标和内容。由于教学效果和科研成果本身难以评价，当前的教学科研考核评价体系尚不健全，实施中还存在指标不完善、制度不配套等诸多缺陷，对青年教师造成深刻的影响，也给青年教师思想政治教育带来新的挑战。

一方面，强化了高校教师评价"重业务、轻政治"的倾向。在评价体系中，教学科研都是硬指标，容易量化考核，而对于思想政治素质的考核却因无法量化而成为软指标。虽然有师德"一票否决制"，但那仅限于对师德失范教师的惩罚，而对于师德高尚、育人效果好的教师却没有给予足够的奖励。这种"重业务、轻政治"的考核评价体系，使得青年教师思想政治教育地位受到弱化。另一方面，使青年教师面临巨大的发展压力，使青年教师思想政治工作难度加大。名目繁多的教学质量考核和日趋严格的教学评价体系，课堂教学变成一种令人既无奈又紧张的职业负担；对科学研究水平评价又使青年教师疲于应付，不堪重负。在一则题为"关注高校青年教师"的报道显示，关于教学工作量的评价，认为压力较大的占 46.81%，适中的占36.17%，过大的占 14.89%，不足的只占 2.13%。与教学相比，认为科研压力较大的比例竟然高达 70.21%，认为不大的只占 6.38%。值得注意的是，青年教师搞科研的动力，出于"评职称需要"（占 38.30%）多于"事业心"驱动的人数（占 34.04%），而选择"不喜欢，但没办法"的占 19.15%，"受所在院系团队影响的"则占 17.02%（此项存在多选）。<sup>①</sup> 为了达到教学科研评价考核指标，青年教师在忙于备课、教学之余还要考虑科研达标、职称晋级等。在各种各样的压力之下，青年教师常自嘲为"工蜂"和"知识民工"，很容易产生孤立无援、无奈甚至绝望的情感，部分青年教师工作态度敷衍消极、得过且过，职业发展丧失应有的动力和信心，增加了青年教师思想政治教育的难度，成为影响青年教师思想政治教育实效的又一因素。

## （三）社会多元思潮的负面影响

社会思潮是在一定社会历史条件下产生，反映一定的民族、阶级、阶层或社会群体利益，并具有一定的理论色彩和有相当社会影响的思想倾向。新世纪新阶段，改革开放不断深入、社会各个层面急剧变革、利益迅速调整，不同来源、不同主张、不同目的的社会思潮，如现代西方哲学思潮、经济思潮、政治思潮、文艺思潮等相互激荡、广泛传播、趋于活跃。社会思潮影响着高校青年教师思想政治教育，是高校青年教师思想政治教育存在问题的又一主要原因。

### 1.西方政治思潮的负面影响

西方政治思潮是西方政治文化的集中体现，是指西方主要国家在长期的社会政治生活中积淀和形成的持久影响人们政治行为的政治心理倾向、政治价值观念和政治意识形态的总和，其核心内容是自由、民主、平等、人道、人权、三权分立和多元主义等价值观念和政治倾向。自 20 世纪 90 年代初，苏联解体、东欧剧变之后，西方敌对势力借全球化之机竭尽全力通过文化制品、信息媒介、人员往来、经济援助、经济贸易等方式和手段向我国进行西方政治思潮的扩张和渗透。

高等院校是各种思潮、文化的集散地。部分高校青年教师在接触西方政

---

① 《专题：关注高校青年教师》，《中国社会科学报》2012 年 4 月 1 日。

治文化过程中出现思想上的误区和行动上的偏离。在资本主义国家对资产阶级自由、民主、人权等价值观念的极力粉饰和大肆渲染下，部分青年教师认为西方资本主义国家更尊重人权，公民更具有民主和自由的权利，对马克思主义、社会主义和共产主义所推崇的政治价值、政治观念产生怀疑。西方资本主义国家竭力包装、宣传其三权分立原则的合理性、优越性和科学性，强调三权分立能够有效实行立法、行政、司法的相互制约、相互平衡，防止专制、独裁，保证国家机器的正常运转，保证公民的民主和自由。在这一思想误导下，部分青年教师片面地认为中国应该实行三权分立制度，避免一党执政，对中国的政治体制、政治制度产生不满。还有部分青年教师具有在海外求学的经历，接受过长时期的西方资本主义政治文化的熏陶，对马克思主义、社会主义等政治文化带有先入为主的偏见和错误认识，这些均是导致高校青年教师政治选择存在疑虑的重要原因。

### 2. 西方个人主义思潮的消极干扰

"个人主义是一种政治和社会哲学，高度重视个人自由，广泛强调自我支配、自我控制、不受外来约束的个人或自我。"① 个人主义是现代西方资本主义社会的核心价值观，既是现代西方社会道德评价的基本标准和出发点，又是其政治、经济、文化制度确立的伦理基石。我国长期倡导集体主义的价值观念。集体主义是一种强调个人利益与集体利益辩证统一，当二者发生冲突能够自觉将个人利益服从集体利益的道德原则。个人主义与集体主义之间存在本质上的区别。个人主义是根植于资本主义制度并服务于资本主义制度的道德体系，反映的是资产阶级唯利是图的自私本性和人生追求；集体主义建立在公有制经济基础之上，是超越个人主义世俗化特征的、高尚的社会主义价值观念和道德原则。自改革开放以来，中西方文化实现对话和交流，西方个人主义思想与我国集体主义价值观形成尖锐的对立。我国社会主义、集体主义的价值导向，总是不断遭遇个人主义思想的干扰。尤其是经济转轨和

---

① 《简明不列颠百科全书》第3卷，中国大百科全书出版社1985年版，第406页。

社会转型时期，市场经济带来的社会经济成分、组织形式、分配方式、就业方式的多样化和日益加剧的市场竞争等变化，为西方个人主义的传播提供了社会心理基础，西方个人主义思潮伴随经济全球化、社会信息化的不断发展在我国大肆传播。

一方面，高校青年教师大多具有较强的自我学习、自我发展能力，喜欢新鲜事物，社会阅历相对较浅，价值观念尚处于变动不定阶段。他们较为容易地从闲暇的文化学习和娱乐活动中、从西方影视文化和理论文化中比较多地接触和了解到西方个人主义思想和理论，并将其看作"现代"新思想，进而产生价值观念上的认同。另一方面，部分青年教师目睹了社会主义市场经济不完善情况下出现的利益纷争、人情冷漠、争名夺利、唯利是图的社会负面现象，对我们国家的集体主义价值观念产生怀疑，个人主义、自我中心主义意识有所抬头。这成为影响高校青年教师政治观念、道德品质的重要因素。

### 3. 拜金主义思潮的不良浸染

拜金主义是一种把获取金钱视为人生最根本的目的和原则的思想观念，金钱成为评价一切的唯一尺度。集中表现为"金钱至上""金钱万能""一切向钱看"等价值观念。拜金主义是资本职能及其运动目的在资本主义社会意识形态上的反映，是资产阶级利己主义价值观的核心内容，是资本主义社会重要的行为原则。改革开放改变了延续30年的计划体制，极大地推动了我国社会商品经济的发展，尤其是经济转型以来，市场经济条件下的商品生产、商品交换活动成为社会生产力和经济发展的主要活动方式。在市场经济体制下，商品货币关系的客观存在和发展是拜金主义滋生的经济基础，国家市场经济管理体制不够完善是拜金主义扩散的重要原因，西方经济模式和文化的影响是拜金主义扩散的催化剂。市场体制凸显了金钱货币的价值，为拜金主义的滋生提供了土壤，拜金主义随之从西方社会迅速传播过来，并在社会转型期急剧扩散，造成我国社会主导文化价值观的断裂和人们行为的极大混乱。

部分高校青年教师在拜金主义的影响下放弃追求精神的高尚、人格的完善、感情世界的丰富，他们精神世界空虚、低俗和迷失，重利轻义、将教学科研作为赚钱赢利的工具，教书育人意识淡薄、教师职业道德缺失。

## （四）部分青年教师的消极阻抗

问题产生是主客观因素相互作用的结果。高校青年教师的思想政治素质及思想政治教育工作之所以存在问题，固然与外界环境中的消极因素、思想政治教育本身亟待改进等客观因素有着必然的联系，但同时，青年教师自身阻抗导致对思想政治教育活动的抵触和排斥，也是问题存在的重要原因之一。

### 1.对思想政治教育工作的漠视

漠视，即漠不关心，忽视、重视不够。受传统思想政治教育模式影响，部分青年教师对思想政治教育重视不够。改革开放以后的很长一段时间内，高等学校均将青年教师思想政治教育工作放在一个比较次要的地位，重智育、轻德育，侧重于教学、科研、管理的考核、考评，将其作为体现高等教育发展的决定性因素，忽视对青年教师思想政治素质的提高、考核与评价。当前，部分高校仍然沿袭这一传统，轻视和漠视青年教师的思想道德素质。错误的发展导向使部分青年教师更加专注于教学、科研等业务能力的发展，相应忽视或弱化思想政治素质、职业道德水平的提高，将青年教师思想政治教育工作视为形而上的东西，抱着"打江山靠马列、搞建设靠专业、在高校靠教学科研"的思想，认为思想政治教育是虚的，学多学少、学或不学都一样，严重消解了思想政治教育实效。当前，部分高校的青年教师思想政治教育工作，仍然停留于传统的理论说教、文件解读、照本宣科等"填鸭式""强灌式"教育，忽视青年教师的主体性、能动性，漠视青年教师对理论接受与否，不关心青年教师思想、工作实际，不关心青年教师生活发展中存在的实际问题，不关心青年教师的所思、所想以及所需，教育理念传统守旧，教育方法简单粗暴，教育效果微乎其微。这种传统的教育方式，使青年教师对思想政治教育工作产生较深的负面评价，造成了青年教师对思想政治教育工作的冷漠。

### 2.对思想政治教育活动的排斥

当前中国进入改革开放的深水区，社会深层的矛盾开始显现并日趋尖锐化、明朗化、复杂化，改革的阻力加大，社会腐败现象、权钱交易、收入分配差距等，使部分青年教师产生不公平感和不满情绪，进而对思想政治教育产生抵触。改革开放打破了过去平均主义"大锅饭"的分配格局，确立了按劳分配为主体、多种分配方式并存的分配制度，多种分配方式并存导致一定程度的贫富差距。但收入差距过大，则不能为民众所接受。加之，我国部分高收入者并不是依靠诚实劳动、合法经营致富的，而是通过以权谋私、偷税漏税、行贿受贿、投机钻营等非法手段富起来的，这就造成社会不满。高校青年教师大多拥有较高的知识水平和较深的学术造诣，经过长时间的刻苦求学、艰苦奋斗才取得现有的成就和地位，但与社会上存在的不正当致富现象相比，他们会感到付出的劳动、创造的成果并未获得与其相匹配的经济收入，反差较大，进而出现思想上的迷茫、困惑、彷徨，对思想政治教育活动产生抵触情绪，从而增加思想政治教育的难度。

调查显示，"对'拉开贫富差距能调动人们工作积极性'的选择上，40.3%的青年教师'非常不认同'，29.4%的青年教师'比较不认同'，两者之和超过六成（65.2%）。在深访中课题组发现，绝大多数青年教师认为当前社会贫富差距过大，不利于维护社会公平正义，期待收入分配制度的调整。"[①]过大的贫富差距会带来社会不公平感，进而影响青年教师对党的领导和中国特色社会主义事业的信念、信心。"在对'未来5—10年内社会公平状况的变化趋势如何'的问题回答上，38.9%的受访者认为社会公平状况'会有所改善'，14.3%的受访者认为'不会好转，也不会恶化'，20.9%的

---

① 　廉思：《工蜂——大学青年教师生存实录》，中信出版社2012年版，第302页。

受访者则表示会'越来越严重,'25.9%的受访者认为'不好判断'。"除此之外,"在'文革'结束后,随着市场化的推进,原有以礼教或意识形态为核心的社会话语体系不复存在,市场、效率、金钱渐渐成为社会的核心,知识分子遭遇地位边缘化的尴尬,不再是众人瞩目和敬仰的导师,而是芸芸众生中谋求生计的一员而已,不得不按照世俗的标准来进行自我塑造,融入到现实生活中。"[1]20世纪80年代,我国曾出现"脑体倒挂"现象,随着整个社会对知识价值与力量认识的深入,教师的地位与经济收入有所好转,但随着市场、效率、金钱渐渐成为社会的核心,相较于政治精英、商业精英收入水平及身份地位,高校教师的经济收入、身份地位不升反降。调查显示,在对社会地位的自我评价中,34.8%的青年教师认为自己处于"中层",36%的青年教师认为自己属于"中下层",13.7%的青年教师认为自己处于"底层",仅有14.1%的青年教师认为自己处于"中上层",0.8%的青年教师认为自己处于"上层"。[2]长时间的学习、研究以及拥有高学历使青年教师容易产生高期望值。然而,理想与现实的落差使青年教师的不公平感有增强趋势,这在一定程度上消解了青年教师思想政治教育的实际效果。

### 3. 自身生存发展压力的消极释放

青年教师生存与发展中的实际问题没有得到切实解决,致使部分青年教师抵制思想政治教育。马克思主义认为人类首先在满足物质需求的前提下,才能有精神上的追求。生活方面,青年教师大多入职时间不长,工资和职称相对较低,申请课题经费难度较大,部分青年教师面临结婚、买房、子女升学、赡养老人等现实问题。"他们要面临世俗生活中的种种压力,从某种程度上说,他们已不是在靠'理念'和'学术'吃饭。学术不再是寻求普遍意义的手段,而成为被量化的产品与绩效,与教师的晋升和收入等现实利益直接相关。"[3]过大的生活压力,使部分青年教师降低了对精神境界的追求,使

---

① 廉思:《工蜂——大学青年教师生存实录》,中信出版社2012年版,第296页。
② 廉思:《工蜂——大学青年教师生存实录》,中信出版社2012年版,第305页。
③ 廉思:《工蜂——大学青年教师生存实录》,中信出版社2012年版,第297页。

其将更多的精力放在个人晋升和科学研究等关乎自身生存的利益问题上，削弱了青年教师的责任意识和使命感。思想离开利益一定会出丑。如果不彻底解决这些实际问题，就难以在高校青年教师思想政治教育中取得预期效果。

在职业发展方面，面对繁重的教学任务、高标准的科研压力和职称评聘的压力，部分青年教师产生职业倦怠感以及其他心理问题，严重影响了青年教师的身心健康，削弱其工作驱动力和教书育人的责任意识。调查显示，"高校青年教师的压力感普遍较大，在受访青年教师中，92.9%的受访者感觉到压力，仅有7.1%的受访者认为基本没有压力，36.3%的青年教师认为自己压力非常大，36.0%的青年教师认为自己压力比较大。"[①] 在访谈中也发现，科研任务、教学任务、家庭经济收入以及职业发展是造成青年教师压力大的主要原因。总体而言，高校青年教师并非如社会公众所认为的那样稳定、风光，他们是一个高压力群体，科研、教学、收入成为青年教师背负的"三座大山"。除此以餐，部分高校至今仍未搭建有利于青年教师成长成才的发展平台，仍然存在论资排辈的现象。科研管理、晋升制度、薪酬体系、绩效考核等也成为高校青年教师产生不满情绪的重要因素。这些问题的存在，使部分青年教师认为思想政治教育工作仅仅是"说空话""说大话"，不解决任何实际问题，进而产生抵触情绪。高校青年教师对思想政治教育活动的排斥，无疑增加了青年教师思想政治教育的难度，消减了教育实效，同样不利于青年教师自身思想和认识问题的解决，进而成为影响青年教师思想行为和青年教师思想政治教育实践的重要原因。

---

① 廉思:《工蜂——大学青年教师生存实录》，中信出版社2012年版，第297页。

# 第四章　加强高校青年教师思想政治教育的对策思考

立足高校青年教师思想政治教育本身所存在的问题，借鉴改革开放以来高校青年教师思想政治教育的历史经验，着眼于高校青年教师思想政治教育的历史使命，提出加强高校青年教师思想政治教育的针对性策略，是新形势下加强和改进高校青年教师思想政治教育的迫切需要。加强高校青年教师思想政治教育，必须科学遵循高校青年教师思想政治教育的基本原则、准确定位、主要内容，积极拓展高校青年教师思想政治教育的有效途径，切实增强高校青年教师思想政治教育的组织领导。这些对策既有利于引导高校青年教师思想政治教育实践，又有助于丰富高校思想政治教育理论。

## 一、遵循高校青年教师思想政治教育的基本原则

原则是指导客观实践的行为规范，只有切实有效地遵循它，才能够真正发挥对实践的指导和规范作用。高校青年教师思想政治教育原则，是从事高校青年教师思想政治教育活动时应该遵循的基本行为准则，它反映了高校青年教师思想政治教育的客观规律，对高校青年教师思想政治教育活动的顺利进行具有重要的意义。新形势下加强高校青年教师思想政治教育应遵循的基本原则有：方向性原则、主体性原则、渗透性原则、激励性原则和差异性原则。

### （一）遵循基本原则的重要性

俗语有云："无规矩不成方圆。"人们说话、做事都必须依据一定的标准

和规则，才能形成良好的社会风气、保持良好的社会秩序，这些标准和规则就是经常提及的原则。高校青年教师思想政治教育原则，反映了高校青年教师思想政治教育工作的性质、目的和任务，规定了从事高校青年教师思想政治教育活动的基本标准、规则，是高校青年教师思想政治教育工作实践经验、理论观点、本质规律的科学总结和高度概括，能够使高校青年教师思想政治教育活动有序进行，对高校青年教师思想政治教育工作具有经常的、普遍的指导作用。

**1. 遵循基本原则有利于把握高校青年教师思想政治教育规律**

规律是客观事物之间内在的、本质的、必然的、稳定的联系。这种联系构成事物本身所固有的、内在的矛盾。而矛盾的展开、演化、发展的内在逻辑性和有序状态，就是事物发展的规律。高校青年教师思想政治教育规律是指，高校青年教师思想政治教育过程中各种相关因素之间的内在的、本质的、必然的联系或者关系。高校青年教师思想政治教育原则归根结底是对高校青年教师思想政治教育客观规律主观认识的产物。它之所以是思想政治教育活动必须遵循的基本行为准则，就是在于它反映了青年教师思想政治教育客观规律的必然要求。只有符合实际情况，反映青年教师思想变化的规律、思想政治教育过程的规律以及时代发展变化的规律要求的原则，才是切实有效、正确可行的原则。因此，遵循高校青年教师思想政治教育基本原则有利于洞悉和把握高校青年教师思想政治教育规律。

第一，有利于把握适应时代发展变化规律。高校青年教师思想政治教育不是一成不变、僵化腐朽的，而是必须紧跟时代发展变化，不断更新教育理念、丰富教育内容、创新教育方式、改进教育策略，唯此才能紧跟时代步伐，实现教育目标，完成党和国家赋予的教育使命，促进青年教师自由全面发展。这是高校青年教师思想政治教育固有的、内在的客观规律。这一规律的外在反映，便是青年教师思想政治教育的方向性原则。方向性原则要求高校青年教师思想政治教育，一方面，要紧跟马克思主义及其中国化理论成果的发展变化、青年教师思想实际的变化、现代科学技术发展变化以及社会生活方式的变化，更新理念、内容和方式，向青年教师群体灌输主流意识形态内容，教育引导高校青年教师坚定中国特色社会主义共同理想、马克思主义科学信念，用马克思主义及其中国化理论成果武装头脑，时刻与党和国家的主流意识形态、社会发展的时代要求保持一致，自觉抵御多元文化冲突背景下西方资产阶级思想的渗透和腐化，坚定正确的政治方向、人生方向。另一方面，要积极吸收人类优秀文明成果，借鉴资产阶级思想的精华，着力培养青年教师的世界眼光、国际意识，适应当今世界发展潮流，进而为培养高素质人才队伍作出贡献。不难看出，方向性原则正是青年教师思想政治教育适应时代发展变化规律的外在反映，对这一原则的坚持和遵循，有利于把握青年教师思想政治教育的内在规律。

第二，有利于把握受教育者思想品德发展规律。思想品德是一个多要素的综合系统，是人们在一定思想的指导下，在品德行为中表现出来的较为稳定的心理特点、思想倾向和行为习惯的总和。一般来讲，每一个人的思想品德的形成和发展须经历知、情、意、信、行的运动变化，这其中，认识、情感、意志、信念等起着至关重要的作用；不同人的兴趣、性格、气质、态度等影响着思想品德形成过程的曲折、快慢。外界因素的作用与变化，是人的知、情、意、信、行相互转化的催化剂和媒介，通过人的主体活动和人际交往等实践形式将思想观念、价值观点、道德规范等逐步渗透到人们的意识和行为当中，影响人的思想品德。这便是思想品德发展变化规律。高校青年教师思想政治教育的渗透性原则、激励性原则、差异性原则正是这一内在规律的外在反映，由于外界因素的作用与变化，影响青年教师知、情、意、信、行等内在因素的变化。比如，渗透性原则强调潜移默化、渐进影响和改变青年教师的思想和行为；激励性原则关注青年教师的精神与物质诉求，通过外在条件对内在需求的满足影响青年教师的思想观念；差异性原则考量不同青年教师内外界因素的差异，主张因材施教、区别对待。遵循高校青年教师思想政治教育的渗透性原则、激励性原则、差异性原则，有利于把握青年教师思想品德发展变化的规律。

第三，有利于把握思想政治教育过程规律。思想政治教育过程规律是指各要素之间的本质联系及其矛盾运动的必然趋势。具体而言，包括教育要求与受教育者思想品德发展之间保持适度张力的规律、教育与自我教育相统一的规律、协调与控制各种影响因素之间同向发挥作用的规律等。教育要求与受教育者思想品德发展之间保持适度张力的规律，是指在思想政治教育活动中，教育要求与受教育者思想品德之间保持一种动态的平衡关系。比如，教育要求既要超越受教育者目前的思想道德水平，但又不能过分要求达到受教育者无法实现的高度。教育与自我教育相统一的规律，指教育者与受教育者相互影响、相互作用，共同构成思想政治教育过程。协调与控制各种影响因素之间同向发挥作用的规律，指在思想政治教育构成中，教育者不仅要积极主动地施加教育影响，而且要注意对影响人的思想品德和思想政治教育过程的各种因素加以分析，并尽最大努力对各种因素加以调控，使之向社会要求的方向发挥作用。高校青年教师思想政治教育的主体性原则，某种程度上反映了教育要求与受教育者思想品德之间保持适度张力的规律、教育与自我教育相统一的规律。主体性原则，要求高校青年教师思想政治教育，要充分尊重青年教师的主体地位，调动青年教师自我教育的积极性和主动性。尊重青年教师的主体地位，指高校青年教师思想政治教育在设定教育目标、规划教育内容时，要充分建基于青年教师的思想、生活和工作实际，比如，要通过考察和分析青年教师的思想道德水平现状来设定教育目标与教育内容，如此才兼具科学性和实效性。显而易见，这是教育要求与受教育者思想品德之间保持适度张力规律的外在体现。主体性原则旨在调动青年教师自我教育的积极性和主动性，这是教育与自我教育相统一规律的体现。

**2. 遵循基本原则有利于推进高校青年教师思想政治教育的科学运行**

高校青年教师思想政治教育是由诸多子系统、要素构成的整体。比如，就子系统而言，它包括教育主体（教育者）、教育介体（教育内容、方法、手段等）、教育客体（受教育者）、教育环体（教育环境）；就构成要素而言，它包括教育理念、教育目标、教育内容、教育载体、教育环境、教育途径、教育机制等等。高校青年教师思想政治教育的运行要素遵循一定的规则，相互联系、相互影响、相互作用，共同实现思想政治教育目的。高校青年教师思想政治教育的运行过程也是各要素相互作用、相互协调的既对立又统一的矛盾运动过程。在运行过程中，会出现各要素之间的不协调、不平衡，影响其他要素作用的发挥，导致思想政治教育效果不佳。基于此，应遵循高校青年教师思想政治教育的基本原则，使各要素运行都依据一定的规则，保证高校青年教师思想政治教育整个要素链条的连续。从静态方面讲，高校青年教师思想政治教育基本原则规定了各要素的基本性质和确立标准，为其顺利运行奠定了基础；从动态方面讲，这些基本原则推动了高校青年教师思想政治教育科学运行，即各要素、各环节相互协调、遵循正确的方向，连续运行顺利达到思想政治教育的目的。没有一定的规则，各要素在运行过程中就会失去方向，杂乱无序，没有明确的目的性，易偏离了思想政治教育的初衷。

第一，有利于最大限度地发挥思想政治教育各要素的合力。高校青年教师思想政治教育原则是一个丰富而完整的整体，它以思想政治教育规律为依据、以思想政治教育实践为依托，各原则之间紧密配合、相互作用、互为补充，对高校青年教师思想政治教育具有全面且直接的指导意义。一方面，这些基本原则共同规定思想政治教育各要素的性质、内容，目标的确立、内容的取舍、方法的选择、载体的运用等都需要遵循一定的原则。例如，方向性原则是确定高校青年教师思想政治教育目标、任务的重要指导思想；主体性原则是选择教育方法时必须注意并着力凸显的重要方面。通过这些规则的指导，使各要素的优势得到最大发挥。另一方面，规范思想政治教育的各个环节和过程，如保障各个要素的有序进行，促使目标的确立、内容和方法的选择、载体的运用等按照逻辑思路来开展，最大限度地避免运行过程中的阻碍，从而使各要素的优势在运行过程中得到最充分的发挥，最大限度地发挥思想政治教育各要素的合力。

第二，有利于高校青年教师思想政治教育运行规范有序。高校青年教师思想政治教育的运行不是自发无序的，而是遵循一定的规则和逻辑的。高校青年教师思想政治教育原则作为一个相互制约、相互支撑、有着内在逻辑的整体，规范着思想政治教育的全过程。高校青年教师思想政治教育原则体现层次性、方向性和动态性，如方向性原则处于首要地位，是其他原则的价值遵循，主体性原则、渗透性原则、激励性原则、差异性原则等均是对方向性原则的具体化、实践化；主体性原则又是其他几个原则在实施过程中必须恪守的行为准则，渗透性原则、激励性原则和差异性原则均要以尊重教育者及受教育者的主体性为前提条件。正是高校思想政治教育原则体系的这种整体性、逻辑性、层次性和关联性，高校青年教师思想政治教育原则才能对高校青年教师思想政治教育工作的开展发挥指导、制约、规范的作用。过去有很长一段时间，思想政治教育工作者过分强调思想政治教育的工具理性，将思想政治教育单纯地看作意识形态灌输的工具，忽视受教育者的合理诉求和个人利益，致使思想政治教育工作陷入困境，教育实效式微，究其根本原因在于片面强调高校青年教师思想政治教育的方向性原则，漠视受教育者主体性的发挥，未能贯彻主体性原则。当前，部分高校青年教师思想政治教育又存在过分强调主体性、激励性原则而淡化思想政治教育目的性、思想性、阶级性的倾向，在教育工作中不注重对青年教师不正确的思想观念进行引导，这其实是对高校青年教师思想政治教育方向性原则坚持不到位的表现。总而言之，高校青年教师思想政治教育原则体系是一个内在逻辑关联紧密、各原则之间相互衔接、相互制约、共同发挥作用的整体。切实有效地遵循高校青年教师思想政治教育原则，将有利于高校青年教师思想政治教育各要素之间科学、合理、顺畅地运转并最终发挥最大合力。

## （二）应遵循的若干基本原则

高校青年教师思想政治教育原则是一个多层次、多内容、相互联系、相互作用的有机整体，其具体原则数量繁多、难以尽述。这里着重探讨贯穿于高校青年教师思想政治教育全过程、渗透于高校青年教师思想政治教育活动各个方面的具有决定性、指导性的主要原则。

### 1. 方向性原则

方向性原则是指高校青年教师思想政治教育要在实践中，始终与时代发展要求相一致，始终同中国特色社会主义建设事业发展要求相一致，坚持社会主义政治方向的准则。方向性原则是开展高校青年教师思想政治教育的首要原则，它决定着高校青年教师思想政治教育的性质和内容。遵循方向性原则对高校青年教师思想政治教育活动的有效开展具有十分重要的意义。

第一，只有遵循这一原则，才能保证思想政治教育的阶级本质。"无产阶级思想政治教育与其他任何阶级思想政治教育的本质区别就是它的共产主义方向"[1]。社会主义社会作为共产主义社会的初级阶段，其最终目的在于实现共产主义，建设中国特色社会主义的根本目标在于沿着符合中国国情的道路去实现共产主义。坚持社会主义政治方向，满足中国特色社会主义建设事业的发展要求，能够保证高校青年教师思想政治教育的阶级本色。第二，只有遵循这一原则，才能真正完成高校的教育任务。列宁曾指出："所谓教育'不问政治'，教育'不讲政治'，都是资产阶级的伪善说法"[2]。为社会主义建设服务，"坚持育人为本，德育为先"[3]，培养社会主义合格建设者和可靠接班人是社会主义高等教育的根本任务，而高校教师在完成这一根本任务中扮演着引路人角色。因此加强高校青年教师思想政治教育也须坚持社会主义方向，才能正确引导学生成长成才。第三，只有遵循这一原则，才能真正体现高校青年教师思想政治教育的价值。毛泽东要求知识分子要做到"又红又专"[4]，"一个人，如果爱我们社会主义祖国，自觉自愿地为社会主义服务，为工农兵服务，应该说这表示他初步确立了无产阶级世界观，按政治标准来说，就不能说他是白，而应该说是红了。我们的科学事业是社会主义事业的一个重要方面。致力于社会主义的科学事业，作出贡献，这

---

① 陈万柏、张耀灿:《思想政治教育学原理》，高等教育出版社 2007 年版，第 206 页。
② 《列宁选集》第 4 卷，人民出版社 2012 年版，第 302 页。
③ 胡锦涛:《高举中国特色社会主义伟大旗帜　为夺取全面建设小康社会新胜利而奋斗——在中国共产党第十七次全国代表大会上的报告》，人民出版社 2007 年版，第 37 页。
④ 《毛泽东文集》第七卷，人民出版社 1999 年版，第 351 页。

固然是专的表现，在一定意义上也可以说是红的表现。"① 高校青年教师思想政治教育只有遵循方向性原则，培养青年教师坚定的理想信念，才能实现教育目的。

### 2.主体性原则

主体性原则是指在进行思想政治教育时，充分尊重高校青年教师的主体地位，调动青年教师自我教育的积极性和主动性的行为准则。主体性原则是开展高校青年教师思想政治教育活动的主要原则之一，有助于实现思想政治教育目标，增强思想政治教育实效。

开展高校青年教师思想政治教育应尊重青年教师的主体地位。思想政治教育活动是教育者和教育对象的双向交流活动，在高校青年教师思想政治教育活动中，青年教师是思想政治教育的教育对象，是受教育者。但青年教师并不是完全被动地接受教育影响，在教育过程中他们运用已有知识分析和理解教育内容，筛选有效信息，不断进行着自我教育。"只有当教育对象不仅能正确认识自己，评价自己，而且能自觉地按照社会要求进行自我教育，自我控制，主动向社会要求的方向发展，教育的目标才算达到了。任何教育，如果不能启发教育对象的自我教育，那是不会成功的。"② 思想政治教育必须促使青年教师主动接受并内化其教育内容和教育影响，才能真正发挥教育作用。因此，高校青年教师思想政治教育必须遵循主体性原则，尊重青年教师的民主、平等权利，引导青年教师开展自我教育，进行自主选择，提高参加中国特色社会主义建设事业的积极性和自觉性。

### 3.渗透性原则

"'渗透'比喻一种事物或势力逐渐进入到其他方面，达到一种通透的效果。"③ 高校青年教师思想政治教育渗透性原则是指思想政治教育目的、内容

---

① 《邓小平文选》第二卷，人民出版社 1994 年版，第 92 页。
② 陈万柏、张耀灿：《思想政治教育学原理》，高等教育出版社 2007 年版，第 216 页。
③ 王虹、王刚：《思想政治教育学基本理论研究》，辽宁大学出版社 2010 年版，第 116 页。

和要求融入到教育的各个方面，使青年教师在耳濡目染中受到感染和熏陶的准则。渗透性原则是高校青年教师思想政治教育应遵循的又一重要原则。

第一，遵循渗透性原则有助于高校青年教师思想政治教育获得顽强生命力。"思想政治教育要想获得顽强的生命力，充分发挥其潜能，真正收到实效，就必须同人民群众的实践活动紧紧联接在一起，就必须同社会主义的经济、政治、文化建设联系在一起。"① 人的思想总是受到社会生活中各种因素的影响，将高校青年教师思想政治教育渗透到经济工作、政治工作、文化工作和管理工作等具体工作中，结合各项具体工作去做，就意味着高校青年教师思想政治教育不再是思想政治教育者的"独角戏"，而成为各项业务工作人员都参与的工作，从而形成高校青年教师思想政治教育的综合作用力。第二，遵循渗透性原则有助于更好地发挥高校青年教师思想政治教育的效能。高校青年教师思想政治教育并不是一个孤立的系统，而是与具体业务工作以及人们的日常生活密切相联的。离开了业务工作，思想政治教育就会失去依托，就会无的放矢，因为各项具体工作是思想政治教育的用武之地。教育者只有结合业务等各项具体工作开展活动，才能及时了解教育对象的思想实际，才能有的放矢地做好工作，也才能切实避免思想政治教育与业务工作的"两张皮"状态。高校青年教师思想政治教育不是单一的教育活动，而是要渗透到高校各项教学、科研、文化和管理服务工作中，一方面通过这些渠道及时了解各青年教师群体的思想变化和行为表现，有针对性地开展教育工作；另一方面，在各项具体工作中充分发挥思想政治教育的导向作用，引导各项工作都不偏离社会主义方向，并代表高校师生利益，从而最大限度地发挥高校思想政治教育的作用。

### 4.激励性原则

激励是指运用各种有效手段激发人们的动机、热情，调动人们的主动性、积极性、创造性和潜能，使其朝着社会所期望的方向前进。激励性原则

---

① 陈成文、姜正国：《思想政治教育学》，湖南师范大学出版社 2007 年版，第 200 页。

是指高校青年教师思想政治教育者通过各种手段，激发高校青年教师自觉学习的思想动机，形成提升个人思想政治素质的内在动力，使其产生社会发展所要求的行为反映，达到高校青年教师思想政治教育的既定目标。激励性原则的内容既包括物质激励也包括精神激励，其形式既包括正面激励也包括负面激励，是高校青年教师思想政治教育必须遵循的一个基本准则。

第一，遵循激励性原则是适应高校青年教师行为活动规律的要求。人们的思想动机是行为产生的直接原因，而内在的需要和能满足需要的外部刺激形成了人的动机。需要固然是人的行为的内驱力，是人的行为的内在基础，而外部的刺激通过强化或否定人的需要对动机的形成也产生不可或缺的重要作用。高校青年教师思想政治教育的激励原则正是基于人的行为活动的这一规律提出来的。它通过奖惩两种刺激方式可以较好地满足激励对象的心理需要，促使受教育者形成良好的动机，并引导受教育者把社会目标与个人目标有机地结合起来，从而更好地向社会所要求的方向发展。高校青年教师的各种行为不是凭空产生的，而是源自他的内在需要和外部刺激。高校青年教师正处于事业发展的起步阶段，他们有着强烈的进取心，希望获得尊重、认可和回报。而激励性原则重在外部刺激，通过对高校青年教师的积极行为进行奖励，能够满足他们的心理需求，激发他们继续前进的动力，促使积极行为反复出现进而形成良好行为习惯。同时，激励性原则还会对高校青年教师的消极行为予以惩处，引导他们将个人行为目标同社会发展目标相结合，从而更好地朝着社会要求的方向发展。第二，遵循激励原则是完成高校青年教师思想政治教育主要任务的要求。培养高校青年教师鲜明的马克思主义素养、良好的思想政治素质和精深的业务能力是高校青年教师思想政治教育的主要任务。高校青年教师思想政治教育任务的完成，主要依靠青年教师个人的自觉性来实现，而运用多种激励手段有助于激发青年教师的思想动机和行为的主动性、创造性，促使他们能够自觉地通过各种方式学习，提高自身素质，培养和造就出社会主义现代化建设所需要的人才队伍。离开了激励原则，就不能有效地激发青年教师的主动精神和工作动力，把青年教师的精神力量转化为推动教育教学、科学研究发展的物质力量，发挥青年教师思想政治教育的潜在优势和应有作用。青年教师思想政治教育工作的有效性在很大程度上取决于激励方法的有效性。青年教师思想政治教育是做人的工作，做人的精神世界的工作。因此，经常不断地激励青年教师的前进动力是思想政治教育的基本职能和重要手段。如果忽视和放弃激励原则，青年教师思想政治教育本身就会丧失应有的吸引力、感召力和凝聚力。

### 5.差异性原则

差异性原则是指在高校青年教师思想政治教育过程中，根据高校青年教师的个性特点，承认差异，区别对待，因材施教，分层次进行教育；既鼓励先进，又照顾多数，将先进性要求与广泛性要求有机结合起来的准则。差异性原则凸显出高校青年教师思想政治教育的人文关怀，是实施高校青年教师思想政治教育的心理学依据和教育规律性的体现。

第一，遵循差异性原则是由高校青年教师不同个体特征决定的。高校青年教师思想品德的形成发展规律告诉我们，由于每位青年教师所处的社会关系（如经济地位、政治地位、社会地位、受教育程度、专业背景、人脉关系等）不同，其心理素质各不相同，所以，高校青年教师的思想行为会呈现出多样性的特征。只有遵循差异性原则才能充分尊重每位高校青年教师的个性特征，为他们提供有针对性的教育引导。第二，遵循差异性原则是克服传统高校青年教师思想政治教育"一刀切"弊端的需要。过去的高校青年教师思想政治教育往往呈现出"一刀切""一锅煮""大轰大鸣"等形式主义和主观主义倾向，目标单一，要求过高，急于求成，脱离实际，使得高校青年教师思想政治教育收效甚微。高校青年教师的思想行为水平是有层次有差异的，如果把对先进分子的要求普及给大众，就会脱离现实基础，就会脱离青年教师的实际情况，结果必然是欲速则不达。坚持差异性原则就是要照顾每位高校青年教师的思想行为实际，在他们思想行为原有的基础上实行教育，使处于不同起跑线的高校青年教师都能有所进步。第三，遵循差异性原则是培养创新型人才的迫切需要。江泽民指出："有没有创新能力，能不能进行创新，是当今世界范围内经济和科技竞争的决定性因素。"①高校青年教师思维敏捷，易于接受新鲜事物，具有创新的欲望和潜质，要在思想政治教育中区别对待他们不同的个性、兴趣、爱好和能力，因材施教，充分挖掘每位高校青年教师的创造潜力。

## （三）切实有效遵循基本原则

高校青年教师思想政治教育原则要想落到实处，必须在教育活动中得到切实有效的遵循。

### 1.坚持立德树人

"培养什么人，怎样培养人"是教育的根本问题和永恒主题。党的十八大报告鲜明指出："把立德树人作为教育的根本任务，培养德智体美全面发展的社会主义建设者和接班人。"立德，立即树立，德即德业，立德即树立德业，出自《左传·襄公二十四年》："太上有立德，其次有立功，其次有立言，虽久不废，此之谓不朽。""立德，谓创制垂法，博施济众，圣德立于上代，惠泽被于无穷。"树人，是培养人才的意思。出自《管子·权修》："一年之计，莫如树谷；十年之计，莫如树木；终身之计，莫如树人。"立德树人，即树立德业，为他人做榜样，培养人才。立德树人作为教育的根本任务，是对十七大"坚持育人为本、德育为先"教育理念、教育任务的深化，指明了教育改革与发展的方向。

坚持立德树人，是高校青年教师思想政治教育遵循方向性原则的根本体现，意指高校青年教师思想政治教育要坚持知识传授、能力培养与世界观、人生观、价值观教育相统一，既培养、提升青年教师的业务能力，又改善和提高青年教师思想道德水平。

第一，坚持立德树人，要坚持马克思主义的指导地位。马克思曾指出："统治阶级的思想在每一时代都是占统治地位的思想。这就是说，一个阶

---

① 《江泽民文选》第三卷，人民出版社2006年版，第36页。

级是社会上占统治地位的物质力量，同时也是社会上占统治地位的精神力量。"①马克思主义从诞生之日起就公开宣布自己的无产阶级意识形态性质，成为中国共产党领导人民夺取社会主义革命、建设和改革伟大胜利的重要法宝。"我们的理论不是教条，而是行动的指南"②。马克思主义哲学为人们提供了认识世界和改造世界的锐利思想武器，是无产阶级的科学世界观和方法论。但系统的马克思主义理论不会在青年教师头脑中自发产生与形成，必须通过思想政治教育帮助他们增强马克思主义理论修养。第二，坚持立德树人，要坚持中国共产党的领导。中国共产党是中国特色社会主义事业的领导核心，其领导地位不是自封的，而是中国人民的历史选择，是中国共产党对于中国革命和建设的地位和作用使然。中国共产党同时也是思想政治教育的领导核心，在思想政治教育过程中，深入贯彻落实党的路线、方针、政策是开展高校青年教师思想政治教育的内在要求。第三，坚持立德树人，要以社会主义核心价值观引导青年教师的价值取向、价值选择、价值判断。社会主义核心价值观，从国家、社会、个人三个层面规定了国家的价值目标、社会的价值取向和公民的价值准则，是引领和主导高校青年教师价值观念的核心和灵魂。第四，坚持立德树人，要不断提升青年教师的教育教学能力和科学研究水平，不断增强青年教师培养人才、服务经济社会发展的业务能力。

## 2.坚持发挥教育者的主导作用

坚持发挥教育者的主导作用，是遵循高校青年教师思想政治教育主体性原则的必然要求。坚持主体性原则并不意味着否定、削弱或是取消高校青年教师思想政治教育者的主导作用。教育者的主导作用同教育对象的主体作用是辩证统一、相辅相成的。

第一，发挥教育者在高校青年教师思想政治教育中的主导作用，易于调

---

① 《马克思恩格斯文集》第 1 卷，人民出版社 2009 年版，第 550 页。
② 《列宁选集》第 4 卷，人民出版社 2012 年版，第 180 页。

动青年教师的主观能动性。在当今全球化时代和社会转型期，人们的价值观念面临着前所未有的冲击和变革，意识形态领域斗争愈演愈烈。一方面，随着全球化和信息网络的发展，西方资产阶级利用其经济优势不断向我国高校渗透资产阶级思想文化和价值观念，企图分化、削弱我国的主流意识形态，对青年教师原有的价值观形成了前所未有的挑战；另一方面，社会转型的大变革推动着社会价值观念的演变，高校作为思想文化变革的前沿阵地，传统与现代文化、大众文化与精英文化、西方文化与民族文化等一起涌入，鱼龙混杂，给涉世未深的青年教师带来选择辨别的难度。因此，高校青年教师思想政治教育必须在教育者的正确引导下进行，避免整个教育活动走入歧途，背离社会主义方向，脱离社会主义主流意识形态。发挥教育者的主导作用，采取多种形式加强对青年教师思想政治教育工作者的培训，不断提高他们的业务素质，增强思想政治教育的吸引力、感染力和说服力。第二，发挥教育者在高校青年教师思想政治教育中的主导作用，能够确保思想政治教育的有效推进。高校青年教师思想政治教育的全过程，是在教育者的引导下，青年教师经过自身思想矛盾运动使思想认识不断得到转化与提高的过程，教育者的主导作用是不可或缺的。实践证明，教育者的主导作用发挥得越好，青年教师的主体性就越能凸显，自我教育的积极性、主动性、自觉性越能得到充分调动，进而正确认识自我、恰当评价自我、科学设计自我、合理调节自我、自觉规范自我，最终实现知、情、意、信、行诸心理要素的和谐发展，形成良好的思想品德，有效保证和推进高校青年教师思想政治教育的有效运行。第三，坚持发挥教育者的主导作用，要为青年教师提供广泛的学习平台，营造健康向上的集体文化氛围。要丰富理论学习方式，开展形式多样的社会实践，使青年教师在实践中受教育、长才干、增知识、作贡献，形成和发展自我教育能力，不断突破自我。要强调每一位青年教师的自我教育，强调青年教师群体的互帮互教。青年教师由于兴趣爱好相投或是业缘关系，容易结成青年教师群体，在长期的交往中，他们容易形成相近的思想观念和行为习惯，相互影响、相互促进。要着重培养青年教师群体中的领头人，形成青年教师自我教育的核心，引领每一位青年教师充分发挥各自优势，为每一位青年教师的成长进步创造条件和平台。

### 3. 坚持多维教育渗透

在高校青年教师思想政治教育中遵循渗透性原则需要坚持多维度渗透。

第一，教育者应增强渗透意识。高校青年教师思想政治教育者是高校青年教师思想政治教育整个过程的掌控者，高校青年教师思想政治教育活动实效在很大程度上取决于他们的综合素质。高校青年教师思想政治教育者应自觉将思想政治教育融入各项具体工作和高校青年教师的日常生活中，对高校青年教师实施全方位的教育影响。在实际工作中，应注意渗透的持续性，要由浅入深、因势利导，使高校青年教师在不知不觉中受到感染和熏陶，接受教育。同时，高校青年教师思想政治教育者还应注意渗透的重点，着重解决思想问题，提高教育的针对性，做到有的放矢。第二，教育者应营造民主平等的教育氛围。高校青年教师思想政治教育者应尊重教育对象，与高校青年教师建立友好和谐的朋友关系，关照高校青年教师思想实际，求同存异，使广大青年教师感受到思想政治教育活动的人文关怀，从内心深处真正认同思想政治教育所倡导的价值观念。第三，教育者应选择渗透教育的载体。渗透教育的载体可以包括教学、科研、管理、文化、实践活动、大众传播等等。这些载体本身具有较强的渗透性，如在科学研究中渗透青年教师思想政治教育内容，结合科学研究实践教育引导青年教师遵守学术道德、立足科学技术前沿、把握重大理论和实际问题、以服务经济社会发展为导向，不断提升开展科学研究的能力和水平；在管理制度中渗透青年教师思想政治教育，通过完善的制度安排、健全的制度规范、严格的考核管理，不断提升青年教师自我约束、自我提升的自律意识，积极主动促进自我思想道德水平的完善和业务能力的提高。

除此之外，网络载体近几年备受关注，在高校青年教师思想政治教育活动中应充分利用这些载体，精心设计，将教育内容巧妙地渗入形式新颖、生动活泼的载体之中，通过高校青年教师喜闻乐见的形式呈现出来，避免传统教育的空洞说教，使之在潜移默化中感受思想的升华。

### 4.坚持解决思想问题与实际问题相结合

在遵循青年教师思想政治教育激励性原则中必须做到个人利益同国家和集体利益、物质激励和精神激励以及正面激励和负面激励相结合。

第一，要将个人利益同国家和集体利益结合起来。要充分调动高校青年教师的积极性和创造性，就必须满足他们正当的个人利益，要为他们办实事。只要实际困难得以解决，实际利益得以实现，做好他们的思想工作也就迎刃而解，思想政治教育内容也就容易入脑、入耳、入心。但是，个人利益同集体利益并不是经常一致的，如果只讲个人利益和个人奋斗，而不讲国家利益和社会奉献，这样的民族是无法自立于世界民族之林的。因此，要强化高校青年教师的主人翁意识，强调集体利益的重要性，鼓励他们为了国家和集体利益无私奉献，在必要时，牺牲个人利益，成全集体利益。第二，要将物质激励和精神激励结合起来，以精神激励为主，物质激励为辅。人们的生存与发展不仅有物质需要，也有精神需要，因而物质激励和精神激励是高校青年教师思想政治教育活动中不可缺少的两个部分。邓小平指出："我们实行精神鼓励为主、物质鼓励为辅的方针。颁发奖牌、奖状是精神鼓励，是一种政治上的荣誉。这是必要的。但物质鼓励也不能缺少。"[1]物质激励侧重对高校青年教师物质上的满足，从而进一步调动其积极性、主动性和创造性。毛泽东指出："一切空话都是无用的，必须给人民以看得见的物质福利。"[2]要发挥高校青年教师思想政治教育的作用，就应切实维护高校青年教师的物质利益，解决他们的实际生活问题，改善他们的工作条件。但光有物质奖励还不够，"光靠物质条件，我们的革命和建设都不可能取得胜利。过去我们党无论怎样弱小，无论遇到什么困难，一直有强大的战斗力，因为我们有马克思主义和共产主义的信念。"[3]因此，还需要精神激励。精神激励即内在激励，是指精神方面的无形激励。精神激励侧重对高校青年教师的精神奖励，以深厚的感情关怀他们，激发他们的上进心，这种激励给高校青年教师带来

---

① 《邓小平文选》第二卷，人民出版社1994年版，第102页。
② 《毛泽东文集》第二卷，人民出版社1993年版，第467页。
③ 《邓小平文选》第三卷，人民出版社1993年版，第144页。

的积极性更为强劲持久，更能够提高他们的思想道德素质。第三，要将正面激励和负面激励结合起来，以正面激励为主，负面激励为辅。正面激励通过肯定和表扬高校青年教师行为中的积极因素，使他们感受到自己的努力和成绩是有价值的，从而更加努力工作和学习，同时也为其他青年教师树立榜样示范，起到模范带头作用。负面激励是指惩罚，即对高校青年教师不良或不正确的行为以及后果的一种否定的信息反馈，这种反馈可以促使高校青年教师中止并转变不良行为，使其原有的行为动机消退，并警示他人，以引导高校青年教师朝着社会要求的目标前进。

### 5.坚持尊重个性差异

遵循青年教师思想政治教育的差异性原则，必须切实做到尊重青年教师个性差异。

第一，承认高校青年教师之间的差异性。人的思想品德的形成发展，从根本上说是由各个人所处的社会关系，包括他所处的经济地位、政治地位、教育程度、学科背景、人际交往等因素所决定的。同时，个人的生理、心理素质的差异也影响到后天接受外界影响的性质和程度。因此，现实社会中的人总是千差万别，青年教师也因此呈现出具体多样性的特征。改革开放以来，我国社会发生了巨大的变化，青年教师的思想观念、价值取向、生活方式趋于多样化。所有这些都表明高校青年教师客观上存在着复杂的层次性，因而在承认这种差异的前提下，必须尊重高校青年教师的差别，尽可能满足他们不同层级需要，分层次对高校青年教师进行思想政治教育，以提高教育的针对性和实效性。第二，实施分类教育，因材施教。早在春秋时期，我国古代教育家孔子便提出"因材施教"这一教育理念，要求根据教育对象的不同知识水平和自我学习能力差异采取不同的教育方法。在实施具体教育方法之前，应准确了解高校青年教师的思想特点，这是实施因材施教的前提。要将高校青年教师的思想实际放到特定历史背景下进行考察分析，注重其动态变化，同时把握"长善救失"的基本要求，站在每一位高校青年教师的前方，为他们找准进步的起点。在掌握高校青年教师思想实际的基础上，为他们确定不同的教育目标和教育内容，要体现先进分子、中间分子和后进分子的层次差异，做到先进带后进，后进赶先进，先进更先进。在教育方法上，对性格开朗的高校青年教师，要开门见山、直言相待；对性格内向的高校青年教师，动之以情、晓之以理；对性格刚烈的高校青年教师，要直击要害、把握分寸。特别是要针对不同学科背景和不同学习经历的青年教师，选择不同的教育内容，采取不尽相同的教育方法。第三，满足不同职业发展阶段的特点和需要。处于不同职业发展阶段的高校青年教师，会面临不一样的思想问题、生活问题和职业发展问题。针对处于入职期、成长期、稳定期等不同职业发展阶段的青年教师，要根据他们所面临的具体困难和需要，采取相应的教育引导举措。特别是要抓住青年教师入职期、成长期和发展瓶颈期等思想政治教育的关键时间节点，加强教育引导，切实提高高校青年教师思想政治教育实效。

## 二、精选高校青年教师思想政治教育的主要内容

高校青年教师思想政治教育内容是思想政治教育内容的组成部分，是思想政治教育内容基于不同教育对象的具体化。因此，定位高校青年教师思想政治教育主要内容，既要符合思想政治教育内容的基本要求，还要根据高校青年教师思想政治教育的目标要求和高校青年教师的思想品德形成规律，体现特殊性和针对性，更好地为高校青年教师思想政治教育目的服务。总体而言，高校青年教师思想政治教育的主要内容应当涵盖理想信念教育、道德情操教育、仁爱之心教育和专业发展教育等。

### （一）理想信念教育

"加强理想信念教育，深入学习领会习近平新时代中国特色社会主义思想，引导教师树立正确的历史观、民族观、国家观、文化观，坚定中国特

色社会主义道路自信、理论自信、制度自信、文化自信。引导教师准确理解和把握社会主义核心价值观的深刻内涵，增强价值判断、选择、塑造能力，带头践行社会主义核心价值观。引导广大教师充分认识中国教育辉煌成就，扎根中国大地，办好中国教育。"① 理想信念是人们对未来的向往和追求，是一个人世界观和政治立场在奋斗目标上的集中体现，是确立人生价值取向的最高准则。理想信念问题关系到党和国家的前途命运，是党领导全国人民团结奋斗的思想基础。"最重要的是人的团结，要团结就要有共同的理想和坚定的信念。我们过去几十年艰苦奋斗，就是靠用坚定的信念把人民团结起来，为人民自己的利益而奋斗。没有这样的信念，就没有凝聚力。没有这样的信念，就没有一切。"② 高校青年教师是高校未来的骨干力量，是祖国和民族的希望，是我国高等教育事业兴旺发达的源泉和动力，理应树立中国特色社会主义共同理想和马克思主义坚定信念。"正确的理想信念是教书育人、播种未来的指路明灯。不能想象一个没有正确理想信念的人能够成为好老师。""好老师心中要有国家和民族，要明确意识到肩负的国家使命和社会责任。"③ 针对高校青年教师开展理想信念教育，应从以下四个方面入手。

### 1. 党的基本理论、基本路线、基本纲领和基本经验教育

在改革开放和社会主义现代化建设进程中，逐步形成了包括党的教育方针在内的党的基本理论、基本路线、基本纲领和基本经验。这些是改革开放和现代化建设伟大实践的产物，是中国共产党的宝贵财富，也是新时代实现中华民族伟大复兴"中国梦"奋斗目标的根本保证。"在这短短的十几年内，我们国家发展得这么快，使人民高兴，世界瞩目，这就足以证明三中全会以来路线、方针、政策的正确性，谁想变也变不了。说过去说过来，就是

---

① 中共中央、国务院关于全面深化新时代教师队伍建设改革的意见［EB/OL］.http://www.moe.gov.cn/jyb_xwfb/moe_1946/fj_2018/201801/t20180131_326148.html
② 《邓小平文选》第三卷，人民出版社 1993 年版，第 190 页。
③ 习近平:《做党和人民满意的好老师》，人民出版社 2014 年版，第 5 页。

一句话，坚持这个路线、方针、政策不变。"[1]"十四年伟大实践的经验，集中到一点，就是要毫不动摇地坚持以建设有中国特色社会主义理论为指导的党的基本路线。这是我们事业能够经受风险考验，顺利达到目标的最可靠的保证。"[2] 对这些基本的东西，必须倍加珍惜、不能变、不能丢。新形势下，加强青年教师理想信念教育，就要加强包括党的教育方针在内的党的基本理论、基本路线、基本纲领和基本经验教育，帮助广大青年教师树立起中国特色社会主义共同理想、马克思主义坚定信念，不断提高青年教师坚持党的路线、方针、政策的自觉性，"自觉做中国特色社会主义的坚定信仰者和忠实实践者，忠诚于党和人民的教育事业，自觉把党的教育方针贯彻到教学管理工作全过程，严肃认真对待自己的职责。"[3]

### 2. 中国特色社会主义道路信心教育

信心是人们相信某种愿望经过努力一定会实现的一种心理状态。强化高校青年教师中国特色社会主义道路信心，就是要增强他们对中国特色社会主义理论、中国特色社会主义道路。中国特色社会主义制度和中国特色社会主义的坚定性。中国特色社会主义"这条道路来之不易，它是在改革开放 30 多年的伟大实践中走出来的，是在中华人民共和国成立 60 多年的持续探索中走出来的，是在对近代以来 170 多年中华民族发展历程的深刻总结中走出来的，是在对中华民族 5000 多年悠久文明的传承中走出来的，具有深厚的历史渊源和广泛的现实基础。"[4] 高校青年教师思想政治教育应向广大青年教师阐明中国特色社会主义道路的深刻内涵、历史渊源和建设要求，深化对中国特色社会主义的思想认同、理论认同、情感认同，夯实实现中华民族伟大复兴"中国梦"的道路自信、理论自信、制度自信、文化自

① 《邓小平文选》第三卷，人民出版社 1993 年版，第 37 页。
② 《江泽民文选》第一卷，人民出版社 2006 年版，第 22 页。
③ 习近平：《做党和人民满意的好老师》，人民出版社 2014 年版，第 5 页。
④ 习近平：《在第十二届全国人民代表大会第一次会议上的讲话》，载《习近平谈治国理政》，外文出版社 2014 年版，第 39—40 页。

信，进而树立中国特色社会主义共同理想。

### 3. 国情和形势政策教育

中国特色社会主义共同理想的树立必须建立在深入了解和掌握基本国情之上。改革开放以来，社会主义现代化建设事业取得了举世瞩目的成就，社会生产力快速发展、综合国力显著增强、国际地位明显提升、人民生活水平大幅提高。但正如十七大报告中所说："我国仍处于并将长期处于社会主义初级阶段的基本国情没有变，人民日益增长的物质文化需要同落后的社会生产之间的矛盾这一社会主要矛盾没有变。当前我国发展的阶段性特征，是社会主义初级阶段基本国情在新世纪新阶段的具体表现。"[1] 社会主义初级阶段，经济转轨、社会转型过程中不可避免地会暴露出一些问题和复杂矛盾，但并不能以此否定和质疑中国特色社会主义共同理想的实现。开展国情和形势政策教育，就是要引导高校青年教师既不能妄自菲薄，又不能脱离实际，更不能急于求成，清醒地认识到社会主义代替资本主义是一个漫长、复杂和曲折的过程，充满了挑战与艰辛，不可能一蹴而就；中华民族伟大复兴"中国梦"的实现，需要亿万群众长期艰苦奋斗。

### 4. 社会主义核心价值观教育

"广大青年要把正确的道德认知、自觉的道德养成、积极的道德实践紧密结合起来，自觉树立和践行社会主义核心价值观，带头倡导良好社会风气。"[2] "坚持价值引领，以社会主义核心价值观为高校教师崇德修身的基本遵循，促进高校教师带头培育和践行社会主义核心价值观。"[3] 社会主义核心价值观与中国特色社会主义发展要求相契合，与中华优秀传统文化和人类文

---

① 胡锦涛：《高举中国特色社会主义伟大旗帜 为夺取全面建设小康社会新胜利而奋斗——在中国共产党第十七次全国代表大会上的报告》，人民出版社 2007 年版。
② 《习近平谈治国理政》，外文出版社 2014 年版，第 52—53 页。
③ 《五位专家谈〈关于建立健全高校师德建设长效机制的意见〉》，《中国教育报》2014 年10 月 10 日。

明优秀成果相承接，是在世界范围内价值观较量呈现新态势、思想意识多样多变呈现新特点情况下，统领多元价值观念的根本准则和关键依托，也是高校青年教师建构、坚定与实现理想信念的价值支撑与力量源泉。国家层面的核心价值观赋予青年教师远大的理想目标和强大的精神动力；社会层面的核心价值观凝聚青年教师的价值共识，汇聚起全面建成小康社会的强大力量；个人层面的核心价值观为青年教师崇德修身、全面发展提供基本的价值遵循，三者共同作用、服务于中国特色社会主义共同理想的树立与实现。开展高校青年教师理想信念教育，要将社会主义核心价值观融入教学、科研、管理、服务工作之中，以社会主义核心价值观引领青年教师的人生方向、价值追求和道德选择，自觉抵制各种错误思潮、消极思想，增强道路自信、文化自信与价值观自信，在实现中华民族伟大复兴"中国梦"的历史征程中，争做现代化建设的贡献者、社会主义道德的示范者、诚信风尚的引领者、公平正义的维护者。

### （二）道德情操教育

"在社会主义社会中，'道德情操'是无产阶级情感和革命坚定性的产物，是经过长期社会实践的锻炼、修养而形成的。"[1]道德情操是一个人道德修养的外在体现和反映。道德情操教育是为实现一定的道德理想，对受教育者的道德品质、思想意识进行教育、引导和改造的过程。"师也者，教之以事而喻诸德者也。""师者，人之模范也。"学为人师，德高为范。教师的职业特性决定了教师必须是道德上的合格者、情操高尚的人群，能够做到取法乎上、见贤思齐，以德施教、以德立身，用自己的人格品质、道德修养、模范行为影响和带动学生。高校青年教师道德情操教育，更多的强调道德情操的职业属性，是以高校教师基本道德规范为原则和要求，适应教师职业特点所开展的帮助青年教师提升道德觉悟、陶冶道德情感、锻炼道德意志、培养

---

① 　张雷声:《论"两课"教师的道德情操及其培育》,《高校理论战线》2004 年第 8 期。

道德品质、养成道德行为的实践活动，是调节教师与教育事业、教师与教师、教师与学生、教师与学校集体、教师与社会之间关系，规范和引导教师道德选择、道德评价、道德教育和道德修养等道德实践的重要依托。

### 1. 以教师职业道德规范为基础、内容和导向开展道德情操教育

2011 年 12 月 30 日，由教育部、中国教科文卫体工会全国委员会联合印发《高等学校教师职业道德规范》（以下简称《规范》），明确规定了爱国守法、敬业爱生、教书育人、严谨治学、服务社会、为人师表六个方面的高等学校教师职业道德。《规范》继承了我国优秀师德传统，充分反映了新形势下经济、社会和教育发展中对教师应有的道德品质和职业行为的基本要求，是规范教师思想行为的根本准则。高校青年教师道德情操教育应以《规范》为基础和导向，这是由教师职业劳动的特点决定的。第一，教师劳动对象具有主动性、差异性和可塑性。青年教师要了解学生，因材施教，就要求青年教师必须具有奉献精神、高度的责任感、全心全意为学生服务的精神。第二，教师劳动具有主体性、示范性。青年教师主要是通过自身的学识、才能、思想品质、理论水平等对学生施加影响，教育教学过程一定程度上可以说是教师将自身的素质转化为学生素质的过程。其中，教师的人格魅力、道德风尚将直接作用于学生的心灵深处，参与学生的灵魂塑造，不仅直接影响学生在校期间的成长，甚至影响学生一生。这一特点，要求教师遵守职业道德规范，不断提高自身素质，时时以身作则，处处为人师表。第三，教师的劳动成果是培养出为社会服务的人才。人才的质量关系到民族和国家的命运。教师劳动的这一特点决定教师除了具有必要的知识和才能外，还必须能够体悟教育事业的神圣与崇高，担当推进我国教育事业发展、培养高质量人才的时代使命，具备高尚的职业道德。

### 2. 运用多种形式推进高校青年教师师德情操教育

"健全师德建设长效机制，推动师德建设常态化长效化，创新师德教育，完善师德规范，引导广大教师以德立身、以德立学、以德施教、以德育德，

坚持教书与育人相统一、言传与身教相统一、潜心问道与关注社会相统一、学术自由与学术规范相统一，争做'四有'好教师，全心全意做学生锤炼品格、学习知识、创新思维、奉献祖国的引路人。"① 加强高校青年教师道德情操教育，要做到以下几点：第一，做好师德培训。"刚入职的青年教师，要把师德修养作为入职培训的第一课，使他们认识到教书育人的使命和师德的重要性。"② 当前部分高校青年教师培训重教学技能、学术研讨，轻职业道德教育。部分高校的教师政治理论学习经常被业务培训、日常管理替代，形式主义严重。加强高校青年教师师德教育，可以在岗前培训中，通过"高等学校教师职业道德修养""高等教育学""高等教育法规"等内容的学习，使青年教师明确为人师表的具体要求，提高角色转换的认识和自觉性；针对已经在岗的青年教师，可通过建立培训档案、确立培训制度，阶段性、分层分批地对其开展教师职业道德培训，用以抵御不良社会风气、个人挫折或其他外因对其职业道德、职业理想、职业信念的负面影响。第二，强化师德修养。"师德需要教育培养，更需要老师自我修养。做一个高尚的人、纯粹的人、脱离了低级趣味的人，应该是每一个老师的不懈追求和行为常态。"③ 师德，只有切实转化为教师遵循职业道德规范的具体行动才具有意义。作为师德规范的必然要求，只有当它内化为教师的道德认同，并自觉自愿的外化为行为规范时，才真正具有师德意义上的价值。高校青年教师职业道德的建构过程，不仅需要依靠社会的道德教育，更需要个体的自我教育；不仅需要他律，更需要自律。教师只有形成了师德自律，才能为人师表，体现师德的人格魅力。正如苏霍姆林斯基曾说过的那样："没有自我教育就没有真正的教育。"第三，营造师德环境。营造良好的社会舆论氛围。通过对大众舆论的引导和大众传媒的正面宣传和报道，形成全社会尊师重德的舆论环境，一方

---

① 《中共中央、国务院关于全面深化新时代教师队伍建设改革的意见》，http://www.moe.gov.cn/jyb_xwfb/moe_1946/fj_2018/201801/t20180131_326148.html。

② 《五位专家谈〈关于建立健全高校师德建设长效机制的意见〉》，《中国教育报》2014年10月10日。

③ 习近平：《做党和人民满意的好老师》，人民出版社2014年版，第7页。

面，强化青年教师的职业认同感、社会责任感，另一方面，加强外在环境对青年教师职业道德的监督。营造健康向上的大学育人环境，良好的育人环境不仅有利于学生健康成长，也有利于青年教师潜心教学、研究，增强自律意识。要建设和谐校园文化，通过文化的渗透和感召，使高校青年教师自觉检验自身职业道德行为、价值观念；坚持科学的办学理念，凝练大学精神、追求科学发展、总结办学特色，给青年教师的职业发展以正确的方向指引和精神启迪。

## （三）仁爱之心教育

"爱人者，人恒爱之；敬人者，人恒敬之。"仁爱，即对他人真诚的喜爱、关心与帮助。仁爱之心是人的德性、良知和教养的人性体现，是待人接物、协调人与人之间关系的道德基础，是中华传统道德的核心。教育是一门"仁而爱人"的事业，高尔基说："谁爱孩子，孩子就爱谁。只有爱孩子的人，他才可以教育孩子。"爱是教育永恒的主题和灵魂，是教师厚重的职业底色，没有爱就没有好的教育，也没有好的教师。"好老师应该是仁师，没有爱心的人不可能成为好老师。"[1]建构青年教师思想政治教育内容，仁爱之心教育是其题中应有之义。

### 1. 爱岗位教育

"老师的爱，既包括爱岗位、爱学生，也包括爱一切美好的事物。"[2]爱岗位教育即教师职业情感教育。职业情感是从业人员对本职工作的一种情绪性体验，是在职业认同基础上所产生的对从事职业的积极态度和投入感。教师职业情感是指教师在长期从教过程中形成的对教师职业及教育事业的热爱、眷恋，并心甘情愿为之奉献、付出的高尚情怀。教育是一项复杂、艰辛

---

[1]　习近平:《做党和人民满意的好老师》，人民出版社 2014 年版，第 9 页。
[2]　习近平:《做党和人民满意的好老师》，人民出版社 2014 年版，第 10 页。

的职业，需要很大的时间、耐心、精力和情感投入。青年教师唯有深度认同教师职业，并在此基础上产生浓郁的职业情感，才有可能以热爱之心对待本职工作，以仁爱之心关注学生发展，切实担负起培养中国特色社会主义建设者和接班人的历史重任。为此，第一，要引导青年教师认识到教育事业在国家发展过程中的基础性战略地位，认识到教师职业的复杂性、长期性、创造性和示范性，不断强化教师职业认同。第二，要引导青年教师不只是把教育作为一种谋生的手段、职业，而是当做一种人生理想和价值追求，在教育实践中自觉吸纳新的教育思想、探究新的教育方法、参与教育改革与实践，将全部的智慧和精力奉献于对人才的培养、对真理的追逐，从中感悟教师职业的伟大与崇高。第三，要培养青年教师从事职业活动的幸福感。真正的教育应该是发自内心的、充满激情的，是享受着工作的乐趣和幸福的。从教幸福感是教师职业情感的终极目标和归宿。正如陶行知所言："教育乃一种快乐之事业……愚蒙者，我得而智慧之；幼小者，我得而长大之；目视后进骎骎日上，皆我所造就。其乐为何如耶！"[1] 青年教师唯有在从教过程中感悟快乐和幸福，其职业情感、从教信念乃至职业理想才能保持长期稳定的态势。青年教师思想政治教育要善于找寻隐藏在平凡琐碎的教育活动中的无限乐趣、美感和幸福感，帮助青年教师体验教育之乐、感受教育之美、领悟教育真谛，真正将教育事业作为感悟生命意义、实现人生价值的广阔舞台。

### 2. 爱学生教育

"教育风格可以各显身手，但爱是永恒的主题。爱心是学生打开知识之门、启迪心智的开始，爱心能够滋润浇开学生美丽的心灵之花。"[2] 教师对学生的"关爱""尊重""理解"和"宽容"能够拉近与学生的距离，增强学生的信心，激发学生前进的动力，促使其成长成才。开展高校青年教师爱学生

---

[1]　胡晓风、金成林：《陶行知教育文集》，四川教育出版社 2007 年版，第 36 页。
[2]　习近平：《做党和人民满意的好老师》，人民出版社 2014 年版，第 9 页。

教育，第一，要引导青年教师对学生充满爱心和信任，在严爱相济的前提下晓之以理、动之以情，让学生"亲其师""信其道"。"好老师要用爱培育爱、激发爱、传播爱，通过真情、真心、真诚拉近同学生的距离，滋润学生的心田，使自己成为学生的好朋友和贴心人。好老师应该把自己的温暖和情感倾注到每一个学生身上，用欣赏增强学生的信心，用信任树立学生的自尊，让每一个学生都健康成长，让每一个学生都享受成功的喜悦。"[1]要尊重学生，将学生看作独立完整的社会人，"有教无类""因材施教""教亦多术"，尊重学生发展规律、个性差异与主体人格，欣赏学生、信任学生，让学生在获得尊重、信任的同时学会自我教育、自我完善。"好老师应该懂得既尊重学生，使学生充满自信、昂首挺胸，又通过尊重学生的言传身教教育学生尊重他人。"[2]第二，要引导青年教师充分理解学生。理解是师生间对话、信任、沟通的桥梁和纽带，理解的过程就是师生之间情感交流、心灵互动的过程。因此，青年教师要能够站在学生立场上，理解学生的需要，包括学习、成长、交友、情感、人格、尊严等需要，善于倾听学生心声、主动加强探讨与交流、善于分享自己的感受，从而达到心灵与心灵的沟通、灵魂与灵魂的交融、人格与人格的对话。第三，要引导青年教师宽容关怀学生。"世界上没有两片完全相同的树叶，老师面对的是一个个性格爱好、脾气秉性、兴趣特长、家庭情况、学习状况不一的学生，必须精心加以引导和培育，不能因为有的学生不讨自己喜欢、不对自己胃口就冷淡、排斥，更不能把学生分为三六九等。"[3]教师的宽容是一种无私的爱、广博的爱，是学生进行自我纠偏、自我教育的前提和基础。青年教师思想政治教育应引导青年教师学会宽容，针对学习、生活中遇到问题的学生，以理解的态度、关爱的情怀、高度的责任心，包容学生的缺点与不足，尊重学生的个性，理解学生的情感，用科学的方法帮助学生，用自己的言行感化学生，爱中有严，严中有爱，让所有学生都成长为有用之才。

---

① 习近平：《做党和人民满意的好老师》，人民出版社 2014 年版，第 10 页。
② 习近平：《做党和人民满意的好老师》，人民出版社 2014 年版，第 11 页。
③ 习近平：《做党和人民满意的好老师》，人民出版社 2014 年版，第 11 页。

## （四）专业发展教育

专业发展教育是高校青年教师思想政治教育的又一重要内容。"教师专业发展就是指教师从事教学教育工作的基础理论、技能与情感及其结构关系的不断更新、演进与丰富，不仅仅是一个纯粹的认知过程。"[①] 专业发展教育，是高校青年教师思想政治教育实现其培养高校教师精湛业务能力这一的基本目标的有力保障。高校青年教师教学经验不够丰富，科研能力有待提高，特别需要对其进行专业发展教育，使他们早日成长成才。青年教师的成长成才主要表现为掌握高校教师的业务能力，包括高校教师教学、科研和专业实践活动等基本素质，主要体现在知识水平和实践能力两个方面。针对我国高校和高校青年教师实际情况，开展青年教师的专业发展教育可从以下几个方面着手。

### 1. 优化知识结构

"高校教师要博览群书，文理联盟，理科教师可以读点文学艺术作品，提高文化修养；文科教师可以读点科普作品，了解现代科学技术的发展趋势。通过读书来修身养心，提高文化修养、思想品位、高尚情操。"[②] 高校青年教师的知识结构包括本体性知识、文化知识、实践性知识和条件性知识。本体性知识体现高校青年教师对本学科知识的掌握程度，文化知识主要指高校青年教师对我国优秀传统文化和当前国家文化建设的认识，实践性知识体现高校青年教师将理论与实践相结合的程度，条件性知识主要指高校青年教师所具有的教育学和心理学知识。优化高校青年教师的知识结构，就要使高校青年教师不断巩固其本体性知识，紧跟学科发展动向，探讨学术前沿问题，同时以一定的文化知识、实践性知识和条件性知识为补充。弘扬传统文

---

① 鲍道宏：《现代教育理论：学校教育的原理与方法》，华东师范大学出版社 2011 年版，第 83 页。

② 《五位专家谈〈关于建立健全高校师德建设长效机制的意见〉》，《中国教育报》2014 年10 月 10 日。

化，参与国家文化建设，保持健康向上的积极心态，将理论知识与具体实践充分结合是推动高校青年教师走向成熟的必备条件。

## 2. 强化能力结构

高校青年教师的能力结构包括教育教学能力和科研能力。教学能力涵盖学科教学技能、教学管理技能、教学研究技能、教学实践性知识转换技能和人际交流技能等。提升高校青年教师的教学能力结构，就是要不断通过各种培训帮助高校青年教师增强课堂上的吸引力和感染力，增强高校青年教师的学术敏锐力和捕捉力，以及与领导、同事和学生的交往能力。提升青年教师科研能力结构，就是要引导青年教师围绕建设创新型国家的目标、围绕国家重大战略需求，凝练研究方向、把握现实问题、掌握科研方法、提升分析解决问题的能力，力争科学研究为社会发展服务；要通过科研政策、经费支撑、人才计划、制度改革等形式，对青年教师从事科学研究提供强有力的经费和制度支持，营造和谐开放的科研环境；要以出国研修为要，加大青年教师出国留学、访学、交流的力度，开阔青年教师学术视野，保持其所从事研究的前沿性、高端性。

## 3. 规划职业生涯

清晰的职业生涯发展规划能够为高校青年教师指明奋斗的目标和方向。引导高校青年教师根据个人兴趣、能力和特点，综合考虑所在学科专业建设发展情况、所在单位实际工作需求、经济社会发展形势，合理选择自己的职业目标和发展方向，并以此作为个人前进的动力，推动个人不断成长成才。同时，创造有利条件，搭建发展平台，帮助青年教师尽快度过职业发展适应期和困难期，为学术水平和教学科研业绩特别突出的青年教师创造破格晋升机会，纳入学科领军人才和后备干部培养体系。

总而言之，高校青年教师思想政治教育四部分内容中，理想信念教育重点夯实青年教师的政治基础，提升道路自信、理论自信、制度自信和文化自信；道德情操教育旨在维护青年教师声誉、保持良好道德形象，督促青年教师自觉按照职业操守规范思想和行为；仁爱之心教育重在帮助青年教师内化责任意识、使命意识和育人意识，关注关心关爱每一名学生；专业发展教育助推青年教师的职业发展，为其成长成才保驾护航。四部分内容之间紧密联系、不可分割，互有统摄、相互作用，统一于青年教师思想政治教育全过程。

## 三、拓展高校青年教师思想政治教育的有效途径

途径是指实现某一目的的方法和手段。高校青年教师思想政治教育途径，是指实现引航青年教师健康成长、引领青年教师履行职责、引导青年教师队伍建设等思想政治教育目标的方法与手段。"加强和改进思想政治工作，过去行之有效的好传统、好办法要坚持，更重要的是要适应新情况不断探索新的方式、方法、手段、机制。"①拓展高校青年教师思想政治教育的有效途径，是提高高校青年教师教育实效性的必然要求。当前，高校青年教师思想政治教育实践中，集中政治理论学习、辅导报告等形式已成为有效的常规途径，应继续坚持和发扬。在新的形势下，拓展高校青年教师思想政治教育的有效途径应以开展社会实践锻炼、组织参与学生思想政治教育工作、运用网络新兴媒体、注重人文关怀和心理疏导、关心解决生活实际困难等为重点。

### （一）坚持社会实践锻炼

社会实践活动是指承担了以改造客观世界为目的、主体与客体之间通过一定的中介发生相互作用等具体过程的载体。社会实践锻炼是青年教师的主观认识见之于社会实际的具体形式，是检验青年教师主观认识正确与否的唯一标准。只有通过具体的现实的不断发展的社会实践，青年教师的认识水平

---

① 《江泽民文选》第三卷，人民出版社 2006 年版，第 93 页。

才能不断提高，青年教师思想政治教育的有效性才能得到极大的提升。开展社会实践是高校青年教师思想政治教育的优良传统和有益经验，面对青年教师的新情况和新问题，还应当继续坚持并"鼓励广大高校教师参与调查研究、学习考察、挂职锻炼、志愿服务等实践活动，切实增强师德教育效果"①。

### 1. 组织青年教师参加社会实践锻炼的意义

高校青年教师"有的从校门到校门，缺少实践锻炼、社会生活磨练，经历相对单一"；② 有的在国外生活时间较长，对国情社情民情缺乏深刻了解，对社会转型期的矛盾和问题缺少正确认识，容易拿国外的发展水平和我国进行简单类比。让广大青年教师走出校门，走入社会，能够通过深入考察实践，了解国情社情民情，深化对中国特色社会主义的认识，增强实现中国梦的信心。马克思指出："人的思维是否具有客观的真理性，这不是一个理论的问题，而是一个实践的问题。"③ 毛泽东指出，人们的一切知识，"离开生产活动是不能得到的。""只有人们的社会实践，才是人们对于外界认识的真理性的标准。"④ 他在《实践论》中深刻阐述了认识和实践的关系，"通过实践而发现真理，又通过实践而证实真理和发展真理。从感性认识而能动地发展到理性认识，又从理性认识而能动地指导革命实践，改造主观世界和客观世界。实践、认识、再实践、再认识，这种形式，循环往复以至无穷，而实践和认识之每一循环的内容，都比较地进到了高一级的程度。这就是辩证唯物论的全部认识论，这就是辩证唯物论的知行统一观。"⑤ 因此，只有通过具体的社会实践锻炼，青年教师的认知才能不断地得到检验、提升和深化，在实践中进一步了解国情、社情、民情，正确认识国家的前途命运，正确认识

---

① 《教育部关于建立健全高校师德建设长效机制的意见》，教师〔2014〕10号，《师资建设》2014年第6期。

② 中共复旦大学委员会：《引领中青年教师队伍健康成长》，《求是》2014年第17期。

③ 《马克思恩格斯文集》第9卷，人民出版社2009年版，第500页。

④ 《毛泽东选集》第一卷，人民出版社1991年版，第283、284页。

⑤ 《毛泽东选集》第一卷，人民出版社1991年版，第296—297页。

自身的社会责任。

### 2. 组织开展青年教师社会实践活动需注意的几个问题

开展高校青年教师社会实践活动应注重同青年教师的专业特长相结合，以他们熟悉的领域为题材，注意针对性、差异性和多样性，满足不同层次和领域青年教师的需求：第一，要进一步提高高校青年教师对社会实践目的和要求的认识。通过相关的措施使青年教师充分认识到只有通过社会实践逐渐了解社会，开阔视野，充分认识正在发生深刻变化的世情、国情、党情、民情，了解我国当前青年教师的素质要求，在社会实践活动中认清自己的位置，认识自身的使命，发现自己的不足，巩固和提高自身处理具体问题的能力，在实践中不断检验自己的知识水平和业务能力，达到受教育、长才干、磨意志、作贡献的要求，强化高校青年教师的集体观念和责任意识，培养高校青年教师实际工作能力，提升高校青年教师的综合素质。第二，要建立高校青年教师实践锻炼长效机制。要努力创造条件、加大投入，搭建高校青年教师社会实践平台，优化高校青年教师社会实践活动运行机制，使每位高校青年教师能够定期参与社会实践活动。对于文科类青年教师，可以为他们联系县乡一级的基层业务部门，让他们在基层部门进行挂职，对社会现实有进一步深入的认识和了解；理工类青年教师可深入工厂、农村，从事科技研发、技术指导和转让、科研成果推广工作，或由高校集中组织参加国家重点工程建设的有关工作；医科类青年教师可深入基层医院从事防病治病工作；师范院校、基础课和公共课青年教师可深入基层中小学担任教学工作。通过这种结合专业的特色实践锻炼，加强高校青年教师对基层的了解；通过有针对性的社会实践锻炼，让青年教师深入基层一线，加深他们对自己专业知识的运用能力，使自己的学术研究与社会现实结合得更加紧密；通过有计划的顶岗支教、挂职锻炼、交流任职等方式，使青年教师更加真切地感受时代跳动的脉搏，了解国家的重大需求，融入国家发展的洪流，增强社会责任感和使命感。第三，要加强对高校青年教师社会实践活动的统筹安排和管理协调。高校青年教师社会实践锻炼是一项系统工程，"学校要有专门机构负责该项工作。各锻炼分队要建立临时党团组织，要有一系列的管理考核办法，接受单位密切配合。加强日常思想政治教育，严格要求，全面考核。实践锻炼结束时，要对参加实践锻炼的青年教师的政治思想表现、实践工作任务完成的情况、业务水平和实际工作能力等，实事求是地做出鉴定，存入个人档案，作为转正、提干或晋升职务的依据之一。"① 根据具体的实际情况，各单位应当制定详细的可操作的工作计划，并设置相关管理办法，制定具体的落实细则，督促并监督青年教师实践锻炼工作的落实情况，为高校青年教师的社会实践活动提供措施保障。

## （二）参与学生思想政治教育

青年教师参与学生思想政治教育工作是指青年教师通过担任辅导员、班主任，运用青年教师自身独特的优势，主动参与到学生日常的思想政治教育实践活动当中，时刻掌握学生的思想动态，及时做好与学生的思想沟通和交流，想学生之所想，急学生之所急，不断解决学生思想上的困惑和生活中的困难。青年教师通过参与学生思想政治教育，能够使自身思想政治素质无形中得到完善和提高。

### 1. 青年教师参与学生思想政治教育的意义

教育部《普通高等学校辅导员队伍建设规定》明确要求："新聘任的青年专业教师，原则上要从事一定时间的辅导员、班主任工作。"② 中共中央组织部、中共中央宣传部、中共教育部党组联合印发的《关于加强和改进高校青年教师思想政治工作的若干意见》，要求拓宽青年教师思想政治政治工作途径，组织青年教师参与学生思想政治教育工作。组织参与学生思想教育工

---

① 谭德政：《高校青年教师社会实践锻炼之我见》，《西南师范大学学报（哲学社会科学版）》1991 年第 4 期。

② 教育部思想政治工作司组编：《加强和改进大学生思想政治教育重要文献选编（1978—2008）》，中国人民大学出版社 2008 年版，第 404 页。

作，是高校青年教师思想政治教育的又一途径。只有通过与学生的实际接触，了解学生的真正需求，青年教师才能认识到自己肩负的责任和使命，更加深刻地认识的自身的地位和作用，并进一步提高自身的思想认识水平和业务能力。

### 2.青年教师参与学生思想政治教育的要求

中共中央、国务院颁布的《关于进一步加强和改进大学生思想政治教育的意见》中指出：所有从事大学生思想政治教育的人员，都要坚持正确的政治方向，加强思想道德修养，增强社会责任感，成为大学生健康成长的指导者和引路人。青年教师参与大学生思想政治政治工作，也应该具备良好的素质和高尚品格，这样才能起到为人师表的作用，从而赢得学生的信任和爱戴。第一，作为受党和国家重托的人民教师，必须要忠诚于党和国家的教育事业，有坚定正确的政治方向，有鲜明的政治立场和科学进步的政治态度，在重大原则问题上，能够坚定地维护党和国家的利益。这是对大学生思想政治教育工作者的基本要求。为此要求青年教师自觉学习、掌握马克思主义的立场、观点和方法，自觉学习、掌握马克思主义理论和党的路线、方针、政策，深入研究社会主义现代化建设和全面深化改革的新情况、新问题，注重以马克思主义为指导，研究回答现实问题、思想困惑和价值迷茫，努力形成新的理论认识，不断提升自身理论素养。第二，要具备较高的思想道德修养。教师必须正人先正己，育人先育己，在思想政治上、教育态度上、生活作风上以身作则，为人师表。这些要求的首要标准是青年教师要具备较高的思想道德修养，在教学活动中具备稳定的道德观念和行为规范，要有献身教育事业的奉献精神，有强烈的事业心和责任感以及对学生成长高度负责的精神，要能够做到爱岗敬业，矢志不移。这一要求会督促青年教师在外在压力和内在动力的相互作用下，通过自我学习、自我锻炼、自我修养，自觉、主动、创造性地把教师职业道德的必然性要求内化为道德认同、外化为道德行为，不断提升自我思想道德水平。第三，要切实担负起"大学生健康成长的指导者和引路人"的重要职责。学生是祖国的未来和民族的希望，而青年教师则是培育国家未来和民族希望的灵魂的工程师。这就要求他们在事关党和国家的重大政治原则、政治立场和政治方向问题上必然要与党中央保持高度一致，他们的思想素质、政治素质、职业道德修养必须要过硬，同时，还要有较强的工作责任心、事业心、政治责任感和社会责任感，这将直接关系到"培养什么人""如何培养人"等重大问题，影响着国家未来的走向。明确教师的重要责任将有助于青年教师在复杂社会环境、多元价值选择的背景下，加强对学生的教育和引导，激发起青年教师强烈的教书育人责任感和使命感，督促其不断提升自身理论水平、思想政治素质和业务素质，以此来为学生的成长成才保驾护航。

### 3.青年教师参与学生思想政治教育的着力点

组织青年教师参与学生思想政治教育工作，要落实相关的制度安排，引导青年教师发挥自身优势，主动参与学生思想政治教育实践。第一，完善有关聘任、管理和考核制度，落实相关待遇。在人员选拔上，从政策层面规定青年教师都有参与大学生思想政治教育实践的义务，并将此与职称评聘相挂钩，硬性要求青年教师参与兼职辅导员及班主任工作。完善青年教师师德考核和奖惩制度，督促青年教师严格遵守宪法和有关法律，恪守思想政治工作者的职业要求，自觉践行高等学校教师职业道德规范，坚持以马克思主义理论、党的路线方针政策引导大学生，不散布错误政治观点和有害言论。对有严重失德行为、影响恶劣者，按有关规定严肃给予处分或撤销教师资格。第二，健全青年教师参与学生思想政治工作的有效途径和长效机制。学生工作部门和各级学院党组织应积极拓宽青年教师参与学生思想政治工作的有效途径，在鼓励青年教师兼任辅导员和班主任的基础上，细化青年教师参与学生思想政治工作的具体任务和要求，切实将青年教师参与学生思想政治工作落到实处；总结青年教师参与学生思想政治教育工作的成功经验和失败教训，研究和探索青年教师参与学生思想政治工作的长效机制，力图将这一教育形式制度化、规范化、长期化。

## （三）运用新兴网络媒体

"信息技术特别是信息网络技术的发展，为我们开展思想政治工作提供了现代化手段，拓展了思想政治工作的空间和渠道，互联网已经成为思想政治工作的一个新的重要阵地"[1]网络新兴媒体是指通过局域宽带、无线通信、卫星传输方式，按照新闻媒体传播流程运作的、具有公信力的、能够产生巨大社会影响力和能够迅速形成社会舆论的信息传播平台。[2] 主要包括网站、论坛、聊天工具、博客和微博等。

### 1.高校青年教师思想政治教育运用新兴网络媒体的意义

随着信息网络技术的深入发展，网络新兴媒体在人们的生活中发挥着越来越重要的作用。新兴网络媒体传播冲破了国家疆界和民族藩篱，具有时效性、交互性和便捷性特点。在信息传播方面，它能够融文字、图片、声音、动画于一体，能够为受众群体带来生动形象的视听享受，冲破了传统媒体单向传播的束缚，能够实现信息传播和评议反馈的双向交流。作为乐于接受新事物的青年一代更是网络媒体运用的主要参与力量，高校青年教师也是其中重要的组成部分。相比传统媒介，信息传播的双向互动成为新兴媒体的最大特点和优势，更容易获得高校青年教师的认可和支持，通过青年教师乐于接受的方式对其进行教育是提高教育有效性的必要条件。高校青年教师思想政治教育可充分利用这一特点和优势，吸引广大高校青年教师积极参与到思想政治教育活动中来。关注高校青年教师需求的新变化，运用新兴媒体开辟新渠道，吸引青年教师、服务青年教师、赢得青年教师是今后高校青年教师思想政治教育的发展趋势。因此，通过新兴网络媒体加强对高校青年教师思想政治教育成为必要途径。

---

① 《江泽民文选》第三卷，人民出版社 2006 年版，第 94 页。

② 郑洁：《网络媒体传播社会主义核心价值观研究》，中国社会科学出版社 2012 年版，第 4 页。

## 2.高校青年教师思想政治教育运用新兴网络媒体的方式

运用新兴网络媒体开展高校青年教师思想政治教育应做好以下几个方面：第一，积极建设思想政治教育主题网站。高校思想政治教育主题网站是为宣传党的路线、方针、政策，发扬党的优良传统、弘扬爱国主义精神而主办的集思想政治教育、信息传播、素质培养为一体的综合性网站。要充分发挥主题网站在加强高校青年教师思想政治教育中的独特优势，充分利用网站资源拓展青年教师的理论视野和理论素养，并通过网站相互交流和学习，共同探讨实际问题，分享经验，相互帮助，共同进步。同时邀请学校党政领导、专家学者做客网上访谈、网上讲坛、网上讲座，在网上唱响马克思主义主旋律，掌握网上思想理论传播的主导权和话语权。同时，强化高校青年教师网上言行的法律意识和责任意识，通过网络掌握高校思想理论动向和网络舆情，及时发现倾向性、苗头性问题，有效应对涉及青年教师的舆论事件。第二，充分运用聊天工具、博客、微博、论坛等新途径，做好青年教师思想政治工作。通过在校园网 BBS、微博、微信、QQ 群等传播工具上开辟互动专栏，设置高校青年教师的关注热点为互动话题，邀请知名教授、专家运用马克思主义经典理论加以正确引导，教育和启迪高校青年教师，增强理论传播的有效性。在互动过程中，有意识地去发现和培养意见领袖，加强对高校青年教师的思想引导。通过向广大高校青年教师推出道德模范、先进人物、时代先锋、社会生活感动瞬间等图片、影像和视频征集令，邀请广大高校青年教师亲身感受他们的真实经历，教育和启发高校青年教师传播先进理论，增进思想共识。关注舆论互动所反映的高校青年教师的思想动态，为不断优化高校青年教师思想政治教育提供现实依据。第三，开办移动新媒体课堂，建设新的学习平台。掌上学习不受时间和空间限制，高校青年教师能够根据个人时间安排学习的时间和地点，具有较大的灵活性。高校青年教师思想政治教育应抓住掌上学习方式的优点，打造精品课程，推出形式多样的手机报、手机课堂、手机竞答、手机征文等新方式，及时将思想政治教育内容创新成果向高校青年教师普及。第四，加强网络监管，营造良好的网络环境。注重网络监管，净化网络舆论空气。网络的虚拟性特征使得网络舆论宣传具有一定的隐蔽性。西方敌对势力充分利用网络的隐蔽性向我国网民宣传反马克思主义言论，许多高校青年教师深受其害，在思想和行为上出现了偏差。开发新兴媒体教育资源要在充分利用其教育优势的同时，加强监管力度，组织一批网络维护工作人员，抵制不良信息的侵蚀，为广大高校青年教师塑造健康的网络舆论氛围，打造新兴媒体文化安全空间。

## （四）注重人文关怀与心理疏导

党的十七大报告首次提出：加强和改进思想政治工作，注重人文关怀和心理疏导[①]。党的十八大强调：加强和改进思想政治工作，注重人文关怀和心理疏导，培育自尊自信、理性平和、积极向上的社会心态。表明中国共产党思想政治工作理念的新变化，进一步丰富了思想政治教育的内涵。

### 1. 注重人文关怀和心理疏导的意义

所谓人文关怀，是指对人类自身发展过程中所遇到的各种问题的关注、探索和解答，集中表现为对人的生存状况的关注、对人的价值追求的尊重，集中体现为以人为本。心理疏导则主要指关怀与引导人的心理活动、道德情操、审美情趣，旨在提升人的精神世界和精神生活质量。"加强和改进高校青年教师思想政治工作，就一定要通过主动服务和温暖关怀，使高校青年教师有用武之地、无后顾之忧，让更多的高校青年教师敢于有梦，坚定理想，潜心学术。"[②]"注重人文关怀和心理疏导，是思想政治工作应对当前心理问题多发多态的必然选择，是人民精神文化需求日益旺盛的客观要求，也是深入贯彻落实科学发展观的重要体现。"[③]通过人文关怀和心理疏导，可以增进

---

① 《胡锦涛文选》第二卷，人民出版社 2016 年版，第 640 页。
② 《教育部就加强和改进高校青年教师思想政治工作答问》，《中国教育报》2013 年 5 月 28 日。
③ 沈壮海、李岩：《注重人文关怀和心理疏导：创新思想政治工作的新要求》，《思想政治工作研究》2008 年第 2 期。

沟通和交流的效果，做到尊重人和理解人，从人们的思想实际状况和相应的利益诉求出发，有助于教育工作贴近实际、贴近生活、贴近青年教师，更好地宣传动员青年教师、引导青年教师，使思想政治教育工作真正深入青年教师的心里，被其内化和接受，从而提高思想政治教育工作的实效性。

### 2. 有效开展人文关怀和心理疏导的做法

现代化国际经验表明，在经济转轨、社会转型的关键时期，不仅社会问题频发，心理问题也会大量凸显。要切实解决上述问题，必须开展有效的人文关怀和心理疏导。

第一，保护高校青年教师合法权利和正当权益。保护合法权利和正当权益是保障高校青年教师全身心投入工作的基本前提，这也是对青年教师进行人文关怀和心理疏导的根本保障，使他们在权益上和心理上获得平等感和尊重感，为他们营造一个有利的工作环境提供制度保障。这就要求相应地实施公平公正公开的人事与分配制度、尊重教师主体地位、保障教师合法权益，从制度层面对青年教师的生存与发展给予充分保障。高校只有实行人性化管理，把青年教师作为服务的对象，充分了解青年教师、尊重青年教师、相信青年教师，才能为青年教师的成长发展提供优质服务和保障。第二，从生活上照顾、精神上引导、感情上慰藉、心理上疏导、事业上帮助青年教师。高校教师思想政治工作者要改变长期以来单纯的"思想工作加行政命令"的工作方法，通过多维、多元的培训和教育方式对青年教师进行理论教育和价值引导，使他们摆脱思想困惑，确立正确的人生方向和发展方向；组织开展丰富多彩的文化活动，加强高校青年教师之间的信息沟通和思想交流，为高校青年教师提供心理支持和情感支持，提高高校青年教师自我调适能力；进一步加大对学校选拔任用机制改革，确保选拔任用机制科学、完善、合理、有效，在程序、结果上公开透明，为青年教师的事业发展营造良好、宽松的政策环境；健全校内激励机制，以人为本，以青年教师的多元需求为立足点，让肯干事、能干事、会干事的青年教师享受到应有的激励，体会到学校的关怀。第三，建立长效心理疏导机制，保证青年教师的心理健康维持在较为理想的水准。青年教师需要生活，需要成长，需要关爱。做好青年教师的思想政治工作，既要坚持和发扬我们党的优良传统，又要与时俱进，不断研究新情况，分析新形势，解决新问题。一些青年教师由于性格、年龄及现实问题的影响，容易产生烦躁、冲动、偏执、孤独、忧郁等非健康心理，对此高校教师思想政治工作者要对青年教师的心理变化有充分的了解和清醒的认识，并采取切实有效的措施，如心理干预、预警机制，心理救助机制，定期对青年教师进行各种心理健康教育和心理关怀，并对其提供及时有效的心理健康指导与服务，帮助青年教师更好应对工作压力、舒缓职业倦怠。

## （五）关注解决实际困难

关心、解决高校青年教师生活实际困难，是高校青年教师思想政治教育的重要途径。

### 1. 关注解决青年教师实际困难

高校青年教师的培养，需要物质、制度、环境等方面的条件，其中物质条件是基础。青年教师大多面临着组建家庭、教育子女、赡养老人、购置住房等实际问题，由于青年教师工作年限短、职称低、资历浅、收入低、经济基础薄弱，对于解决这些实际问题常常感到力不从心，进而产生较大的生存压力；同时，由于教学经验不足、科研基础薄弱，也导致他们面临较大的职业发展困难。如果这些实际困难不能得到很好的解决，势必影响高校青年教师的工作状态，分散高校青年教师的工作精力，甚而影响到他们的思想认识。因此，高校青年教师思想政治教育要主动关心和帮助他们解决实际困难。革命导师列宁十分关心教师的待遇问题，指出："应当把我国人民教师提高到从未有过的，在资产阶级社会里没有也不可能有的崇高地位。这是用不着证明的真理。为此，就必须进行有步骤的、坚持不懈的工作，来提高他们的思想意识，使他们具有真正符合他们的崇高称号的各方面的素养，而最最重要的是提高他们的物质生活条件。"①邓小平也在不同场合多次强调要提高教师待遇问题，"教育改革，在有技术有学问的人抱着为吃饭不得已而教书的情绪下，是不能进行的。"②"对知识分子除了精神上的鼓励，还要采取其他一些鼓励措施，包括改善他们的物质待遇"③。因此，提高高校青年教师待遇，关心和解决他们面临的困难，为青年教师解决后顾之忧，使其能够把更多的时间和精力投入到工作和学习当中，为开展青年教师的思想政治教育提供基本的前提保障。

### 2.关注解决青年教师实际困难的要求

切实帮助青年教师解决而临的实际问题，是开展思想政治教育的必然要求。

第一，充分了解青年教师的生活现状。高校青年教师思想政治教育工作队伍应协同工会建好"教师之家"，开辟活动、视听、阅览和交流空间，让青年教师们在交流和沟通中增进信任、分享经验、共同提高，同时通过与他们交谈和其日常生活表现了解青年教师生活水平状况，及时发现生活上需要帮助的青年教师。建立困难青年教师档案，对困难青年教师的生活状况进行跟踪直至他们走出生活困境。为困难青年教师建立补助基金，当有青年教师遇到实际困难时及时给予帮助。高校青年教师思想政治教育工作队伍还应协同工会解决高校青年教师十分关心的子女入托入学问题，资助住房津补贴解决住房问题。第二，搭建高校青年教师的成长发展平台。在工作中，要切实关注青年教师遇到的实际困难，解决他们的工作场所和硬件设施问题，配备相应的器材和设施。同时，针对刚走上工作岗位的青年教师工作经验不足、知识储备不够合理、与学生沟通不畅等问题，安排经验丰富、业务水平好、技能水平高的中老年教师与青年教师"结对子"，给予他们学习、工作上的

---

① 《列宁选集》第4卷，人民出版社1972年版，第678页。
② 中华人民共和国教育部、中共中央文献研究室:《毛泽东邓小平江泽民论教育》，中央文献出版社、人民教育出版社、北京师范大学出版社2002年版，第85页。
③ 《邓小平文选》第二卷，人民出版社1994年版，第51页。

"传""帮""带"，帮助他们不断提高自身的业务能力和水平，从而为他们的工作、成长创造良好的工作条件和营造积极向上的工作环境。第三，采用物质奖励解决高校青年教师的燃眉之急。对业务能力强、工作表现好的高校青年教师及时予以嘉奖，不仅要给予精神奖励，也要给予物质奖励。一般来讲，物质奖励并不丰厚，但它有时也能解决一些青年教师的燃眉之急，同时应坚持公平、公正、公开、透明原则，不能仅看到困难青年教师需要帮助，而应将奖励工作表现放在第一位，同时兼顾青年教师的生活状况。不断提高待遇并及时解决青年教师在生活中出现的各种困难，以使他们安心工作，从而确立献身高等教育事业的坚定信念。

## 四、加强高校青年教师思想政治教育的组织领导

加强高校青年教师思想政治工作，关键在党，关键在人。[①] 针对当前一些地方和高校对青年教师思想政治工作重视不够、工作方法不多、工作针对性和实效性不强的问题，必须强化对青年教师思想政治工作的组织领导。加强高校青年教师思想政治教育的组织领导，即通过计划、组织、领导等活动，集合高校各种资源，实现提升高校青年教师思想政治素质目标的过程。这个目标的实现应在放置工作突出位置、形成完善制度体系、建立健全工作格局、全面落实基础保障上下功夫。

### （一）放置工作突出位置

高校青年教师思想政治教育之所以存在一定问题，其主要原因之一是高校领导对青年教师思想政治教育工作重视不够，未将之放置于突出地位。中共中央组织部、中共中央宣传部、中共教育部党组联合印发的《关

---

① 《教育部就加强和改进高校青年教师思想政治工作答问》，《中国教育报》2013 年 5 月 28 日。

于加强和改进高校青年教师思想政治工作的若干意见》明确提出：要充分认识青年教师思想政治工作的意义，高度重视青年教师思想政治教育工作。切实加强对高校青年教师思想政治教育的组织领导，就是要把青年教师思想政治教育放在突出位置，与学生思想政治教育、教学科研管理、业务能力培养并重，统一决策、统一部署、统一组织，做到思想同心、目标同向、工作同步，真正使青年教师思想政治教育与学校各个方面的工作融为一体。

### 1. 坚持青年教师思想政治教育与学生思想政治教育并重

教师思想政治教育与学生思想政治教育是高校思想政治工作的两大组成部分。二者互有统摄、相互作用、不可分割。一方面，高校教师是开展大学生思想政治教育工作的主体，高校教师唯有具备坚定的理想信念、高尚的道德情操、强烈的责任意识和精湛的业务能力，才能真正保证大学生思想政治教育工作的顺利开展，并取得实效。离开扎实、有效的教师思想政治教育工作，大学生思想政治教育将是无源之水、无本之木。另一方面，大学生思想政治教育又为教师特别是青年教师的锻炼成长提供了平台和机会。教学相长，在参与大学生思想政治教育过程中，教师既拉近了与学生的距离，了解了学生的诉求，认识到自身的地位和价值，强化责任意识和使命感，同时还可以获得多方面的信息与知识，开阔视野、增长见识，提升业务能力。当前部分高校客观存在重视大学生思想政治教育，轻视教师尤其是青年教师思想政治教育的现象，这在认识上是一个误区，其根源在于没有深刻理解教师思想政治教育与学生思想政治教育的辩证关系。把青年教师思想政治教育摆在突出位置，首要的是克服过去"两张皮""两条线""一弱一强"的现象，真正将青年教师思想政治教育与大学生思想政治教育一体化、统一化，以提升青年教师思想政治水平为前提，助推大学生思想政治教育顺利开展；以参与大学生思想政治教育为手段，在实践锻炼中提升青年教师思想政治水平，实现二者的有机结合。

### 2.坚持青年教师思想道德建设与教学科研管理并重

坚持青年教师思想道德建设与教学科研管理并重，即是说要使青年教师思想道德建设与教学科研管理融为一体、相互作用、相互促进，共同服务于培养人才、服务社会这一总目标。这一结合是由思想道德建设与教学科研管理之间客观存在的辩证关系所决定的。一方面，二者相互区别，青年教师思想道德建设更多的偏重于软约束、非强制性、非行政性，教学科研管理则侧重于通过政策措施、规章制度、组织纪律硬性约束、规范和协调青年教师的思想行为。另一方面，二者相互依存、相互渗透、相互促进。教学科研管理工作必须以思想道德建设为前提和基础。立德树人是教育的根本理念，德才兼备是人才培养的根本标准，青年教师的道德品行直接关系高等教育社会主义办学方向和人才培养质量，影响其开展教学科研工作、接受各项规章制度约束的精神状态。同时，思想道德建设如果离开教学科研管理工作，便如空中楼阁，变成不切实际的空谈，软弱无力，无所依附。为此，重视青年教师思想政治教育，必须坚持思想道德建设与教学科研管理并重，既寓思想道德建设于教学科研管理工作之中，激发青年教师参与教学科研管理工作的热情和动力，使各项任务目标、政策措施、规章制度、工作纪律的贯彻执行成为青年教师的自觉行动，渗透、服务于学校的教学科研管理工作中；又以教学科研管理促进青年教师思想道德建设，通过教学技能培训、科学研究支持、领导体制保障、规章制度约束等举措，为青年教师思想政治教育创造平台、提供支撑，帮助青年教师养成良好的政治素养、思想作风和行为习惯。

### 3.坚持青年教师师德水平提升和业务能力培养并重

把青年教师思想政治教育置于突出位置，还体现在将青年教师师德水平提升和业务能力培养相结合。青年教师的师德水平与业务能力是"德"与"才"人才衡量标准的外在体现，是作为一名合格高校教师的基本要求。正如习近平在同北京师范大学师生座谈会上的讲话中指出："老师的人格力量和人格魅力是成功教育的重要条件。""老师对学生的影响，离不开老师的学识和能力，更离不开老师为人处世、于国于民、于公于私所持的价值观。"①
师德与能力是成功教育的条件，是好教师的基本评价标准。二者辩证依存、
相互统一、不可偏废。教师无德，其业务工作、教学科研便会迷失方向，
丧失前进的动力。教师无才，其道德水平再高，也无法将党和国家的教育
方针落到实处。正如周恩来 1956 年在《关于知识分子问题的报告》中指
出的那样：知识分子思想转变的途径之一"是经过他们自己的业务实践"，
"业务实践对于知识分子的思想改造也有重大作用"。业务实践同样能够助
益于青年教师师德水平的提高。当前，部分高校将培养重心放在提升青年
教师业务能力、科研水平以及人才培养上，相应地忽视了青年教师师德水
平的提升，这同样是一个误区。加强和改进高校青年教师思想政治教育，
必须将提高青年教师师德水平与业务能力并重，一方面，把提高青年教师
师德水平作为青年教师业务能力培养的重要手段。通过加强青年教师思想
政治教育，帮助青年教师坚定从教理想、稳固从教信念，培养强烈的责任
意识、进取精神和奉献精神，督促青年教师自觉主动地不断学习、积极实
践、深入反思，提高专业水平与业务能力。另一方面，以全面提高青年教
师素质为着眼点，对青年教师进行综合培训。教师的素质直接决定着教育
的质量。现实中，青年教师的业务素质和思想素质不可分割地联系在一起。
因此，不应该人为地割裂二者的联系，单纯地开展思想培训或业务培训，而
应该将二者有机结合在一起综合培训和提高。近年来，部分高校组织开设了
青年教师岗前培训班，以培养德才兼备的青年教师为目的，将马克思主义理
论、职业道德教育和教育理论与方法等课程有机结合起来，取得了良好的教
育效果。

## （二）完善各项规章制度

"规章制度，是企事业单位在生产、管理、学习和生活等方面根据自然

---

① 习近平：《做党和人民满意的好老师》，人民出版社 2014 年版，第 6 页。

规律的要求所制订的各种规则、章程、办法和制度的总称。"①无规矩不成方圆，完善的规章制度是企事业单位开展各项工作的基本依据，也能为企事业单位职工提供学习、工作和生活的行为标准。"坚持依法治校既符合高校办学规律的要求，也是各高校教育实践证明了的共同经验。只有依法治校，才能规范、约束和激励师生员工的行为，才能提高高等教育的质量和管理水平，促进学校的改革和发展。除了来自中央和地方发布的高等教育法规以及实施细则、办法等，高等学校内部制订的规章制度，也是依法治校的重要内容。建立和健全高校管理的规章制度，是促进学校管理的制度化、规范化、科学化，使学校工作正常运转和事业不断发展的保证。"②高校青年教师思想政治教育需要有健全的规章制度，形成完善的制度体系，使这项精神生产活动有明确制度可遵循、依可靠制度而落实、为硬性制度所保障。如果缺乏健全完善的规章制度，高校青年教师思想政治教育将会如同一盘散沙，无法实现其教育目标。形成完善的高校青年教师思想政治教育制度体系，主要应在充实规章制度内容和有效落实规章制度方面着力。

**1. 充实完善制度内容**

高校青年教师思想政治教育制度体系是一个丰富而复杂的系统，主要涵括学习制度、考评制度、激励制度等。充实高校青年教师思想政治教育制度体系内容，主要就是充实以下三个方面：第一，充实学习制度。充实学习制度即是将高校青年教师的政治理论学习制度做进一步的丰富和完善，涉及到将学习内容、学习时间、学习方式、学习途径等做出充实的制度规定。在学习内容方面，主要是将深入学习马克思列宁主义、毛泽东思想、邓小平理论、"三个代表"重要思想、科学发展观制度化，将深入学习实践伟大复兴中国梦、群众路线和社会主义核心价值观制度化，将开展形势政策教育和参加社会实践锻炼，帮助青年教师准确了解国情、正确把握形势制度化。第

---

① 王育德：《航道班组管理》，长江航道局教育处 1987 年版，第 53 页。
② 区社能等：《高等学校办公室工作研究》，广东高等教育出版社 1995 年版，第 35 页。

二，充实考评制度。充实高校青年教师考评制度是当前加强和改进高校青年教师思想政治工作的重要内容。这就要求对考核指标、评估程序、评估类型和方法进行实事求是的综合考察和考量，对高校青年教师思想政治教育考核评估制度做出科学充实和完善。特别是要把青年教师师德建设作为各单位工作考核的重要指标，把师德表现作为青年教师年度绩效考核、职称评审、评优评奖的首要指标。第三，充实激励制度。人们不管做什么事，都有一定的动机，都有某种指向，而激励正是强化人们从事某项活动内在的愿望和动机、激发人们行动的重要因素。要充分利用高校各种资源，将物质激励、荣誉激励、职位激励和榜样激励等相结合，使这些手段优势互补。通过建立奖罚制度，激发青年教师的动力，调动青年教师的积极性和主动性，最大限度地点燃激情。制度的充实完善，必须严格遵循规范的制定程序，才能形成科学的、合理的高校青年教师思想政治教育制度体系。

## 2.有力执行规章制度

高校青年教师思想政治教育规章制度关键在于执行落实。制度是人类社会发展成本最小的资源，也是强化高校青年思想政治教育成本最小的资源。但是，这不是说只需要合理的制度客观存在就够了，而是在于合理制度的执行和落实。高校青年教师思想政治教育制度体系只有落到实处、在实践中得到贯彻才能体现出其功效，否则，只是一朵美丽而不结果的花。有力执行高校青年教师思想政治教育规章制度，第一，营造执行制度体系的舆论氛围。规章制度形成以后，应加强制度体系的宣传和教育，让每一位高校青年教师及其思想政治教育工作者了解和理解主要精神和内容，并作相应的解释和答疑，确保制度真正被理解和认同。第二，要加强制度执行的监督管理。要确定专门的监督人员对制度实施执行情况进行监督管理，指导和调节执行过程。第三，坚持"有法必依""严格执法"。坚决反对"有章不依，违章不究"的情况出现，要求青年教师思想政治教育部门和工作人员依章办事，对违章者进行批评教育，依照违章程度给予相应处罚；对模范遵章者给予鼓励和表扬。第四，做好反馈调整工作。在高校青年教师思想政治教育规章制度实施一段时间以后，要广泛搜集反馈意见，对于规章条文容易产生歧义的地方及时修正，对执行过程中出现的各个部门不一致的意见进行协调，解决规章制度执行过程中的矛盾和冲突，促进高校青年教师思想政治教育的有效开展。

## （三）建立健全工作格局

工作格局，是指某一系统内部各要素相互作用、协调配合的结构和模式。强化高校青年教师思想政治教育组织领导的一个重要环节，就是建立健全高校青年教师思想政治教育工作格局。如果没有一个合理规划、良性运行的工作格局，教育合力就难以形成，各方力量就难以充分调动，各种资源就难以有效配置，高校青年教师思想政治教育工作就会失去有效的组织保障。因此，高校青年教师思想政治教育工作必须建立健全党委统一领导、党政齐抓共管的工作管理格局，校、院、系三级联动的工作运行格局，以党的建设引领思想政治教育的工作实施格局。

### 1. 建立健全党委统一领导、党政齐抓共管的工作管理格局

我国高等学校的社会主义性质，决定了党在学校中的核心领导地位。加强青年教师思想政治教育必须发挥高校党委的核心作用，加强对青年教师思想政治工作的全面领导。实践证明，处于核心领导地位的党委的全面领导，是青年教师思想政治教育工作得到加强并取得实效的关键所在。为此，高校党委必须肩负起全面领导青年教师思想政治工作的职责，深入开展调查研究，统筹规划安排高校青年教师思想政治教育工作。高校青年教师思想政治教育工作涉及教学、科研、社会服务等方方面面，这就要求学校各级党组织、教学行政组织、工会、共青团等各类组织共同做好青年教师思想政治教育工作，建立起以党委为核心的整体网络，形成党、政、工、团齐抓共管的青年教师思想政治教育工作体制格局。

建立党委统一领导、党政齐抓共管的工作管理格局，其实质性问题在于负有青年教师教育职责的学校各类组织能否围绕青年教师思想政治教育工作

的整体目标，有序地开展工作。为此，必须明确党政工团各类组织在青年教师思想政治教育工作中的地位和作用，注重整体优化，建立必要的协调机构。第一，学校党委处于青年教师思想政治教育的核心领导地位，负有全面领导责任。学校党委及各级党组织，在青年教师思想政治教育工作中发挥主体作用。党委宣传部作为主管教师思想政治工作的职能部门，属于牵头单位，其主要职责是：调查研究，掌握青年教师思想实际；制定青年教师思想政治教育总体规划、计划并组织实施；对青年教师思想政治教育工作予以指导、监督和检查；利用各种舆论阵地和宣传工具，进行生动活泼的思想和教育工作；对青年教师思想政治教育工作进行研究和探索，不断解决新问题，总结新经验；协调各方面的关系。第二，学校各级行政部门负有重要责任。要坚持把思想政治教育工作放在各项业务工作的首位，寓思想教育于教师业务活动之中，促使青年教师在教学、科研、学生思想政治教育工作等方面多作贡献；坚持师德考核和奖励制度在教学、科研、学生教育管理工作考核评价中的有力执行；为加强青年教师思想政治教育工作创造物质条件和环境支持。第三，工会作为教师群众组织，应着重抓好维护教师主人翁地位和发挥主人翁作用的教育，激发青年教师的主人翁责任感和使命感；关心青年教师生活，反映青年教师诉求，维护青年教师切身利益；开展各种形式的自我教育、自我管理活动，加强对青年教师的人文关怀与心理疏导；占领文化阵地，开展丰富多彩的文化体育活动，努力做到寓教于乐。第四，共青团主要在党委统一领导下，结合青年教师特点，配合党委宣传部、工会等部门搞好校园文化建设活动。

### 2. 建立健全校、院、系三级联动的工作运行机制

随着高等学校办学规模的逐步扩大，各高校纷纷实施学校、学院（系、所）、系科（教研室、课题组）三级管理体制改革，学校管理重心不断下移。学院的工作职能得到不断强化，成为实施教师管理和学生培养的基本运行单位，理应成为青年教师思想政治教育的基本运行单位和主要阵地。系科（教研室、课题组）是组织青年教师开展教学、科研活动的具体实施单位，也应

是开展青年教师思想政治教育的最基层组织和前沿阵地。加强青年教师思想政治教育，必须建立健全校、院、系三级联动、上下协调、有机衔接、相互依存的工作运行机制，充分发挥学校的主导作用、学院的主体作用和系科的主动作用，形成纵向工作合力，保证高校青年教师思想政治教育工作运行顺畅、高效。

第一，充分发挥学校的主导作用。学校及职能部门要加强调查研究和经验总结，掌握青年教师思想实际，制定开展青年教师思想政治教育的办法和制度，拟定青年教师思想政治教育总体规划和实施计划，对全校青年教师思想政治教育工作予以指导、监督、检查和考评；优化青年教师思想政治教育的运行机制，营造青年教师思想政治教育的良好氛围；提供工作条件和基础保障。通过学校一级的主导作用，将青年教师思想政治教育摆在学校工作的突出位置。第二，充分发挥学院的主体作用。学院（系、所）是教师教学科研工作的基本管理单位，是高校教师职业发展和开展青年教师思想政治教育工作重要的组织依托。学院一级的组织与青年教师沟通接触机会多，对青年教师情况熟悉，容易掌握每一位青年教师的实际情况。学院充分依托和发挥党政工团的组织优势，执行学校青年教师思想政治教育总体规划和实施计划，发挥在青年教师思想政治教育中的主阵地作用；运用多种方法和手段，加强对每一位青年教师的教育、引导和帮助；针对每一位青年教师学科专业背景和实际情况，采取差异化的教育内容和方式，提升思想政治教育实效；力争在第一时间了解和把握青年教师的思想问题，把青年教师的思想问题解决在基层。第三，充分发挥系科的主动作用。系科（教研室、课题组）是教师教育教学、科研工作的最终落实单位，是青年教师职业发展最密切的组织依托。系科的建设发展和工作氛围对于青年教师的发展有着至关重要的影响，融入青年教师职业生涯，在高校青年教师思想政治教育中具有独特的作用。系科一级组织和负责人要主动担当起青年教师思想政治教育的责任，把青年教师思想政治教育与教育教学、科研管理等业务工作有机结合起来；面对青年教师职业发展需要，建立健全导师辅助工作机制，发动中老年教师和青年教师"结对子"，开展"传""帮""带"活动，加强对青年教师的职业规划辅导和教学科研指导，增强思想政治教育的渗透性和实效性。

### 3. 建立健全以党建引领思想政治教育的工作实施格局

高校党建与思想政治教育互为依托，密不可分。党建是思想政治教育的核心和灵魂，思想政治教育是党建的主要内容和有效途径，二者你中有我，我中有你。[①] 习近平在会见第二十次全国高校党建工作会议代表时强调指出，要把加强青年教师队伍思想政治建设作为高校党的建设的重要内容来抓，深入细致地做好青年教师的思想引导工作，加大在青年教师中发展党员的工作力度，优化高校党员队伍结构。同年 6 月 19 日，习近平在中国人民大学考察高校党的建设工作和学校事业发展时再次强调，加强和改进高校党建工作要更加注重学校领导班子建设、党的基层组织建设和党员队伍建设。青年教师思想政治教育是高校党建工作的题中之义。加强和改进青年教师思想政治教育，须着力从领导班子建设、基层党组织建设、党员队伍建设三个维度建构党建引领思想政治教育的工作实施格局。

第一，加强高校领导班子建设，为青年教师思想政治教育提供坚强领导核心。"加强党的建设，关键在于把领导班子建设好。"[②] 要用马列主义、毛泽东思想、中国特色社会主义理论体系武装干部头脑，提升领导干部素质，提高学校和院系领导班子在复杂形势下有效开展教师思想政治教育工作的能力；正确处理学校各级党组织与行政部门的关系，形成工作合力，共同组织和推进青年教师思想政治教育。第二，加强党的基层组织建设，发挥凝聚青年教师的突出优势。高校基层党组织不仅是党在高校的全部工作和战斗力的基础，更具有凝聚青年教师的优势。为此，要高度重视基层党组织的思想建设、组织建设、作风建设和制度建设，围绕教学、科研和学科建设等业务工

① 朱士中：《构建高校党建与思想政治教育整体工作体系的思考》，《中国高等教育》2010年第 18 期。

② 教育部思想政治工作司组编：《加强和改进大学生思想政治教育重要文献选编（1978—2008）》，中国人民大学出版社 2008 年版，第 141 页。

作，加强理论创新、机制创新、方法创新，不断提升党组织对青年教师的吸引力和凝聚力，充分发挥其政治核心与战斗堡垒作用，引导青年教师忠诚于党的教育事业，在教书育人和各项工作中做出成就。要将党支部建在教研室、课题组，创新活动方式，丰富活动内容，使党支部工作更加贴近青年教师思想、工作和生活实际。增强基层党组织的服务能力，充分发挥教师党支部在服务青年教师成长发展中的作用，提升党组织对青年教师的亲和力、感染力。第三，加强党员队伍建设，提高青年教师党员发展质量。充分发挥青年党员的先锋模范作用，挖掘党组织对青年教师的思想引领功能。选树一批青年教师党员先进典型，通过青年教师党员的先进事迹和高尚品德，形成榜样示范效应，激励更多青年教师奋发有为、立志成才。认真贯彻"坚持标准，保证质量，改善结构，慎重发展"的方针，坚持标准、严格程序、严把党员入口关，真正把那些一贯表现好，特别是在关键时刻表现突出的优秀青年教师吸收入党。帮助和引导青年教师向党组织靠拢，注重把政治素质过硬、道德品行高尚、业务水平突出、教书育人意识强烈的青年教师作为重点培养对象，由党性观念强、政治立场坚定的党员专家教授和党员领导干部进行联系培养，及时把他们中的优秀分子吸收入党，凝聚在党的周围。

## （四）全面落实工作基础保障

中共中央组织部、中共中央宣传部、中共教育部党组联合印发的《关于加强和改进高校青年教师思想政治工作的若干意见》明确指出："要落实工作基础保障。切实保障青年教师思想政治工作经费投入，根据工作需要配备青年教师思想政治工作专兼职工作人员，充分发挥学科带头人及离退休老同志作用。加强全局性、前瞻性问题研究，把握青年教师思想政治工作规律，为做好工作提供理论支持和决策依据。定期开展青年教师思想政治工作督促检查，形成长效机制，全面提高高校青年教师思想政治工作科学化水平。"[1]

---

① 李向前、王国洪：《高校青年教师思想政治工作读本》，研究出版社 2013 年版，第 6 页。

落实工作基础保障，是强化高校青年教师思想政治教育组织领导，切实将青年教师思想政治教育工作落到实处、取得实效的重要保障。

### 1. 配备青年教师思想政治教育专职人员

人是一切实践活动的主体，没有人就无所谓物质生产，也无所谓精神生产。高校青年教师思想政治教育开展的首要条件同样是活动主体——人，也就是要有一群能从事这项实践活动的工作人员。因此，加强高校青年教师思想政治工作，必须加强青年教师思想政治工作队伍建设，配备专门的教育工作人员。一方面，要建立一支以少量专职干部为骨干，以大量兼职干部为主体的青年教师思想政治工作队伍。其中专职干部应具有较强的政治素质和业务能力，如各职能部门的干部和各院系党委（党总支）专职正副书记。青年教师思想政治工作中的兼职干部，主要有校、院、系行政领导，各级工会，共青团干部，教师党支部书记，学科带头人及离退休老同志，充分发挥他们在青年教师思想政治教育中的中坚作用。另一方面，加强培训，不断提高青年教师思想政治教育工作队伍的整体素质。高等学校专职青年教师思想政治教育工作者必须具有坚定的马克思主义信念、中国特色社会主义的共同理想，掌握马克思主义理论知识和党的路线方针政策，具有良好的思想道德品质和扎实的思想政治工作知识，既善于从事日常深入细致的思想政治工作，又能兼做思想政治教育的理论教学和研究工作。"一般而言，在'高知群体'中宣传思想工作者的信息和知识占有量与工作对象（特别是'高知群体'中的人文社会科学工作者）相比，不占优势，甚至相对不足"[①]，必须通过培训缩小思想政治教育工作者与青年教师的信息差和知识差，才能达到良好的引导教育实效。为了达到上述要求，必须采取有计划、有步骤、分期分批的教育培训，或组织理论研讨、参观考察、学术论坛等，不断提高青年教师思想政治教育工作队伍的素质和能力。

---

① 陈秉公、陈卓：《论社会主义核心价值体系在"高知群体"中引领的规律》，《学校党建与思想政治教育》2009 年第 4 期。

## 2. 提供青年教师思想政治教育工作条件

高校青年教师思想政治工作的开展，不只是有了人就可以顺利进行，还依赖于一定的客观条件和环境。没有相应工作条件的教育工作，就如同"巧妇难为无米之炊"，无从开始、无法展开。因此，加强和改进高校青年教师思想政治工作还必须提供良好的内在条件和外在条件。内在条件，是指高校校园内部为青年教师思想政治工作开展提供的条件，包括积极向上的校园人文风气，设施齐备、器材先进的硬件条件，赏心悦目的校园自然条件等。外在条件，主要是指校外专家讲学、与相关单位交流学习、实践培训基地等学校之外所提供的条件。不论是内在条件，还是外在条件，都是搞好青年教师思想政治教育不可或缺的条件，坚持内在条件的完善与外在条件的拓展创新相结合，创造出完备的工作条件系统。

## 3. 加大青年教师思想政治教育经费投入

加大经费投入，既是有效保障教育活动物质基础的现实要求，又是帮助青年教师解决学习生活中的物质困难的现实要求。马克思主义认为，经济基础决定上层建筑。经济基础不牢固，根基不牢、基础不实，必然影响青年教师"头脑"工程的建设问题，影响思想政治教育这一上层建筑建设问题。加强和改进高校青年教师思想政治教育的一项基础性保障，就是加大经费投入，包括财政拨款和收入分配倾斜。也就是说，各级财政部门应高度重视和大力支持高校青年教师思想政治教育工作，适当增加专项拨款和资金投入，为教育活动解决好资金问题、夯实经济基础。与此同时，教育部门和高校在收入分配时应尽可能地倾向于青年教师和思想政治教育工作者，帮助解决他们的实际问题，使得他们能更加安心地、全身心地投入到学习和工作中去。

## 4. 加强青年教师思想政治教育理论研究

"没有革命的理论，就不会有革命的运动。"[①] 加强和改进高校青年教师

---

① 《列宁选集》第 1 卷，人民出版社 2012 年版，第 153 页。

思想政治教育实践活动是一项光荣而伟大的事业，是一项有益于培养社会主义合格建设者和可靠接班人的事业，必须要有革命的、先进的、科学的青年教师思想政治教育理论为之提供理论指导和理论基础保障。加强青年教师思想政治教育理论研究包括基础理论、历史演变、方法论和比较研究四个方面。基础理论研究包括青年教师思想政治教育的马克思主义理论基础、教育对象、地位和功能、内容和原则、过程及其规律、环境等基础理论的研究，主要表现为青年教师特有的一系列基本概念和基本原理。历史演变研究，主要是了解历史，总结历史经验，继承历史遗产，指导理论研究和实践活动。比较研究是指在纵向和横向的青年教师思想政治教育比较中，吸取他人的精华和长处，丰富自身理论，提升实践能力。方法论研究，力求实现在毫不动摇地坚持唯物辩证法的基础上，结合时代的发展和现实的需要，不断推进教育方法、实践方式的创新发展。

# 结 论

"时代越是向前，知识和人才的重要性就愈发突出，教育和教师的地位和作用就愈发凸显。"[①] 教师重要，就在于教师的工作是塑造灵魂、塑造生命、塑造人的工作。青年教师是高等教育事业改革与发展的生力军，是高校教师队伍中最富有生机和活力的特殊群体。"国家繁荣、民族振兴、教育发展，需要我们大力培养造就一支师德高尚、业务精湛、结构合理、充满活力的高素质专业化教师队伍，需要涌现一大批好老师。"[②] 加强和改进高校青年教师思想政治教育工作，促进广大青年教师坚定理想信念、练就过硬本领、勇于创新创造、矢志艰苦奋斗、锤炼高尚品格，全面提高思想政治素质和业务能力，是努力打造高素质专业化教师队伍的现实要求，对于高校青年教师担当历史使命、履行教师职责、实现全面发展，确保高校坚持社会主义办学方向、培养德智体美劳全面发展的社会主义建设者和接班人具有重要意义。

开展高校青年教师思想政治教育研究，既是对党和国家教育方针、教育部署和青年教师使命的有力回应，又是对高校青年教师思想行为及其思想政治教育运行发展实际的现实反思，也是对学术界现有关于高校青年教师思想政治教育专门研究成果偏少现状的积极作为。笔者运用理论与实际相结合、历史与逻辑相统一、实然与应然相呼应的方法，在梳理既有研究文献、调研青年教师思想行为及其思想政治教育实施现状的理论与现实基础之上，阐明了加强和改进高校青年教师思想政治教育的时代意义，清晰界定了高校青年

---

① 《中共中央、国务院关于全面深化新时代教师队伍建设改革的意见》，http://www.moe.gov.cn/jyb_xwfb/moe_1946/fj_2018/201801/t20180131_326148.html。

② 习近平：《做党和人民满意的好老师》，人民出版社 2014 年版，第 4 页。

教师及其思想政治教育的科学内涵、特征和地位，分析提炼了高校青年教师思想政治教育引航青年教师健康成长、引领青年教师履行职责、引导青年教师队伍建设的历史使命；回望了改革开放以来高校青年教师思想政治教育经历恢复重建、曲折前进、深入推进、持续发展四个阶段的发展历程和取得的成绩，总结了高校青年教师思想政治教育必须坚持党的领导、必须服务青年教师成长、必须推进高校事业发展和必须贴近时代前进步伐的发展经验；通过实证调研，分析了当前高校青年教师思想政治教育存在观念更新不足、针对性不强、方法不当、合力不足等薄弱环节，以及高校少数青年教师的思想行为存在政治选择尚存疑虑、价值判断趋于功利、职业道德频现失范、教书育人意识淡薄等偏差偏误，深刻剖析了影响青年教师思想行为及其思想政治教育的现实归因：既与高校青年教师思想政治教育本身发展变化未契合时代发展要求、与青年教师思想变化和高等教育改革要求等内部因素有关，也受制于社会多元思潮带来的负面影响和部分青年教师自身的消极阻抗；最后，立足于高校青年教师思想政治教育的现实境遇及历史经验，着眼于高校青年教师思想政治教育的历史使命，系统地提出了新形势下加强和改进高校青年教师思想政治教育对策，即应遵循方向性、主体性、渗透性、激励性、差异性等基本原则，应精选理想信念、道德情操、仁爱之心、专业发展等主要教育内容，拓展坚持社会实践锻炼、参与学生思想政治教育、运用网络新兴媒体、注重人文关怀和心理疏导、关注解决实际困难等有效途径，加强放置突出位置、完善规章制度、健全工作格局、落实基础保障等组织管理举措，尝试性地建构了较为完整的加强和改进高校青年教师思想政治教育对策体系。本书既着眼于对新的时代条件下高校青年教师思想政治教育使命担当的提炼、归纳与总结，又观照高校青年教师思想政治教育的未来发展与科学谋划，实现了理论与实际、历史与现实、实然与应然的有机统一，希冀能够为推动高校青年教师思想政治教育理论研究与实践探索作出些许贡献。

但由于理论和学术水平有限，对于这样一个具有厚重历史感、鲜明时代感、深刻现实性的理论与实践命题，研究至此，笔者深知远远未发掘如何更加有效地提升高校青年教师思想政治教育科学化水平的全部方法与路径，特别是对于如何有效确保其各要素各子系统之间科学、有序、顺畅运行，形成最大合力的规律探寻，仍需在理论上进一步深化研究，在实践中进一步校验完善。对于这样一个具有恒久价值、意义和生命力的时代课题，相信一代代学人经过不懈的努力，一定会走向深入与完善。

# 主要参考文献

**一、经典著作类**

[1]《马克思恩格斯选集》第 1、3 卷，人民出版社 2012 年版。

[2]《马克思恩格斯全集》第 1、20、39 卷，人民出版社 1995 年版。

[3]《马克思恩格斯文集》第 1、9 卷，人民出版社 2009 年版。

[4]《列宁选集》第 1、4 卷，人民出版社 2012 年版。

[5]《列宁全集》第 20、39、42 卷，人民出版社 1984 年版。

[6]《毛泽东选集》第一、二、三卷，人民出版社 1991 年版。

[7]《毛泽东文集》第二、六、七卷，人民出版社 1993 年版。

[8]《邓小平文选》第二、三卷，人民出版社 1993、1994 年版。

[9]《江泽民文选》第一、二、三卷，人民出版社 2006 年版。

**二、主要文献类**

[1]《习近平谈治国理政》，外文出版社 2014 年版。

[2]《习近平谈治国理政》第二卷，外文出版社 2017 年版。

[3] 中华人民共和国教育部、中共中央文献研究室：《毛泽东邓小平江泽民论教育》，中央文献出版社、人民教育出版社、北京师范大学出版社 2002 年版。

[4] 中共中央宣传部：《毛泽东邓小平江泽民论思想政治工作》，学习出版社 2000 年版。

[5] 共青团中央、中共中央文献研究室：《毛泽东邓小平江泽民论青少年和青少年工作》，中央文献出版社、中国青年出版社 2000 年版。

[6] 胡锦涛：《坚定不移沿着中国特色社会主义道路前进　为全面建设小康社会而奋斗——在中国共产党第十八次全国代表大会上的报告》，人民出版社 2012 年版。

[7] 胡锦涛：《在庆祝清华大学建校 100 周年大会上的讲话》，人民出版社 2011 年版。

[8] 习近平：《做党和人民满意的好老师》，人民出版社 2014 年版。

[9] 中共中央文献研究室：《十二大以来重要文献选编》（中、下），中央文献出版社 2011 年版。

[10] 中共中央文献研究室：《十六大以来重要文献选编》（上、中、下），中央文献

出版社 2011 年版。

[11] 中共中央文献研究室：《十七大以来重要文献选编》（中），中央文献出版社 2011 年版。

[12] 中共中央文献研究室：《十七大以来重要文献选编》（下），中央文献出版社 2013 年版。

[13] 中共中央文献研究室：《十八大以来重要文献选编》（上），中央文献出版社 2014 年版。

[14] 教育部思想政治工作司组编：《加强和改进大学生思想政治教育重要文献选编 (1978—2008)》，中国人民大学出版社 2008 年版。

[15] 《国家中长期教育改革和发展规划纲要（2010—2020 年)》，人民出版社 2010 年版。

[16] 教育部、中国教科文卫体工会全国委员会：《关于印发〈高等学校教师职业道德规范〉的通知》，《中华人民共和国教育部公报》2012 年第 4 期。

[17] 国务院：《关于加强教师队伍建设的意见》，《中华人民共和国国务院公报》2012 年第 26 期。

[18] 教育部、中央组织部、中央宣传部、国家发展改革委、财政部、人力资源社会保障部：《关于加强高等学校青年教师队伍建设的意见》，《中华人民共和国教育部公报》2013 年第 1、2 期。

[19] 中共中央组织部、中共中央宣传部、中共教育部党组：《关于加强和改进高校青年教师思想政治工作的若干意见》，《中华人民共和国教育部公报》2013 年第 9 期。

[20] 《教育部关于建立健全高校师德建设长效机制的意见》，《中国教育报》2014 年 10 月 10 日。


三、学术著作类

[1] 黄蓉生：《青年学研究》，四川人民出版社 2009 年版。

[2] 黄蓉生、邓卓明：《青年思想政治教育专论》，中央文献出版社 2005 年版。

[3] 黄蓉生：《当代青年思想政治教育研究》，四川人民出版社 2004 年版。

[4] 黄蓉生：《教师职业道德新论》，人民出版社 2014 年版。

[5] 黄蓉生：《高校党建与和谐校园建设研究》，中国文史出版社 2011 年版。

[6] 黄蓉生：《当代思想政治教育方法论研究》，西南师范大学出版社 2000 年版。

[7] 黄蓉生：《改革开放以来大学生思想政治教育论纲》，人民出版社 2014 年版。

[8] 黄蓉生：《当代大学生诚信制度建设及加强大学生思想政治教育工作研究》，经济科学出版社 2013 年版。

[9] 罗洪铁：《思想政治教育专题研究》，西南师范大学出版社 2007 年版。

[10] 罗洪铁：《思想政治教育原理与方法基础理论研究》，人民出版社 2005 年版。

[11] 沈壮海：《思想政治教育有效性研究》，武汉大学出版社 2001 年版。

[12] 罗国杰:《马克思主义思想政治教育理论基础》,高等教育出版社 2002 年版。

[13] 刘书林、陈立思:《青年思想政治教育学原理》,中国青年出版社 1999 年版。

[14] 张耀灿、陈万柏:《思想政治教育学原理》,高等教育出版社 2001 年版。

[15] 张耀灿等:《思想政治教育学前沿》,人民出版社 2006 年版。

[16] 张耀灿、郑永廷等:《现代思想政治教育学》,人民出版社 2006 年版。

[17] 骆郁廷:《思想政治教育原理与方法》,高等教育出版社 2010 年版。

[18] 吴潜涛、徐艳国:《建党 90 年来高校德育发展的历史轨迹》,高等教育出版社 2012 年版。

[19] 王峥:《高等院校青年教师思想政治教育的思考》,中国矿业出版社 2008 年版。

[20] 饶定轲:《教师思想政治工作概论》,高等教育出版社 1992 年版。

[21] 金国华:《青年学》,中国青年出版社 1999 年版。

[22] 田杰:《青年工作理论概要》,中国青年出版社 2003 年版。

[23] 高军:《青年知识分子》,中央编译出版社 2009 年版。

[24] 廉思:《工蜂——大学青年教师生存实录》,中信出版社 2012 年版。

[25] 于漪:《教育魅力——青年教师成长钥匙》,华东师范大学出版社 2013 年版。

[26] 付八军:《大学教师的培养与成长》,中国社会科学出版社 2010 年版。

[27] 张欣:《高校教师分类激励机制研究》,经济管理出版社 2010 年版。

[28] 朱小蔓:《教育教学中师德修养案例研究》,中国轻工业出版社 2006 年版。

[29] 傅维利:《教师职业道德教育指南》,高等教育出版社 2002 年版。

[30] 杜晓利:《教师政策》,上海教育出版社 2012 年版。

[31] 钱焕琦:《教师职业道德》,华东师范大学出版社 2008 年版。

[32] 李向前、王国洪主编:《高校青年教师思想政治工作读本》,研究出版社 2013 年版。

[33] 管向群等:《当代教师核心价值观研究》,人民出版社 2014 年版。

### 四、学术论文类

[1] 黄蓉生:《关于高校德育工作实效性的几个问题》,《思想理论教育导刊》2001 年第 3 期。

[2] 黄蓉生:《高校制度建设科学化的三个向度》,《中国高等教育》2013 年第 23 期。

[3] 黄蓉生、杨挺:《高校思想政治教育课程教材与师资队伍政策 30 年发展论略》,《高等教育研究》2014 年第 4 期。

[4] 黄蓉生:《论教育、教师与师德》,《西南大学学报(社会科学版)》2012 年第 5 期。

[5] 陈秉公、陈卓:《论社会主义核心价值体系在"高知群体"中引领的规律》,《学校党建与思想教育》2009 年第 4 期。

[6] 吴潜涛、赵爱玲、范笑仙:《我国高校党建与思想政治教育 30 年主要成就、经济及启示》,《中国高教研究》2008 年第 7 期。

[7] 朱新均：《二十年高校党建和思想政治工作回顾》，《学校党建与思想教育》1998年第6期。

[8] 韩强：《改革开放以来我国高等学校党的建设的历史进程与基本经验》，《理论学刊》2008年第2期。

[9] 王建国、蓝晓霞、王虹英、王德瑜：《新中国60年高校党建历程和经验研究》，《中国高教研究》2009年第11期。

[10] 教育部人事司：《新中国60年高校教师队伍的发展壮大与变革》，《中国高等教育》2009年第18期。

[11] 潘懋元、罗丹：《高校教师发展简论》，《中国大学教学》2007年第1期。

[12] 沈壮海、李岩：《注重人文关怀和心理疏导：创新思想政治工作的新要求》，《思想政治工作研究》2008年第2期。

[13] 谭德政：《高校青年教师社会实践锻炼之我见》，《西南师范大学学报（哲学社会科学版）》，1991年第4期。

[14] 孙凡德：《关于加强高校青年教师思想政治工作的思考》，《辽宁高等教育研究》1992年第1期。

[15] 吉登云：《高校青年教师的思想政治状况》，《青年研究》1994年第6期。

[16] 王体正、李莉、何顺进、王义芳：《高校教师思想政治工作50年回顾》，《学校党建与思想教育》1999年第9期。

[17] 孔凡胜：《高校青年教师群体特征的多维解读》，《中国青年研究》2011年第8期。

[18] 王宗光：《认真做好高校青年教师入党工作》，《求是》2002年第9期。

[19] 刘建：《论新形势下高校青年教师思想政治教育探索》，《中国青年研究》2008年第4期。

[20] 张树辉：《高校青年教师思想道德素质建设研究》，《思想政治工作研究》2011年第8期。

[21] 张玉新：《加强高校青年教师师德建设的思考》，《学校党建与思想教育》2011年第10期。

[22] 余展洪：《高校青年教师入党思想存在的问题及对策》，《学校党建与思想教育》2010年第4期。

[23] 廉思：《我国高校青年教师思想状况调查报告》，《学习时报》2011年第10期。

[24] 胡琦：《高校青年教师思想政治状况调查及思考》，《国家行政学院学报》2009年第8期。

[25] 梁海彬：《关于加强高校青年教师思想政治工作的思考》，《教育与职业》2008年第10期。

[26] 王正荣：《关于加强高校青年教师思想政治工作的几点思考》，《教育探索》2005年第7期。

[27] 吴明永、曾咏辉：《关于新时期加强高校青年教师思想政治教育的探讨》，《教

育与职业》2008 年第 5 期。

[28] 沈履平：《加强高校青年教师思想政治工作的思考》，《学校党建与思想教育》2007 年第 5 期。

[29] 张红：《新时期加强普通高校思想政治理论课青年教师队伍建设的思考》，《教育与职业》2009 年第 4 期。

[30] 李强、李栋宣：《加强思想政治理论课青年教师队伍建设》，《人民日报（理论版）》2012 年 3 月 29 日。

[31] 魏斌：《高校青年教师师德师风建设内外因分析研究》，《教育探索》2011 年第 5 期。

[32] 沈天炜、倪娟芝：《切实加强和高度重视高校教师特别是青年教师思想道德建设》，《陕西师范大学学报（哲学社会科学版）》2000 年第 5 期。

[33] 朱悦怡：《做好高校教师的思想政治工作要突出解决教师的实际问题》，《思想教育理论导刊》2011 年第 12 期。

[34] 李焱、叶淑玲：《高校青年教师师德现状与对策研究》，《理论导刊》2011 年第 8 期。

[35] 吴秋凤：《高校青年教师思想政治工作的创新》，《思想政治教育研究》2006 年第 3 期。

[36] 伍玉林、高军：《高校青年教师思想政治倾向的分析及对策》，《思想政治教育研究》2006 年第 1 期。

[37] 李栋宣、李强：《加强高校思想政治理论课青年教师职业理想培养》，《思想教育研究》2013 年第 8 期。

[38] 谈毅：《高校青年教师思想政治工作模式的探索与思考》，《思想理论教育》2013 年第 9 期。

[39] 高地、杨晓慧：《高校青年教师思想政治工作科学化的瓶颈问题及应对策略》，《思想理论教育》2013 年第 9 期。

[40] 中共复旦大学委员会：《引领中青年教师队伍健康成长》，《求是》2014 年第 17 期。

[41] 邱燕茹：《高校推进青年教师思想政治工作的策略思考》，《思想理论教育导刊》2013 年第 12 期。

[42] 严金发：《把握特点规律强化活化高校青年教师思政工作》，《中国高等教育》2014 年第 7 期。

[43] 张泳、张焱：《试论高校青年教师的师德建设》，《教育探索》2012 年第 6 期。

[44] 肖丽萍：《国内外教师专业发展研究评述》，《中国教育学刊》2002 年第 5 期。

[45] 林杰：《美国大学教师发展运动的历程、理论与组织》，《比较教育研究》2006 年第 12 期。

[46] Caroline Joyce Simon, *Mentoring for Mission: Nurturing New Faculty at Church-*

*related Colleges,* 2003.

[47] Gloria Pierce, *Developing New University Faculty Through Mentoring*, 1998.

[48] UNISA, *Research-Policy*, 2010.

[49] CARGER C L, *The Two Bills: Reflecting on the Gift of Mentorship,* 1996.

[50] Goodwin, L. D., Stevens, E. A., Bellamy, G. T., "*Mentoring among Faculty in Schools, Colleges, and Departments of Education,*" *Journal of Teacher Education,* 1998.

[51] C. Lewellen-Williams, V.A. Johnson, L.A. Deloney, "The POD: a New Model for Mentoring Underrepresented Minority Faculty." *Academic Medicine,* 2006.

[52] Kramer, J.Reality Shock, *Why Nurses Leave Nursing.* St. Louis, MO: Mosby, 1974.

[53] Deborah Borisoff, *Strategies for Effective Mentoring and for Being Effectively Mentored: a Focus on Research Institutions,* 1998.

### 五、学位论文类

（一）博士论文

[1] 张俊超：《大学场域的游离部落——研究型大学青年教师发展现状及应对策略研究》，华中科技大学，2008年。

[2] 郝文斌：《高校教师思想政治工作实证研究——以黑龙江75所高校为例》，哈尔滨师范大学，2010年。

[3] 卫荣凡：《高校教师师德自律研究》，厦门大学，2007年。

[4] 李宜江：《青年教师学术与生活的历史境遇》，华东师范大学，2012年。

[5] 张艳：《高校教师思想政治教育研究》，西南大学，2013年。

（二）硕士论文

[6] 何嘉昆：《高校青年教师政治观现状及教育对策研究》，西南师范大学，2004年。

[7] 欧巧云：《高校青年教师思想道德素质存在的问题分析及对策思考》，华中师范大学，2004年。

[8] 王作茂：《高校青年教师职业道德建设现状及对策研究》，山东大学，2007年。

[9] 魏影：《人的全面发展与高校青年教师师德研究》，苏州大学，2007年。

[10] 蒋瑛：《社会转型期高校青年教师道德价值观及其建设研究》，武汉大学，2005年。

[11] 李徽：《试论高校青年教师的师德》，东北师范大学，2006年。

[12] 吕素珍：《现实与超越——大学教师理想角色形象研究》，华中师范大学，2008年。

[13] 魏薇：《高校教师思想政治工作及其运行机制研究》，大连理工大学，2005年。

# 后　记

　　攻读思想政治教育专业博士学位是兴趣使然，也是对自身学业生涯的一个交待。20年前的一个偶然机会，使正在大学学习理工科专业的我有幸接触到思想政治教育理论研究文章，对思想政治教育开始有了初步了解。19年前，自己成为一名高校青年教师，开始从事大学生思想政治教育工作，有机会经常在工作的得失中总结反思提升思想政治教育说服力和实效性的策略和举措。此后，先后两次参加马克思主义理论与思想政治教育专业硕士研究生阶段的系统学习。在多年的思想政治教育工作和学习生活中，获得了较多理论上的收获，也产生了一些实践中的疑惑，希望通过继续学习钻研，进一步把握思想政治教育的本质和规律。于是在即将迈出青年教师行列之际仍毅然选择艰辛的深造之路。

　　最初认识黄蓉生教授，是始于拜读其编撰的一部学术著作。工作之初，在学生思想政治教育工作中常遇到一些难题，而通过拜读黄蓉生老师的《新的探索——社会主义市场经济条件下高校学生工作理论与实践》一书，又常能给我比较现成的解决问题的思路和方法，使当时思想政治教育理论知识和实践经验极其匮乏的我常能茅塞顿开、豁然开朗。能够跟随黄老师接受系统学术训练，是我学术生涯的心愿，而深入学习黄老师分析问题的思维和解决问题的方法是我最大的期盼。承蒙老师不弃，如愿得以赐教。导师高尚的人格品质、厚重的学术积淀、严谨的治学作风，给学生以无声的浸润和滋养，激励和鞭策着我一路前行。论文的选题、修改直至定稿，老师都倾注了大量心血，给予精心指导，常令我深受感动！博士学习之路远比想象艰辛，唯有不辍不弃，竭尽所能，以谢师恩！

　　我的硕士生导师罗洪铁教授带领我进入思想政治教育专业学术之门，给予我学业上细致入微的指导，更像父辈一样给予我工作和生活上无微不至的关怀和帮助，使我收获了满满的师生情谊！马克思主义学院邓卓明教授、崔延强教授、陈跃教授、徐仲伟教授、王永友教授等老师给予我深入指导；在论文的开题、预答辩期间，张耀灿、陈秉公等专家提出了宝贵的指导意见，使我深受启发。在此对各位老师的指导一并表示衷心的感谢并致以崇高的敬意！

　　真诚感谢李震雷、李安祥等博士同学一路相伴，砥砺前行！真诚感谢张勇华师兄、白显良师兄、张艳师姐、张斌师兄、王华敏师兄、崔健师兄、张维薇师姐、范春婷师妹、白云华师弟等师兄弟姐妹们的支持、鼓励和帮助！真诚感谢周琪师姐、黄永宜师姐、温静师妹、王玉鹏师弟的鼓励、支持和帮助！真诚感谢报生就业处同事们对我在职学习的大力支持，主动分担工作任务，使我有充足的学习时间得以顺利完成学业！真诚感谢各位朋友的鼓励和支持！

　　身为高校青年教师的我的妻子邓湖川，经常与我探讨论文的写作，给我很多的启发，更欣然承担起培养教育孩子的全部任务，为我营造了宽松的学习环境，令我能够全身心投入学习和工作！女儿知知乖巧伶俐，给我不断前行的勇气和动力！

李栋宣<br>2014 年 12 月 6 日